中国法学会婚姻家庭法学研究会　2024年卷　总第20卷

# 家事法研究

Researches on Family Law

VOL.2024

主　　编　夏吟兰　龙翼飞
执行主编　李秀华

法律出版社 LAW PRESS · CHINA
北京

**图书在版编目（CIP）数据**

家事法研究. 2024 年卷 / 夏吟兰，龙翼飞主编；李秀华执行主编. -- 北京：法律出版社，2024. -- ISBN 978-7-5197-9257-2

Ⅰ. D913.904-55

中国国家版本馆 CIP 数据核字第 2024RQ5220 号

家事法研究（2024 年卷）
JIASHIFA YANJIU（2024 NIAN JUAN）

主　　编 夏吟兰　龙翼飞
执行主编 李秀华

责任编辑 董　昱　王　睿
装帧设计 汪奇峰

**出版发行** 法律出版社
**编辑统筹** 法规出版分社
**责任校对** 张红蕊
**责任印制** 耿润瑜
**经　　销** 新华书店

**开本** 710 毫米×1000 毫米　1/16
**印张** 18.75　　**字数** 279 千
**版本** 2024 年 9 月第 1 版
**印次** 2024 年 9 月第 1 次印刷
**印刷** 唐山玺诚印务有限公司

地址：北京市丰台区莲花池西里 7 号（100073）
网址：www.lawpress.com.cn
投稿邮箱：info@lawpress.com.cn
举报盗版邮箱：jbwq@lawpress.com.cn

销售电话：010-83938349
客服电话：010-83938350
咨询电话：010-63939796



**书号**：ISBN 978-7-5197-9257-2　　**定价**：78.00 元

凡购买本社图书，如有印装错误，我社负责退换。电话：010-83938349

# 《家事法研究》

# 卷首语

本书是对中国法学会婚姻家庭法学研究会（以下简称研究会）2023年学术年会研究成果精华提炼与梳理。从2021年1月1日《民法典》正式颁布实施至今已过去几年，我们欣喜地看到《民法典》在保护公民婚姻家庭合法权益方面提供了充分的法律依据。研究会在总结一些理论与实务经验观点的基础上，在《民法典》实施几年后再度聚集理论与实务的难点问题，充分释解《民法典》婚姻家庭编、最高人民法院相关司法解释的精神。研究会2023年学术年会研究进一步深化与践行《民法典》婚姻家庭编与继承编的精神，扩张了婚姻家庭继承法学学术研究的范畴，首次强调婚姻家庭法学实践教学发展方向与逻辑路径对法治人才培养的重要性与必要性。本书认真选取了部分学者提交的年会学术论文、部分学者已发表和未发表的相关学术论文，编为四个专题。本书论文较系统折射了民法典时代下，婚姻家事继承法学学者针对《民法典》婚姻家庭编实施前后呈现的理论与实务的若干重点、难点与焦点问题进行的全方位回应。《民法典》实施与每个公民、每个家庭的命运息息相关，与每个研究者的方位密切相关。在流金岁月里，学者们在布满荆棘的法治进程中继往开来、守正创新。婚姻家事学者队伍的强大与法律发展的进程密切相关。每个有志于婚姻家事领域理论与实务领域的专家学者、家事领域研究的师生及家事法官、检察官、律师和家事心理专家、家事社工等会发现本书所选的论文观点多元、丰富又具挑战性与可分析性，很多论文所论述的问题直击法律的核心与灵魂。对许多婚姻家庭继承法学理论与实务研究者而言，他们最感兴趣的是法律人如何在宏观、中观与微观背景下精准激活法律条文蕴含的意义及落地的理念、步骤。这些论文选题契合《民法典》实施过程中的难点与焦点问题、关注到《民法典》实施过程中老百姓的命运及多元形势下婚姻家庭的发展趋势，同时特别关注到婚姻家事法学教育模式优化对人才培养的价值，上述研究具有一定的理论与实务研究的魄力与价值、研究方法多元、资料翔实、优化了研究逻辑与路径，一些思考与建议具有创新性与应用价值。研究成果具有重要的理论与实践价值，对推进家庭正向发展、社会秩序稳定具有一定意义。本书以专题形式设计，较好地体现了这些议题的精粹。

第一专题“中国特色婚姻家庭法学知识体系建构”。蒋月在《婚姻家庭受国家保护原则研究》一文中提出《民法典》第 1041 条首次明文规定“婚姻家庭受国家保护”，作为婚姻家庭编的基本原则之首，是对《宪法》保护婚姻家庭要求的贯彻落实。这既是对婚姻家庭在社会生活中独特价值与重要地位的肯定，又是市场经济环境和多元化发展趋势下的价值观选择。婚姻家庭编作为调整婚姻家庭关系的基本准则，担负保护公民婚姻家庭的使命。该原则划定了在婚姻家庭领域内个人自由边界，并为化解个体之间权利冲突提供了原则性解决方案。针对该原则是否能够援引用于解决“夫妻忠实协议的效力”等争议较大问题，蒋月认为婚姻家事审判应当遵从该原则，并在必要时援引该原则评判相关争议。胡鑫磊、何丽新在《法政策学视角下生育支持政策体系问题纾解》中强调老龄少子化背景下，国家为促进人口长期均衡发展出台一系列生育支持政策，涉及财政、税收、保险、教育、住房、就业等多个方面。胡鑫磊、何丽新认为生育支持政策尚未形成完整有序的体系，生育支持政策与生育法律的关联度不够，各项政策法律之间缺少逻辑链条，政策法律间的矛盾冲突制约着整个生育支持政策体系的实效。基于对生育支持政策体系的实证研究，论文从法政策学的视角检视生育支持政策的制定主体、政策目的和政策面向，论证生育支持政策的合法性、公平性和可行性，提出强化生育支持政策体系与生育法律体系的深度关联和内外互动，应抓住生育支持政策立法、政策执行、政策监管三个重要维度，就生育支持政策法治核心单一、实效评估迟滞、地区悬殊等具体问题提供政策建议。

第二专题“身份法与财产法的协调与衔接”。薛宁兰在《自然血亲亲子身份的法律推定》一文中指出：自然血亲亲子身份的推定具有法定性，应由法律明文规定。它既具有克服证明亲子关系困难的功能，又是整体建构亲子身份确认制度规范体系的基石。传统亲子法对母亲身份和父亲身份的推定以婚姻和血缘为基础；当代亲子法以保护未成年子女利益为本位，使亲子身份推定的传统法基础发生裂变。在婚姻关系之外，法律对于同居关系中出生的子女，适用与前者相同的亲子身份推定规则，还可依亲子身份占有或事实上的亲子关系推定子女法律上的父亲。薛宁兰认为亲子身份的法律推定具有可反驳性，对亲子身份推定的否认是实现法律推定与客观事实相一致的救济途径，故而是对亲子身份推定的限制。我国《民法典》第1073条关于亲子关系异议之诉的规定，填补了立法空白，但在否认权人范围、否认权存续期间等方面仍留有讨论空间。马忆南、谢嘉琦在《论夫妻对子女婚内抚养费的承担——〈民法典〉第1058条的理解与适用》提出鉴于我国婚内抚养费制度缺乏系统规定，各地法院对于相关问题的认识不一、实务中缺乏统一的裁判标准，“同案不同判”的现象时有发生。马忆南、谢嘉琦认为应允许直接抚养子女的父母一方提出婚内抚养费主张，并引入《民法典》第1058条作为其请求权基础，兼具必要性和可行性。通过适用该条款能达到统一司法实践、正确区分相关概念、合理分配双方举证责任、统一婚内抚养费时间区间等效果。蒋明昊在《司法实践视角下的家务劳动补偿制度研究》中提出《民法典》对家务劳动补偿制度回应了社会发展实际情况，拓宽了该条款的适用范围。自此，在夫妻共同财产制中亦能适用家务劳动补偿制度对弱势方予以保护。从实证角度进行大数据分析——以《民法典》第1088条为检索对象，统计了共计137例有效样本并据此对该制度司法适用状况展开探讨。结合对家务劳动补偿制度本身的理论分析，探究了为何要适用家务劳动补偿制度和该制度补偿对象的问题。最终在此基础上回应司法中存在的困境并提出建议。胡苷用、李欣在《〈民法典〉解释与适用之结婚登记程序瑕疵的法律规制》中指出结婚登记瑕疵是指当事人在申请结婚登记、婚姻登记机关在审查和颁发结婚证过程中所存在的违反法律程序性法规导致婚姻关系认定出现争议的情形。结婚登记程序瑕疵问题是复合性的瑕疵问题，涉及民事权利义务和行政程序两个不同领域，具有民法与行政法、公法与私法相互交织的多重属性。对于此类纠纷，目前我国司法解释规定通过行政程序予以处理，这一规定看似合理，但在实际应用中却存在诸多问题。作者力求从根本上解决结婚登记瑕疵问题，主张以民事诉讼为路径选择，建立婚姻不成立之诉和结婚登记程序瑕疵补正制度，对处理结婚登记瑕疵婚姻纠纷提出相关建议，旨在通过构建多元化救济途径维护当事人的权益，维系婚姻关系的稳定和社会安定。刘经靖、高艳在《〈民法典〉视野下离婚缓冲机制的评估与优化》一文中提出，离婚制度成本的降低和婚姻价值观的变迁导致中国当代离婚率持续过高增长，离婚冷静期作为缓冲机制实现了对登记离婚的降温，一定程度上消解了冲动离婚的负面影响。但该制度仍存在浅层性、孤立性和过于简陋等问题。适用范围上，诉讼离婚中冷静期的适用会造成制度的重叠架构，增加当事人讼累，应排除离婚冷静期的适用。适用方式上，“一刀切”模式过于粗放，应据不同需求分层设计以充分回应不同婚姻的冷静诉求。实施过程中，冷静期适用次数的限制，财产申报制度的建立，以及婚姻家庭辅导与调解机制、家事调查员制度的衔接，应在公私法协同配套下展开。另外，冷静期作为婚姻关系存续下的非常态期间，扶养、忠实义务等人身权益保障应继续维持。但“信赖关系瓦解”会对财产权产生一定影响，在财产制、夫妻债务、侵权赔偿、婚内强奸的认定及赔偿、夫妻相互继承权与遗产共有制度等层面，夫妻权利义务关系应产生相应变动，以免增加法律制度的衍生成本。刘耀东在《公序良俗在情人遗赠纠纷中的适用——基于私法与基本权利冲突理论的二元视角》一文中强调遗赠是否违背公序良俗应以遗赠本身为审查对象，而不能以遗赠以外之事实为断。同时，情人遗赠行为是否违背公序良俗，尤应考察当事人一方遗赠的动机是否将性奉献与经济上的对待给付联结起来，抑或存在其他更值得尊重的动机。在私法视角下，情人遗赠的效力，总是呈现出完全有效或完全无效的形态。而在基本权利冲突与权衡的视角下，各基本权利相互较量各自在具体个案中的分量，此种权衡和较量之结果体现在法律行为效力上，即既非完全有效亦非完全无效，而是在两者间存在多种可能性，因而更能适应个案中的具体情况，也更具灵活性。

第三专题“遗嘱继承与遗嘱信托的理论与实践”。陈法在《我国放弃继承规则的司法适用困境及其立法完善》一文中指出我国《民法典》和《最高人民法院关于适用〈中华人民共和国民法典〉继承编的解释(一)》就放弃继承规则于放弃继承权主体、意思表示作出形式和期间、法律效果等方面作出规定。其中，该规则对放弃继承的效力进行了有条件限定，即导致不能履行法定义务的放弃继承行为不具有法律效力。但在遗产债权人以放弃继承权人为被告的遗产债务清偿纠纷案件中，我国理论界和实务界对“法定义务”内涵的认识尚存分歧，导致类案裁判尺度不一，影响司法公信力。从放弃继承规则的立法完善路径考察，建议细化放弃继承意思表示的具体期间与对象、明晰放弃继承的限制条件、补充全体继承人放弃继承后的遗产管理规则，以作为尝试完善该规则的路径。吴国平在《代书遗嘱与打印遗嘱“时空一致性”裁判规则的融合适用》中提出，根据我国《民法典》的规定，代书遗嘱和打印遗嘱除了应符合法律规定的实质要件外，还应当符合法律规定的形式要件。人民法院创造性地总结出代书遗嘱和打印遗嘱“时空一致性”的裁判规则，并在司法实践中加以运用，对正确审理继承案件，保护当事人权益起到了积极的作用。但目前各地人民法院对“时空一致性”裁判规则的理解与把握尺度不一，产生了“同案不同判”的情况。吴国平认为应当将“时空一致性”裁判规则与《民法典》规定的遗嘱形式要件规则加以融合，适时出台规范性文件，将“时空一致性”规则融入形式要件，坚持以“强制性规则”为普遍适用、“补强规则”为特殊适用，并通过配套出台相关文件、规则指引，编制继承案件规范化审理指南和指导性案例，加强业务研讨与学习培训，逐步解决目前办案过程中存在的困惑。陈汉在《论遗嘱信托之制度完善》一文中提出，遗嘱信托是《民法典》所新认可的泛继承方式。从直接的规范内容来看，

《信托法》对遗嘱信托略有规范，而《民法典》仅用一个宣示性条款予以规定，需要从体系角度及解释论角度予以补足，避免此项制度成为一条具文。从体系角度，不能主要以《信托法》的立法价值与逻辑去解读遗嘱信托。遗嘱信托以遗嘱为文本载体，以遗产规划安排为核心目的，因此需要从继承编整体立法价值角度去考察遗嘱信托。遗嘱信托的本质，是继承，并且是一种相对复杂的继承安排。遗嘱信托的效力，应当受继承编其他相关规定的调整。董思远、沈学飞在《成年监护特殊需要信托制度研究》一文中特别指出：为了克服成年监护制度存在的"监护人代理风险""替代决策"等弊病，保障心智障碍者的财产权益，实践中产生了外置管理被监护人财产的需求，而特殊需要信托制度是实现该需求最合适的法律工具。通过考察美国、新加坡及我国香港地区的立法及实践经验，董思远建议在我国从国家层面建立特殊需要信托制度，规定特殊需要信托的类型、委托人与受益人的条件等。倡导在已有的信托机构中尽可能多地开展特殊需要信托业务，政府应在财政补贴与公信力担保方面给予该业务以必要的支持。鼓励对被监护人大额财产设立特殊需要信托，至于被监护人日常生活的小额金钱，则可以由监护人保管，以便其从事日常监护事务。魏小军在《解释论视角下的遗嘱信托设立规则探析》中提出遗嘱信托的设立，是指为实现对遗产的计划，以预先在遗嘱中设立信托条款的方式，在遗嘱及相关信托文件中明确遗产的管理规划，包括遗产的管理、分配、运用及给付等。遗嘱信托设立，不宜以受托人同意为条件。受托人不同意导致的缺位问题应由受托人补选机制来解决。遗嘱意思表示的内容，应可将其与遗嘱继承、遗嘱、设立居住权区分开来。魏小军认为，在当前的社会生活条件下，设立信托的遗嘱应具有书面形式。遗嘱信托于遗嘱生效时生效，不以相应的遗产权利被转移至受托人名下为必需。李欣、孙文杰在《我国遗嘱信托受益权保护研究》一文中提出：让受益人取得遗嘱信托受益权是委托人设立遗嘱信托的目的所在，遗嘱信托受益权受侵害后的救济路径完善更是遗嘱信托受益权保护的重要环节。遗嘱信托受益权包含于信托受益权之中，遗嘱信托受益权的性质决定了应当以何种方式和路径对其进行保护和救济，但我国学界目前对信托受益权的性质争论较大，众多学说纷纭，故对遗嘱信托受益权的保护救济模式究竟以债权模式还是以物权模式或其他保护模式也无统一观点。此外，遗嘱信托属于民事信托，具有相当高的灵活性、隐秘性和自由度，正是由于遗嘱信托的灵活性和隐秘性让遗嘱信托的监督管理难度较大，加之我国遗嘱信托本身的法律规定不健全，相应配套制度未建立，导致保护受益人的遗嘱信托受益权的难度较大。从界定遗嘱信托受益权的性质出发，根据其性质采取相应的保护模式，并在借鉴其他国家、地区相关制度的基础上结合我国的本土实际，提出遗嘱信托受益权属于一种复合型新权利，并在此基础上提出相应的权利保护机制。

第四专题“婚姻家庭法学教育与人才培养”。张融在《“婚姻家庭法学”课程思政教学模式探索》一文中强调，当前，“婚姻家庭法学”课程思政教学研究主要着眼于教师课程思政教学能力的提升，对学生主动开展课程思政学习能力的关注相对较少，这直接影响课程思政的育人成效。为此，应通过“以学生为中心”的教学理念，充分发挥学生的主体地位，构建新的课程思政教学模式。针对现阶段有的学生深受互联网影响和不敢课堂表达两大特点，文章提出全过程课程思政教学模式，即从课前、课中、课后三个不同的阶段，围绕思政育人的核心目标，充分利用超星学习通平台，通过课前话题交流、课中 BOPPPS 教学、课后思政题目巩固等教学策略，实现思政元素全过程的融入，改变思政元素被动摄入的局面，最大化地实现“婚姻家庭法学”课程思政教学的育人成效。李秀华在《人工智能时代婚姻家事法律诊所教育质量评估机制研究》一文中强调，人工智能时代下，婚姻家事法律诊所师生要实现诊所教育质量不断优化目标，可有效运用新的评估技术与方法，及时发现自身或运行机制的局限，不断提高法律诊所学生的法律综合治理能力和职业素养并成为一个卓越法治人才。李秀华强调通过对评估体系分析可以有效评估技术与方法适用是婚姻家事法律诊所教学质量提升的重要保障，其涉及的主体具有多元性，适用条件具有多维度与规范性。有效启动评估机制，不仅有助于理论和实践相互促进，有助于全面而有效地激活婚姻家事诊所法律教育理念，改革诊所教师的教学方法与态度，更有助于全面提升法律诊所学生的法律技能、公益意识，培养学生成为有效服务弱势群体、治理社会的复合型人才。

婚姻家庭继承法学研究是一群灵魂影响另一群灵魂的事业，婚姻家庭继承法学教育则是一棵树影响一片森林的工程。特别感谢这个时代赋予婚姻家事研究者强烈的责任感与使命感，感谢研究会秘书处、会长、副会长、常务理事、理事、会员给予我们的支持、底气及力量。“让生命影响生命，让爱影响爱”是2023年研究会主题探讨时强调的研究底色。婚姻家庭继承法学理论与法律实践需高度合一，需要专业专注的精神、务实态度及教育理念有机统筹。如何清晰进行学术表述不流于思考浮躁，如何有效整理思想路径为需要共鸣的读者指点迷津，如何将本书观点表述得规范、深刻又深得人心是一件难度极高的事情，本书配得上有划时代意义的研究维度，配得上婚姻家庭继承法学研究者的期待。本书呈现了作者们的深度见解，对未来法律完善设想与学者思维路径重构。本书不仅是对法律如何实施的回应，更是实践成果的总结，这本书无论是对法学院师生还是对已入职的家事律师、法官、心理专家、社工等均有一定启迪。

十分感谢研究会与扬州大学法学院的鼎力支持，感谢各位作者的思想奉献，感谢法律出版社的编辑等工作人员的专业与敬业。婚姻家庭继承法学领域如同星辰大海浩瀚无垠，每一次探索都是新历程的序章。

中国法学会婚姻家庭法学研究会常务理事
中国法学会法学教育研究会诊所法律教育专业委员会常委
泰和律师事务所婚姻家事与财富传承管理业务委员会主任
扬州大学法学院/云南大学滇池学院婚姻家事法学三级教授
李秀华

2024年8月8日

# 目　录

**第一专题　中国特色婚姻家庭法学知识体系建构**

婚姻家庭受国家保护原则研究　蒋　月 / 3

法政策学视角下生育支持政策体系问题纾解　胡鑫磊　何丽新 / 25

**第二专题　身份法与财产法的协调与衔接**

自然血亲亲子身份的法律推定　薛宁兰 / 45

论夫妻对子女婚内抚养费的承担
——《民法典》第1058条的理解与适用　马忆南　谢嘉琦 / 66

司法实践视角下的家务劳动补偿制度研究　蒋明昊 / 82

《民法典》解释与适用之结婚登记程序瑕疵的法律规制　胡苷用　李　欣 / 101

《民法典》视野下离婚缓冲机制的评估与优化　刘经靖　高　艳 / 115

公序良俗在情人遗赠纠纷中的适用
——基于私法与基本权利冲突理论的二元视角　刘耀东 / 147

**第三专题 遗嘱继承与遗嘱信托的理论与实践**

我国放弃继承规则的司法适用困境及其立法完善 陈 法 / 167

代书遗嘱与打印遗嘱“时空一致性”裁判规则的融合适用 吴国平 / 182

论遗嘱信托之制度完善 陈 汉 / 203

成年监护特殊需要信托制度研究 董思远 沈学飞 / 214

解释论视角下的遗嘱信托设立规则探析 魏小军 / 233

我国遗嘱信托受益权保护研究 李 欣 孙文杰 / 243

**第四专题 婚姻家庭法学教育与人才培养**

“婚姻家庭法学”课程思政教学模式探索 张 融 / 261

人工智能时代婚姻家事法律诊所教育质量评估机制研究 李秀华 / 276

# 第一专题

# 中国特色婚姻家庭法学知识体系建构

# 婚姻家庭受国家保护原则研究

蒋　月[*]

**摘　要**　《民法典》第1041条首次明文规定“婚姻家庭受国家保护”，且作为婚姻家庭编的基本原则之首，是对《宪法》保护婚姻家庭要求的贯彻落实，既是对婚姻家庭在社会生活中的独特价值与重要地位的肯认，又是市场经济环境和多元化发展趋势下的价值观选择的宣告。婚姻家庭编作为调整婚姻家庭关系的基本准则，担负保护婚姻家庭的使命。该原则划定了在婚姻家庭领域内个人自由的边界，并为化解个体之间权利冲突提供了原则性的解决方案。婚姻家事审判应当遵从该原则，并在必要时援引该原则评判相关争议。

**关键词**　婚姻家庭　国家保护　基本原则　理解与适用

《民法典》第1041条首次明文规定“婚姻家庭受国家保护”，且置于婚姻家庭编规定的基本原则之首，这就是婚姻家庭受国家保护原则。国家保护婚姻家庭，是因为婚姻家庭在社会生活中的独特价值与重要地位，是国际社会的广泛共识，这体现的是国家对婚姻家庭的重视，贯彻落实了《宪法》第49条关于“婚姻、家庭、母亲和儿童受国家的保护”等要求。

---

* 蒋月，厦门大学法学院、马克思主义学院教授、博士生导师，厦门大学妇女/性别研究与培训基地常务副主任，中国法学会婚姻家庭法学研究会副会长。

之前，在民法典编纂过程中，婚姻家庭法学界一致建议在婚姻家庭编明确规定该内容，而且安排在总则或者“一般规定”中。令人欣慰的是，民法典草案进入大会讨论的时候，将该条原则添加其中，并把其确立为婚姻家庭编的第一基本原则，明确了保护婚姻家庭权利、维护婚姻家庭制度的国家责任。该原则实际上彰显了《民法典》以人为本的精髓，非常重要；保护婚姻关系、保护家庭关系，当然保护基本人权。该原则也与国际社会对家庭重要性的认同以及国家具有保护家庭的责任相一致，凸显了家庭的重要性，强调了国家保护家庭的责任。《世界人权宣言》确认家庭是天然的和基本的社会单位，应当受到社会和国家的保护。在当代社会中，“家庭”的形态和功能已经和正在发生变化，但是，家庭仍然是社会的基本构成单元。所以，家庭生活权是一项基本人权，它以人为本，是为民众的基本生存和发展提供稳定支持的传统支持体系，是非常重要的。从今往后，所有调整婚姻家庭关系的其他法律法规、司法解释、政策以及地方立法，都要考虑国家所承担的保护婚姻与家庭的责任，避免出现可能导致婚姻家庭不稳定的一些法规与政策。例如，有关购房政策、房贷政策导致部分人为了省钱或者借钱而“假离婚”，假离婚却变成真离婚。只要是履行了法定离婚手续，无论是诉讼离婚还是行政程序离婚，那就是真离婚，婚姻关系即解除。很显然，这类政策不利于保护家庭，应该考虑停止执行。在《民法典》婚姻家庭编确立该原则后，特别要关注的是所有的政策、法律、司法解释都应当是家庭友好型的，应该有利于家庭的稳定、和谐。

本文主要讨论下列四个方面问题：一是确立该原则的理由和依据；二是《民法典》体现该原则的具体条款和内容；① 三是对该原则的理解和适用；四是对该原则的展望。

## 一、确立婚姻家庭受国家保护原则的理由和依据

国家保护婚姻家庭，明显关乎《民法典》婚姻家庭编立法的宗旨和任

① 本文的核心观点和前两目的论述，笔者曾在2020年7月14日中国政法大学民商法学院主办的“大师论典”（线上会议）中，以题为“谈谈《民法典》第1041条规定的‘婚姻家庭受国家保护’原则”的演讲中发表。

务。笔者跟学界诸多同人一样，一直主张婚姻家庭法应当规定婚姻家庭受国家保护。《民法典》婚姻家庭编确立该原则，体现对婚姻家庭这一庞大的传统支持系统的充分肯定，确实很有必要。

### （一）贯彻落实《宪法》相关规定

新中国成立以来的四部宪法中，均将“婚姻家庭受国家保护”入宪，这是确立婚姻家庭制度受国家保护的根本法依据。1954 年《宪法》第 96 条第 2 款规定“婚姻、家庭、母亲和儿童受国家的保护”。1975 年《宪法》第 27 条第 5 款规定“婚姻、家庭、母亲和儿童受国家的保护”。1978 年《宪法》第 53 条第 2 款规定“男女婚姻自主。婚姻、家庭、母亲和儿童受国家的保护”。1982 年通过并于 2018 年修正的现行《宪法》第 49 条规定“婚姻、家庭、母亲和儿童受国家的保护。夫妻双方有实行计划生育的义务。父母有抚养教育未成年子女的义务，成年子女有赡养扶助父母的义务。禁止破坏婚姻自由，禁止虐待老人、妇女和儿童”。《民法典》婚姻家庭编作为专门调整婚姻家庭法律关系的法律，应该贯彻落实《宪法》要求，明确表达其保护婚姻家庭的立场。

1. 保护婚姻家庭，是国家立场，是公共利益，而非仅仅个人的私益

公共利益（简称公益）是指一定社会条件下能够满足一定范围内所有人或者特定范围内不特定多数主体需要的、具有公共效用的资源、条件、利益。公共利益不同于国家利益，其具有主体数量的不确定性。公共是相对于个别而言的，即公众共同。确定公众的范围，一般有下列两种办法：其一，根据地域标准，德国学者洛厚德（C. E. Leuthold）于 1884 年提出，公益是一个相关空间内关系到大多数人的利益。这个地域或空间以地区为划分，且多以国家之（政治、行政）组织为单位。地区内的大多数人的利益，就足以形成公益；至于在地区内，居于少数人之利益，则称为个别利益。其二，根据人数标准，德国学者纽曼（F · J. Neumann）认为，公益是一个不确定多数人的利益。换言之，以受益人之多寡的方法决定，只要大多数的不确定数目的利益人存在，即属公益。应该说，这两种观点都有一定道理，但是也存在各自的缺陷。比如，洛厚德单纯以地区为划分，但是，很多情况下，公众的范围并不限于地域范围内。如一个职业共同体，

其人员分散在不同的地域，但是该共同体仍然可以作为一个“公众”存在。

当代社会，无论在哪个国家或地区，婚姻和家庭依然是人口再生产单位和社会生活的基本单元。首先，婚姻家庭是社会人口再生产单位。人口再生产是国家的重大事务，故而婚姻家庭再生产人口并非私务，向来也并非婚姻家庭当事人能够完全自治的。国家总是通过鼓励、控制等人口政策工具介入婚姻家庭的人口再生产过程。其次，婚姻家庭是社会生活的基本单元。尽管现代社会生活丰富多样，特别是发达的商业服务能够在满足物质生活、精神生活方面提供几乎无可穷尽的项目，但是，个体生活的组织基本上依靠婚姻家庭来承担。父母为子女的出生、成长和发展提供支持，婚姻家庭为个体提供情感慰藉和利益依归。再次，婚姻家庭是个体教化的重要单位和场域。自然人成为社会人的最基础教育是家庭教育。家庭作为教育单位，既指向个体利益，又归属社会公共利益。最后，部分家庭还是经济单位，其中农村家庭是最为典型的，它们是组织生产活动的主体。

2. 婚姻、家庭作为两种社会生活的基本组织形式和重要法律制度，受到现行《宪法》保护

关于现行《宪法》第49条的理解，法学界的观点主要有下列三种：一是宪法原则说。杨遂全、焦洪昌等人认为，凡宪法规范都具有纲领性和原则性，现行《宪法》第49条也是确立婚姻家庭制度的指导性原则。① 二是制度性保障说。该种意见借鉴于德国的宪法理论，认为应当区分宪法上的基本权利和制度保障，婚姻、家庭是作为制度受到宪法保护；因此，部门法立法负有积极保护婚姻、家庭制度的作为义务。② 三是宪法权利说，现行《宪法》第49条规定为确立一系列婚姻权利和家庭权利提供了依据。③ 唐冬平质疑前述三种观点，批评它们对规范内涵诠释不精确，对家

① 参见杨遂全：《论国家保护婚姻家庭的宪法原则及其施行》，载《中国法学》2001年第1期；焦洪昌主编：《宪法》，中国政法大学出版社2012年版，第153页。

② 参见王锴：《婚姻、家庭的宪法保障——以我国宪法第49条为中心》，载《法学评论》2013年第2期。

③ 参见周伟主编：《宪法学》，四川大学出版社2002年版，第126页；王琼雯：《家庭权初论》，苏州大学2013年博士学位论文，第150－176页；徐健：《家庭权的国家保障研究》，中南财经政法大学2017年博士学位论文，第44－49页。

庭的定位不完整，主张现行《宪法》第49条的目的应当是“确认家庭的涉法性、保护家庭积极社会功能及抑制其消极社会功能”。[①] 笔者则认为，上述三种观点是可以统一，而非矛盾的，现行《宪法》第49条理当是《民法典》确认和保护婚姻家庭的纲领性依据，也是制度性保障，据此，人们享有婚姻自由权、组建家庭生活的权利。唐冬平的论述没有跳出“制度性保障”“宪法权利说”，并未形成独立解释观点。

3. 保护婚姻家庭，是尊重和保障人权的需要

现行《宪法》第33条第2、3、4款规定，“中华人民共和国公民在法律面前一律平等。国家尊重和保障人权。任何公民享有宪法和法律规定的权利，同时必须履行宪法和法律规定的义务”。婚姻家庭关乎每一个人的利益。公权力适度介入，承认婚姻家庭的特殊性，并承担相应保护责任，有利于维护婚姻家庭结构的完整和稳定，满足个体对于异性恋情感和亲子等亲情关系建设和维护的需求，让个体享有有尊严的生活。首先，个体享有并通过行使婚姻自由权实现其结婚组织家庭生活或者离婚而解除婚姻关系的目标。其次，进入婚姻家庭的组织结构之后，个体享有维持其婚姻家庭生活的权利，任何人不得破坏或者损害其合法权益。最后，当配偶或者第三人损害婚姻家庭时，受害人有权寻求救济性保护。

### （二）从比较法角度看，婚姻家庭受国家保护是多数国家和地区立法通例

目前，婚姻家庭是国际人权公约保护的对象，多数国家将婚姻家庭作为基本制度纳入宪法保护，甚至将“婚姻家庭受国家保护”上升为宪法原则。首先，“婚姻、家庭受国家保护”的理念和内容被国际人权公约一再重申。1948年《世界人权宣言》第16条宣告：“家庭是天然的和基本的社会单元，并应受社会和国家的保护。”之后，这一内容在《公民权利及政治权利国际公约》《经济、社会及文化权利国际公约》等国际人权公约的“家庭条款”中得到进一步强化，彰显了婚姻家庭在国际人权立法上的重要价值和地位，并强调缔约国应积极致力于对婚姻家庭的支持与保护，最

---

① 唐冬平：《宪法如何安顿家——以宪法第49条为中心》，载《当代法学》2019年第5期。

大限度地采取一切立法、行政或其他措施承担对家庭的保障义务，以确保婚姻家庭圆满维持幸福和谐，免遭破坏和瓦解。其次，德国等国家宪法明文保护或者调整婚姻家庭。例如，1949年《德意志联邦共和国基本法》第6条规定："一、婚姻与家庭应受国家之特别保护。二、抚养与教育子女为父母之自然权利，亦为其至高义务，其行使应受国家监督。三、惟在养育权利人不能尽其养育义务时，或因其他原因子女有被弃养之虞时，始得根据法律违反养育权利之意志，使子女与家庭分离。四、凡母亲均有请求社会保护及照顾之权利。五、非婚生子女之身体与精神发展及社会地位，应由立法给予与婚生子女同等之条件。"① 1946年《日本国宪法》第24条规定家庭生活中的个人尊严和两性平等："1. 婚姻仅以两性的自愿结合为基础而成立，以夫妇平等权力为根本，必须在相互协力之下予以维持。2. 关于选择配偶、财产权、继承、选择居所、离婚以及有关婚姻和家庭的其他事项，必须以个人尊严与两性平等为基础制订之。"②

（三）为什么《民法典》确立此原则

这主要是基于下列五方面因素的综合考虑。

1. 引领主流价值观，为个体权利冲突提供化解之道，矫正极端个人主义

新中国成立以来，我国严格实行婚姻自由、一夫一妻、男女平等的婚姻制度。一男一女结为夫妻的婚姻制度是我国主流价值观，婚姻家庭受法律保护。严格遵守一夫一妻制婚姻是近代以来人类文明的主流价值观。1950年《婚姻法》第1条规定，实行男女婚姻自由、一夫一妻、男女权利平等、保护妇女和子女合法权益的新民主主义婚姻制度；第2条规定禁止

---

① 《德意志联邦共和国基本法》，载百度百科网，https：//baike. baidu. com/item/德意志联邦共和国基本法/8676436，访问日期：2023年5月6日。

② 《日本国宪法（暂译）》，载日本国驻华大使馆网，https：//www. cn. emb – japan. go. jp/itpr_ zh/kenpo_ zh. html，访问日期：2023年10月12日。

重婚、纳妾。重婚是刑法打击的犯罪行为。2017 年《刑法》[①] 第 258 条规定："有配偶而重婚的，或者明知他人有配偶而与之结婚的，处二年以下有期徒刑或者拘役。"第 259 条规定："明知是现役军人的配偶而与之同居或者结婚的，处三年以下有期徒刑或者拘役。利用职权、从属关系，以胁迫手段奸淫现役军人的妻子的，依照本法第二百三十六条的规定定罪处罚。"

2022 年，全国婚姻登记机构全年依法办理结婚登记 683.5 万对，比上年下降 10.6%。结婚率为 4.8‰，比上年下降 0.6 个千分点。依法办理离婚手续 287.9 万对，比上年增长 1.4%，其中：民政部门登记离婚 210.0 万对，法院判决、调解离婚 77.9 万对。离婚率为 2.0‰。(见图 1)[②]

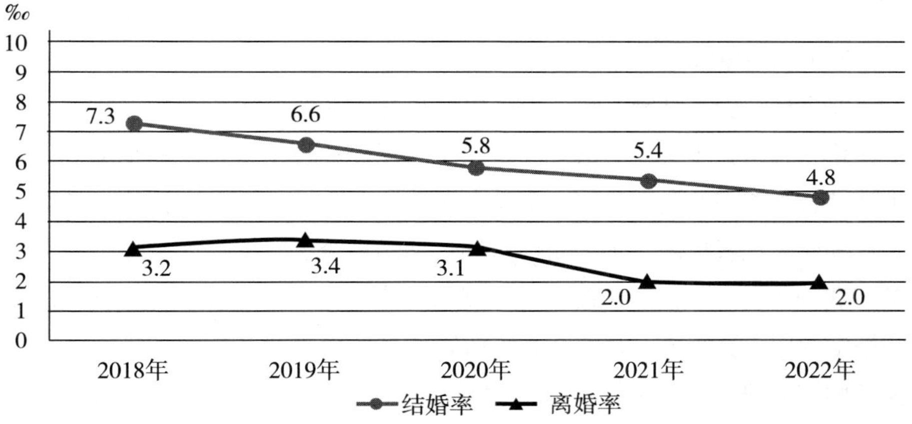


**图 1　2018－2022 年结婚率和离婚率**

我国家庭户人口数量持续下降。家庭规模小型化已是普遍事实。根据 2020 年完成的第七次全国人口普查结果，全国共有家庭户 494157423 户，集体户 28531842 户。平均每个家庭户的人口为 2.62 人，与 2010 年第六次

① 本文援引《刑法》时特指 2017 年《刑法》。之后，《刑法》分别于 2020 年 12 月 26 日和 2023 年 12 月 29 日修正公布，晚于《民法典》（于 2020 年 5 月 28 日公布）公布。本文为阐明《民法典》立法本意，论证时未援引 2020 年和 2023 年《刑法》。贯彻实施《民法典》过程中，应注意《刑法》已经最新修正。

② 参见中华人民共和国民政部：《2022 年民政事业发展统计公报》，载 https：//www.mca.gov.cn/n156/n2679/c1662004999979995221/attr/306352.pdf，访问日期：2023 年 12 月 30 日。

全国人口普查的3.10人相比减少0.48人。①（见表1）此处的家庭户是指以家庭成员关系为主、居住一处共同生活的人组成的户。

**表1　历次人口普查家庭平均户人数**

| 单位：人/户 | | | | | | | (person/household) |
|---|---|---|---|---|---|---|---|
| 普查年份<br>Census Years | 1953 | 1964 | 1982 | 1990 | 2000 | 2010 | 2020 |
| 平均家庭户规模<br>Average Size of Family Households | 4.33 | 4.43 | 4.41 | 3.96 | 3.44 | 3.10 | 2.62 |

来源说明：国务院第七次全国人口普查领导小组办公室编：《2020年第七次全国人口普查主要数据》，中国统计出版社2021年版，第8页。参见国家统计局官网，http://www.stats.gov.cn/sj/pcsj/rkpc/d7c/202303/P020230301403217959330.pdf。

2. 回应价值观多元化的挑战

在当代社会，亲密关系、个人生活观念、生活方式的选择上，出现了多元化。我国置于个人生活方式多元化的国际环境中，也面临小部分人要求性结合方式多元化的诉求。全国人大常委会法制工作委员会于2019年8月公开回应记者提问"人大目前对同性恋结婚合法化的态度是什么?"，表示"我国现行婚姻法规定的一夫一妻制是建立在一男一女结为夫妻基础上的婚姻制度，这个规定是符合我国的国情和历史文化传统的……因此民法典婚姻家庭编草案也维持了现行婚姻法规定的一夫一妻制"。② 2019年10月18日举行的记者会上，回答《中国妇女报》等媒体有关民法典婚姻家庭编就非婚同居作若干规定、会不会承认同性结婚这两个问题时，全国人大常委会法工委的同志明确表示，"近年来随着社会经济的发展和人们观念的变化，在我国未婚同居的情况越来越多。早在2001年修改婚姻法的时候立法机关就注意到这个问题，当时法律中针对其中事实婚姻的问题作了规定"；"对于其他形式的同居，现行法律暂未作出明确的规定。现在民法

① 参见国家统计局、国务院第七次全国人口普查领导小组办公室：《第七次全国人口普查公报（第二号）》，载国家统计局网2021年5月1日，https://www.stats.gov.cn/sj/tjgb/rkpcgb/qgrkpcgb/202302/t20230206_1902002.html。

② 参见《全国人大常委会法制工作委员会发言人记者会》，载中国人大网2019年8月21日，http://www.npc.gov.cn/wszb/wszbl/wzzbl/。

典婚姻家庭编仍旧维持了这一做法，主要有如下考虑：一是随着人们观念的变化，未婚同居在一些地方为一部分人所接受，但是在整个社会上还远未形成共识"；"二是因为同居的情况和原因都比较复杂，法律难以作出统一的规定"；"三是考虑未婚同居涉及到诸多法律问题……对大多数的问题现在有不同意见，还没有达成共识。所以从目前情况看，法律上明确规定同居这个问题的时机还不成熟"。[①] 同性结婚要在婚姻家庭编中得到承认，"条件不具备"。虽然《民法典》婚姻家庭编没有承认这两种非传统婚姻的性结合模式，但是，事实上，国家立法机关需要正式回应这类问题，社会民众中确有一定人数群体有此类需求。以上仅仅是价值观多元化中的两个典型例子。婚姻家庭领域的价值观的多元化，还从一些违法犯罪的典型例子可窥一斑。国家统计局原局长王某某因刑事犯罪已被判刑。[②] 他在职期间，滥用公权和影响力，向商人关某善和彭某提起没有男孩的遗憾并多次提到代孕信息；后接受商人花费 300 余万元的安排，在婚外通过人工代孕生育了两个儿子。[③] 在我国代孕是被禁止的，担任如此高级别公职的王某某不可能不知。公职人员实施法律、公共政策禁止的行为依法应该受到相应处罚。当然，还有违反一夫一妻制，大搞婚外情的诸多案例和事例。这些都说明，我们社会当前阶段确实遇到了价值观多元的挑战，立法有必要更具针对性地加强主流价值观的宣示和引导。

3. 现实生活中，婚姻家庭承担着养老育幼的功能

在社会主义新时代，我国婚姻家庭依然承担养老育幼的功能，而该功能的履行遇到了新的挑战。千百年来，婚姻家庭制度都承担着养老育幼的功能。当代社会，该制度又面临诸多的新挑战。就育幼而言，18 年抚育所需要的人力（时间和精力）、财力等是一项巨大的负担。而老年人生活需要日常照护、健康管理、精神慰藉、社会交往关爱、财产管理等服务等，

---

① 参见《全国人大常委会法制工作委员会发言人第二次记者会》，载中国人大网 2019 年 10 月 18 日，http：//www. npc. gov. cn/wszb/wszb4/wzzb4/。

② 《国家统计局原党组书记、局长王某某一审被判无期徒刑》，载中华人民共和国最高人民检察院网 2017 年 6 月 1 日，https：//www. spp. gov. cn/spp/zdgz/201706/t20170602_ 192052. shtml。

③ 秦羽：《出钱帮王保安代孕的商人被判刑》，载北京日报报业集团（北京日报社）的微信公众号"长安街知事" 2019 年 8 月 14 日，https：//mp. weixin. qq. com/s/q5a48S2GRE8TIRkGfKxICQ。

既需要人力资源的帮扶，也需要财务支持。2020 年第七次全国人口普查结果显示，我国总人口 14.12 亿人。而在此前的七十年间，总人口如下：1953 年，5.83 亿人；1964 年，6.95 亿人；1982 年，10.08 亿人；1990 年，11.34 亿人；2000 年，12.66 亿人；2010 年，13.40 亿人。[①] 如此庞大的人口，若没有婚姻家庭这个支持体系的默默支撑和付出，社会运行如常是很难想象的。婚姻作为男女两性关系的社会组织形式，依然是大多数人个人生活的选择，其在满足人的本能需求、情感需求、提供合作和支持等方面仍然具有独特优势。尽管现在是自由婚姻时代，但是，男女结为夫妻依然是法律、主流道德、社会风俗习惯均推崇的制度。

4. 经济社会发展对婚姻家庭产生深刻影响

在工商业社会，市场经济鼓励和激励个体自由，而婚姻家庭关系的建立和稳定要求个体适度让渡个人自由，在这两者之间的互动与博弈中，婚姻家庭被动地不断缩小阵地，处于且战且退之态势。

（1）市场经济带来的挑战。在市场经济环境下，鼓励劳动力流动自由，劳动者有出卖劳动力的自由，这是市场经济活跃和实现市场经济预期目的的必要条件。哪里的劳动力购买价格高，劳动者就流动到哪里，那么就会对婚姻家庭的稳定，尤其是其结构稳定和功能实现产生比较大的冲击。我国从 1992 年决定实行社会主义市场经济体制以来，已有 30 余年时间，市场经济对婚姻家庭价值观已经产生某种程度的冲击。市场经济环境中，个人为了安身立命，不得不重视职业发展；个人对职业发展的投入，大多会产生立竿见影的效果。然而，在婚姻家庭中的投入，主要是做贡献、做奉献，时间、精力等长期投入不一定产生预期的回报，虽然在婚姻终结（如离婚）的时候，当事人享有分割夫妻共同财产的请求权，但是婚姻家庭解体了，一部分人的人力资本投入不会获得相应回报。谁也不会为了获得婚姻共同财产的分割请求权而愿意以婚姻解体为代价，多数付出结束婚姻的代价之人是不得已的最后选择，有部分婚姻当事人甚至是被迫承受。与职业发展所能取得的立竿见影的效果相比较，人们在婚姻家庭中的

---

① 参见国务院第七次全国人口普查领导小组办公室编：《2020 年第七次全国人口普查主要数据》，中国统计出版社 2021 年版，第 4 页。

投入、做奉献的回报并不明显，因而其积极性、动力有所弱化。在这个阶段，婚姻家庭要实现养老育幼的功能或者说完成这样的任务，遇到了市场经济环境的强力挑战。

市场经济需要劳动者有出卖劳动力的自由，必然导致大规模的人口流动，这给婚姻家庭增添了离心力而非凝聚力。（见图 2）一方面，婚姻家庭成员的流动，产生地理距离上的疏远，朝夕相处变得困难，共处时间大大减少；另一方面，在外面见识过丰富精彩生活的人，有了更多比较思维，提高了对自我和对配偶、其他家人的要求，如果这种提升是单方面的，相对方不积极主动去学习、寻求改变、适应和提高，相互之间就易生矛盾、冲突乃至纠纷。加之个体为了维持或者谋求更好的职业发展和收入，有限的时间越来越多地投入到职场活动中。家庭关系的重要性相对降低了，婚姻变得脆弱而易碎。

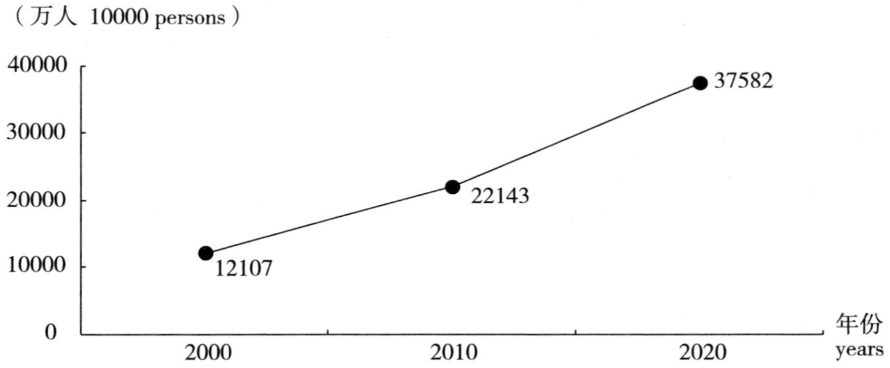


**图 2　历次人口普查流动人口**

来源说明：国务院第七次全国人口普查领导小组办公室编：《2020 年第七次全国人口普查主要数据》，中国统计出版社 2021 年版，第 13 页。参见 http：//www. stats. gov. cn/sj/pcsj/rkpc/d7c/202303/P020230301403217959330. pdf。

（2）家庭小型化面临的挑战。如表 1 所示，历次人口普查家庭平均户人数，已从 1953 年 4. 33 人下降到 2000 年的 3. 44 人，2020 年进一步下降到 2. 62 人。家庭规模越小，其承载能力越小

老龄化、高龄化快速发展，子女承担着赡养扶助父母的义务，家庭养老责任很重。一方面，老年人口占社会总人口的比重不断提升。随着营养

条件改善、医疗服务水平提升，社会人口平均预期寿命逐渐增长。我国于20 世纪 80 年代开始严格实行每对夫妻只生育一个子女的“独生子女政策”，极大地加快了人口老龄化进程。60 岁以上人口在全国总人口中的比重，1990 年时仅占 8.57%，到 2010 年达到 13.26%，2020 年已达 18.70%（详见表 2）。2020 年人均预期寿命提高至 77.9 岁，[①] 我国已进入深度老龄化社会。另一方面，社会养老服务建设严重滞后。对于庞大的老年人群而言，现有的公立养老机构的数量和接待量是杯水车薪。截至 2022 年年底，全国共有各类养老机构和设施 38.7 万个，养老床位合计 829.4 万张。其中，注册登记的养老机构仅 4.1 万个，比 2021 年增长 1.6%，床位仅518.3 万张，比 2021 年增长 2.9%；社区养老服务机构和设施 34.7 万个，共有床位仅 311.1 万张。[②]

**表 2　历次人口普查年龄构成**

单位：（%）

| 普查年份 Census Years | 各年龄段人口比重 Proportion of Population by Age Group to National Population | | | |
|---|---|---|---|---|
| | 0 – 14 | 15 – 59 | 60 + | #65 + |
| 1953 | 36.28 | 56.40 | 7.32 | 4.41 |
| 1964 | 40.69 | 53.18 | 6.13 | 3.56 |
| 1982 | 33.59 | 58.79 | 7.62 | 4.91 |
| 1990 | 27.69 | 63.74 | 8.57 | 5.57 |
| 2000 | 22.89 | 66.78 | 10.33 | 6.96 |
| 2010 | 16.60 | 70.14 | 13.26 | 8.87 |
| 2020 | 17.95 | 63.35 | 18.70 | 13.50 |

注：“#”表示其中的主要项。

Note：“#” indicates a major breakdown of the total.

来源说明：国务院第七次全国人口普查领导小组办公室编：《2020 年第七次全国人口普查主要数据》，中国统计出版社 2021 年版，第 9 页。参见 http：//www. stats. gov. cn/sj/pcsj/rkpc/d7c/202303/P020230301403217959330. pdf。

① 参见《国务院关于印发“十四五”国家老龄事业发展和养老服务体系规划的通知》，载中华人民共和国中央人民政府网，https：//www. gov. cn/zhengce/content/2022 – 02/21/content_5674844. htm。

② 参见《2022 年民政事业发展统计公报》，载中华人民共和国民政部网，https：//www. mca. gov. cn/n156/n2679/c1662004999979995221/attr/306352. pdf，访问日期：2023 年 12 月 30 日。

（3）社会转型过程中，家庭的传统功能整体弱化。在农业社会，家庭是组织生产、生活的主体，家庭更是个体的主要资源供应站，是生老病死的终身依靠。脱离家庭支持的个体，实现生存的难度极大。然而，在现代工商业社会，一方面，实行个人独立自由，每个人的财产是其个人财产，未经家庭成员协商一致，不可能形成家庭共同财产，家庭对个体的长期支援缺乏厚实的经济基础，故父母依法承担对子女的抚养义务一般仅限于子女未成年时期。另一方面，社会保障比较发达，国家作为保障个体照顾责任的总承担人，通过各种社会保险和社会救助制度服务并托底个人，个人更多地依赖社会保障这棵大树，传统家庭功能部分地转移给了社会保障制度。家庭小型化甚至“丁克”家庭、一人家庭越来越多，都与家庭传统功能弱化互为因果。

5. 保护婚姻家庭，有利于弱势群体保护和彰显公平正义

首先，婚姻家庭成员地位平等。凡婚姻关系、家庭关系中的主体都是平等的，但是，婚姻家庭行为不可能完全讲求对等或者对价有偿，或者说，部分婚姻家庭行为是奉献，无法获得期待的回报。例如，婚姻家庭生活伴随着必不可少的家务劳动，法律规定夫妻平等承担家庭责任，然而，由于实际从业状况不同，更为了通过合理分工和合作而产出更大效益，在相当一部分家庭中，夫妻一方承担了全部或较多家务劳动，因而减少甚至牺牲了职业发展的诸多机会；夫妻之间因人力资本投资方向不同，离婚给双方带来的负面影响有明显差异，对于职业发展慢甚至不得不放弃职业发展的一方而言，其人力资源投资的损失很大。其次，在社会托幼服务尚不发达，年幼孩子照护责任主要由家庭自我承担时，婚姻家庭结构稳定能够为儿童提供最有利的成长环境。最后，我国已进入老龄化社会，照护长者的责任十分沉重；有稳定婚姻关系和家庭关系时，照护所需的人力比较容易聚集和分摊，实现居家养老相对容易些，这有利于老年人群体。

## 二、《民法典》婚姻家庭编体现“婚姻家庭受国家保护”原则的具体内容

《民法典》婚姻家庭编都贯彻和体现了“婚姻家庭受国家保护”原则，可以简述为以下几个方面。

### （一）确立了家庭成员制度

《民法典》第1045条第2、3款规定家庭成员范围，是新中国成立以来首次在法律上确立家庭成员制度。对于家庭成员的范围，法学界的认识曾长期有所不同。《民法典》确立了家庭成员制度，讲解家庭制度，“婚姻家庭受国家保护”中的“家庭”是由哪些人构成的，立法就非常明确了。当然，《民法典》婚姻家庭编继续保留了2001年《婚姻法》有关规定，比方说，禁止有配偶者与他人同居，禁止重婚，禁止对家庭成员的虐待和遗弃等，它们都是对婚姻制度和家庭制度的保护。

### （二）确立了近亲属制度

《民法典》第1045条第2款规定“配偶、父母、子女、兄弟姐妹、祖父母、外祖父母、孙子女、外孙子女为近亲属”。我国许多法律和司法解释使用“近亲属”的概念，但是，以往对此概念内涵与外延的理解并不完全相同。《民法典》明文规定了近亲属的种类和范围，有利于统一认识、加强引导。

立法应如何确定近亲属的范围，曾经也有不同意见。《民法典婚姻家庭编（草案三次审议稿）》第822条第2、3款[①]规定，“配偶、父母、子女、兄弟姐妹、祖父母、外祖父母、孙子女、外孙子女为近亲属。共同生活的公婆、岳父母、儿媳、女婿，视为近亲属”。经过讨论，基于权利与义务平衡的考虑，兼顾传统亲属关系伦理，照顾到民众普遍的社会心理（例如，岳父母愿意接受女婿的赡养照顾，但愿意将财产或者遗产分一半给女婿的人占比不大），最终确认了较小范围的亲属为近亲属。

### （三）增加了保护家庭制度的措施

1. 无过错当事人一方享有撤销婚姻的请求权和损害赔偿请求权

基于结婚自由，凡胁迫他人结婚的，受胁迫一方有权向法院请求撤销婚姻；一方涉及可撤销婚姻，婚前患有重大疾病未告知对方的，无过错配

---

① 按民法典各分编草案的条文顺序编排。

偶有撤销婚姻的请求权。为了保障结婚意思表示真实，不受外来干预或者欺诈，《民法典》第1052、1053条专门予以规定。此请求权只能向法院请求行使，必须通过司法裁判才能确认婚姻是否被撤销，婚姻登记机构没有撤销婚姻的权力。《民法典》第1051条保留《婚姻法》原规定婚姻无效的同时，第1054条增设了婚姻无效或者被撤销的无过错方，有权请求损害赔偿。矫正和惩罚侵害婚姻自由、一夫一妻制的行为，这表明我国立法保护家庭、保护婚姻的力度加大了。

2. 婚内分割夫妻共同财产制

为了保护配偶双方对夫妻共同财产享有的平等所有权特别是其中的平等处分权，《民法典》第1066条增设该制度。在婚姻关系存续期间，夫妻一方有下列行为之一的，另一方可以向人民法院请求分割夫妻共同财产：（1）一方有隐藏、转移、变卖、毁损、挥霍夫妻共同财产或者伪造夫妻共同债务等严重损害夫妻共同财产利益的行为；（2）一方负有法定扶养义务的人患重大疾病需要医治，另一方不同意支付相关医疗费用。

3. 设立离婚冷静期制度

这是对婚姻的保护措施之一。成立婚姻以后，不能任由当事人轻率地解除和放弃。如果夫妻遇到了比较大的婚姻冲突，甚至产生了婚姻危机，立法秉持“婚姻能挽回就要尽量挽回”的立场和态度，要求当事人双方慎重地、严肃地对待婚姻矛盾和冲突，积极设法解决。离婚是解决婚姻冲突的选项之一，但不应是首选项。

4. 人民法院分割夫妻共有财产时，判决应根据照顾子女、无过错方权益等原则进行

《民法典》第1087条第1款规定，“离婚时，夫妻的共同财产由双方协议处理；协议不成的，由人民法院根据财产的具体情况，按照照顾子女、女方和无过错方权益的原则判决”。此处的过错，既包括重婚、有配偶者与他人同居、通奸等严重违背一夫一妻制的行为，又包括实施家庭暴力、虐待、遗弃家庭成员等严重伤害家庭成员权利和破坏家庭关系的行为。

5. 增设了离婚分割夫妻共同财产时，对企图侵占另一方财产的配偶或者前配偶可以少分或者不分的规定

近些年来，部分婚姻当事人为实现自我利益最大化，想方设法侵害配

偶另一方财产权的情形屡有发生，且有不断增多之势，立法实施强干预，以维护双方利益平衡，维护社会公平。《民法典》第1092条规定："夫妻一方隐藏、转移、变卖、毁损、挥霍夫妻共同财产，或者伪造夫妻共同债务企图侵占另一方财产的，在离婚分割夫妻共同财产时，对该方可以少分或者不分。离婚后，另一方发现有上述行为的，可以向人民法院提起诉讼，请求再次分割夫妻共同财产。"该请求权不受除斥期间限制。离婚后，任何时候发现原配偶一方有前述行为，另一方都可以请求再次分割被隐藏、转移、变卖、毁损、挥霍的夫妻共同财产，或者因对方伪造夫妻共同债务而被侵占的财产。

6. 扩大离婚损害赔偿的范围，完善了对婚姻的保护

《民法典》第1091条在《婚姻法》原有离婚损害赔偿法定事由基础上，增设了兜底条款，夫妻一方有其他重大过错的，另一方也有权请求损害赔偿。赋权司法自由裁量，将一方有严重损害婚姻的行为的，统统纳入该兜底项无过错方有权请求损害赔偿，对过错方的行为给予惩罚。

### （四）《民法典》规定"优良家风"条款，提出家庭文明建设的要求

这是新增设的保护婚姻家庭的规定和要求。贯彻落实"婚姻家庭受国家保护"原则的内容丰富，例如：禁止家庭成员间的虐待和遗弃，禁止家庭暴力。夫妻应当互相尊重，互相关爱，维护平等、和睦的婚姻关系。家庭成员之间应当敬老爱幼、互相帮助，共同建设平等、和睦、文明的婚姻家庭关系。

对于严重破坏一夫一妻制、侵害家庭成员权益的行为，不仅受害人可以请求离婚、离婚损害赔偿，而且对行为人追究刑事法律责任。首先，2017年《刑法》第259条——破坏军婚罪，是保护婚姻条款中最典型的情形。根据2017年《刑法》第259条规定，破坏他人军婚的具体犯罪构成，并不需要实施重婚，只需要明知对方是现役军人的配偶而与之同居，就构成重婚罪，要处以三年以下有期徒刑或者拘役。如果是利用职权、从属关系，以胁迫手段去奸淫现役军人的妻子，还要按照强奸罪处罚。应该说，这是我们法律保护婚姻最严厉的一个条文，也是保护力度最高（达顶格）的一个条文。一般情形下，自然人的婚姻，我国通过设立重婚罪打击严重

破坏一夫一妻制婚姻的行为。凡有配偶者与他人结婚，其行为构成犯罪，将被定罪量刑。其次，对于应该履行或者承担抚养、扶养、赡养义务的人拒不履行养老育幼或者说对患病家庭成员或者其他没有独立生活能力的人的抚养、扶养、赡养义务的，构成虐待罪、遗弃罪，对行为人实施刑罚惩罚。2017 年《刑法》第 261 条规定，“对于年老、年幼、患病或者其他没有独立生活能力的人，负有扶养义务而拒绝扶养，情节恶劣的，处五年以下有期徒刑、拘役或者管制”；第 260 条之一第 1 款规定，“对未成年人、老年人、患病的人、残疾人等负有监护、看护职责的人虐待被监护、看护的人，情节恶劣的，处三年以下有期徒刑或者拘役”；第 260 条规定，“虐待家庭成员，情节恶劣的，处二年以下有期徒刑、拘役或者管制。犯前款罪，致使被害人重伤、死亡的，处二年以上七年以下有期徒刑。第一款罪，告诉的才处理，但被害人没有能力告诉，或者因受到强制、威吓无法告诉的除外”。这些都是对家庭的保护。

## 三、婚姻家庭受国家保护原则的理解与适用

理解和适用该新原则，一定涉及权利义务的设定。《民法典》规定的哪些权利、义务能够与该原则及其蕴含的价值观相匹配？

### （一）《民法典》婚姻家庭编中的“家庭关系”一章中专门设立了“夫妻关系”一节

《民法典》第 5 编“婚姻家庭”第 3 章“家庭关系”之下第 1 节“夫妻关系”，从第 1055 条到第 1066 条共有 12 条规定夫妻关系。其中，有 6 条是调整夫妻人身关系的，6 个条文调整夫妻财产关系的。与 2001 年《婚姻法》相比，《民法典》婚姻家庭编调整婚姻关系当事人权利义务的内容确实有较大幅度增加。不过，增加的内容主要涉及财产关系；有关夫妻人身关系的条文是 2001 年《婚姻法》中已经有的内容，它们基本相同。在市场经济环境下，财产关系越来越复杂，身份关系立法不得不更重视婚姻

家庭成员之间财产关系的调整。① 为此，婚姻家庭编完善了夫妻财产制，完善了离婚的法律后果配置，在保护婚姻的价值观上有所落实、有所完善。然而，在完善夫妻人身关系上，《民法典》婚姻家庭编未增设更多新内容，这令人遗憾。未来保护婚姻，例如，当一个自然人的婚姻受到他人侵犯，自然人的家庭受到他人非法侵害的时候，受害者可以寻求哪些救济呢？既然婚姻家庭受国家保护，法律上就要有救济措施，要赋予当事人寻求救济的权利。那么，从《民法典》中，当事人为此可以寻求哪些救济呢？《民法典》婚姻家庭编确立的那些救济措施，基本上是2001年《婚姻法》、2015年《反家庭暴力法》等法律中已经设立的，《民法典》除了前述增设了婚前重大疾病告知义务以上，没有特别明确地针对夫妻人身关系遭到破坏或者损害的情形而增设新的救济（规则）。

### （二）如何理解该原则中的“婚姻”和“家庭”

随着社会发展，婚姻家庭处于不断变化之中。婚姻家庭的变化很大程度上及时地反映了社会变迁。

此处的婚姻，是指合法婚姻，即一男一女经过婚姻登记而批准缔结的夫妻关系。它不包括所谓的事实婚姻，即男女双方没有办理结婚登记，却以夫妻名义共同生活的事实。只有完成公开结婚登记的男女结合，才构成婚姻。长期共同生活的男女，虽然自称或者对外宣称他们是夫妻，但是，因未履行结婚登记程序，依法不构成婚姻；通常称之为“非婚同居”“事实婚姻”。而未经婚姻登记机关批准结婚的男女生育有子女的，他们与子女之间的关系是家庭关系，依法受婚姻家庭编中的家庭法规范调整。

此处的家庭，是指法律意义上的家庭，其成员，即在一起共同生活的人相互之间具有特定的亲属身份，且彼此相互享有法定的权利和负担法定义务。由于多种原因，不具有特定亲属身份而共同生活的人客观存在，但

---

① 2003年《最高人民法院关于适用〈中华人民共和国婚姻法〉若干问题的解释（二）》施行后，围绕夫妻共同债务的争议成为社会长期热议的话题。最高人民法院针对法院审理夫妻共同债务纠纷案件，发布了两个专门司法解释，即2017年2月28日发布法释〔2017〕6号《最高人民法院关于适用〈中华人民共和国婚姻法〉若干问题的解释（二）的补充规定》，2018年1月16日发布《最高人民法院关于审理涉及夫妻债务纠纷案件适用法律有关问题的解释》。

是，只要他们不是以婚姻、血缘、收养为基础而具有特定亲属身份，他们相互之间的关系就不构成家庭关系，他们共同生活的事实不称为“家庭”。在生活观念多元化的当代，个体组织共同生活，除了婚姻、家庭外，其他组合形式不可忽视。即使《反家庭暴力法》第37条将凡共同生活的人之间发生的暴力纳入家庭暴力，准用该法进行调整，也不意味着现行立法和家庭政策承认不符合法定结婚条件的男女结合为婚姻，或者不符合家庭构成要件的共同生活组合为家庭。

### （三）婚姻家庭受国家保护原则划定婚姻家庭领域内个人自由边界，并成为化解个体权利冲突的方案之一

1. 个人利益与婚姻共同体、家庭共同体利益之间应当达成合理平衡

首先，家庭成员都被赋予各种权利。他们是独立自由的个体，享有法定的人身权利和财产权利，他们相互之间并不总是协调一致的，相反，有时是有冲突的。遵从法律面前人人平等原则，婚姻家庭地位平等，夫与妻之间，父母与子女之间，以及其他家庭成员之间，他们各自行使法定权利时，可能产生权利冲突。除了涉及儿童时应当以儿童利益最大化为首要考虑外，其他家庭成员之间权利冲突，在无法律明文规定的情形下，应当考虑婚姻共同体、家庭共同体的利益。其次，个人自由是有边界的，不得损害婚姻共同体利益、家庭共同体利益。当个体生活在一个共同体中，无论该共同体是婚姻、家庭或者别的什么组织，作为成员的个体，其得适度让渡一定的自由，从而使该共同体得以存续和发展。例如，自愿结婚后，夫妻之间应当相互忠实，不得与婚外之人有性关系；除非当事人订立了夫妻约定财产制，否则，婚后所得财产或财产性的权利依法归夫妻共同共有，从而实现物质利益共享。

2. 随着个人独立自由价值观的深度实行，婚姻家庭也成为家庭成员矛盾冲突的场所

如果这类争议和纠纷得不到及时有效处理，容易激化矛盾甚至引发刑事案件，无论是当事人及其所在家庭还是社会，都可能付出沉重代价。最

近二十年来，“民转刑”案件[①]中有一定比例的案件与婚姻家庭矛盾冲突有关。2020年发生的杭州许某利杀妻碎尸案、张某、叶某尘故意杀人案等引发全社会高度关注的案件，被告人严重挑战法律和伦理底线，良知泯灭，实施严重犯罪导致配偶、子女死亡。这3名被告人都被判处了死刑。最高人民法院刑事审判第四庭庭长滕伟于2023年5月至6月先后在浙江省金华市、绍兴市和福建省福州市、泉州市就“新时代农村刑事犯罪对乡村振兴战略的影响”“寻衅滋事行为的刑事规制”课题调研发现，农村刑事犯罪特点中，因恋爱、情感纠纷及涉及农村土地、相邻关系纠纷等产生的“民转刑”案件较多。[②] 影响农村刑事案件发生的因素，除了被告人自身原因外，还与下列因素密切相关：农村基层组织没有充分发挥作用，矛盾化解能力不足；部分陋习仍然存在，一些村民法治意识淡薄；城镇化带来农村“空心化”问题；经济社会发展引发的纠纷增多等。山东省东营市人民法院于2017年1月至2020年10月间审结因民事纠纷引发的刑事犯罪案件共209件，约占同期刑事一审案件的3%。从“民转刑”案件的诱发因素看，既有传统的婚姻家庭矛盾，也有经济交往中的利益冲突，还有生活中的摩擦。其中，位居第一的是经济、债务纠纷，73件占35%，以故意伤害、非法拘禁为主；婚恋、家庭纠纷居第二位，有41件，占20%，主要是故意伤害、杀人、非法拘禁，乃至放火；邻里、宅基地、土地、浇地纠纷等14件，占7%；轻微交通剐擦以及道路交通事故赔偿等纠纷9件，占4%；索要工资、劳务费等4件，占2%；因买卖售后、车辆修理、酒后口角、工作矛盾等琐事纠纷68件，占32%。[③] 为此，要强化诉源治理，构建矛盾纠纷多元化解体系，推动诉调衔接，防止“民转刑”案件发生；持续开展法治宣传和德治引领，加大普法宣传，重视德治教化，推动传统文化和法治

① “民转刑”案件专指由民事纠纷引起，由于未及时妥善化解或者处理不当，一方实施犯罪行为伤害对方或者导致对方死亡，从而由民事纠纷转化为刑事案件。

② 参见最高人民法院刑事审判第四庭：《关于“新时代农村刑事犯罪对乡村振兴战略的影响”暨“寻衅滋事行为的刑事规制”课题在浙江、福建的调研报告》，载《人民法院报》2023年8月16日，第4版。

③ 参见薄其红、延颜：《关于“民转刑”案件的统计分析》，载山东省东营市中级人民法院2022年1月4日，http：//dyzy. sdcourt. gov. cn/dyzy/551590/551592/7385017/7385022/8085961/index. html。

建设相辅相成。

### （四）当婚姻家庭权益受侵害时，为受害人提供救济

无论是婚姻当事人还是第三人，无论是在婚姻内部还是在婚姻之外，任何人都不得损害合法婚姻家庭关系，不得损害夫妻一方或者双方的正当权益，不得损害家庭成员的正当权益。首先，夫妻任何一方不得侵害另一方对夫妻共同财产享有的平等权利，否则，将受到相应的处罚。《民法典》第1092条规定，夫妻一方隐藏、转移、变卖、毁损、挥霍夫妻共同财产，或者伪造夫妻共同债务企图侵占另一方财产的，离婚时分割夫妻共同财产，对该过错方“可以少分或者不分”配财产；即使离婚后，该类侵权行为被发现的，受害配偶任何时候都可以提起诉讼，请求法院再次分割夫妻共同财产，且不受时效限制。其次，《民法典》第1091条赋予受侵害配偶享有离婚损害赔偿请求权。夫妻一方有下列情形之一，导致离婚的，无过错配偶有权请求损害赔偿：（1）重婚；（2）与他人同居；（3）实施家庭暴力；（4）虐待、遗弃家庭成员；（5）有其他重大过错。离婚损害赔偿，既包括物质损失，又包括精神损失。夫妻任何一方作为独立个体，其进入婚姻关系或者家庭关系，不仅继续保有其独立人格和尊严不受侵害，而且有权要求配偶另一方严格遵守一夫一妻制，忠诚于婚姻，否则，另一方的行为构成重大过错，应当承担赔偿责任，以示法律制裁。

## 四、婚姻家庭受国家保护原则的展望

婚姻家庭受国家保护原则贯彻到婚姻家庭编的各章节中，展望未来，至少有下列两方面问题特别值得关注。

### （一）该原则在司法实践中是否具有可适用性和可操作性

该原则在司法实践中是否具有可适用性和可操作性，是指该原则是否可以适用于对某一项具体权利义务争议的裁判。从学理上看，既然它是一项基本原则，无论当事人是否同意适用，法院认为必要时，都应该可以援引之对任何一项具体争议作出具有约束力的裁判。司法实践中，近些年来，人民法院裁判说理时援引诚实信用原则、公序良俗原则是比较常见

的。毫无疑问，婚姻家庭受国家保护原则用于法院裁判说理，应该是顺理成章的。

### （二）该原则是否能够解决疑难问题

随着“婚姻家庭受国家保护”原则、价值的落实，有关夫妻忠实协议效力争议问题是否有统一的标准答案？笔者统计中国裁判文书网上相关裁判文书并进行研究，发现涉及夫妻忠实协议的司法诉讼案件中，从 2001 年《婚姻法》生效以后的 10 年间，判决该类协议无效的案例居多，但是，后来，法院认定该类协议有效的案件渐渐增多；目前有将近 54% 的诉讼案件是判决忠实协议无效的，46% 左右的案件判决忠实协议有效，两者基本接近“五五开”状态。“婚姻家庭受国家保护”原则确立以后，当事人之间签订了忠实协议，非常明确要维护婚姻，这种民事协议会不会更多地得到司法广泛的支持呢？笔者期待，未来，夫妻忠实协议的司法裁判立场会随着“婚姻家庭受国家保护”这个原则的落实而应该有所调整，会加大承认力度，将来支持忠实协议有效的司法裁判可能会增加，期待尽快有新的司法解释规定允许法院受理有关这类协议效力争议诉讼，明确规定该类协议具备哪些条件时有效，哪些情形下无效，为婚姻当事人和准婚姻当事人提供明确的行为指引。

# 法政策学视角下生育支持政策体系问题纾解

胡鑫磊　何丽新*

**摘　要**　老龄少子化背景下，国家为促进人口长期均衡发展出台一系列生育支持政策，涉及财政、税收、保险、教育、住房、就业等多个方面。但生育支持政策尚未形成完整有序的体系，生育支持政策与生育法律的关联度不够，各项政策法律之间缺少逻辑链条，政策法律间的矛盾冲突制约着整个生育支持政策体系的实效。基于对生育支持政策体系的实证研究，本文从法政策学的视角检视生育支持政策的制定主体、政策目的和政策面向，论证生育支持政策的合法性、公平性和可行性，提出强化生育支持政策体系与生育法律体系的深度关联和内外互动，抓住生育支持政策立法、政策执行、政策监管三个重要维度，就生育支持政策法治核心单一、实效评估迟滞、地区悬殊等具体问题提供政策建议。

**关键词**　法政策学　生育支持政策　政策体系

我国正面临落入"低生育率陷阱"的风险，人口自然更替形势逆转，"人口红利"不断削弱。第七次全国人口普查数据显示，2020 年我国总和

* 胡鑫磊，厦门大学法学院博士研究生；何丽新，厦门大学法学院教授，博士生导师。

生育率为1.3（国际警戒线为1.5）。2021年，中国国家统计局自第四次全国人口普查以来首次正式承认中国生育率“已经处于较低水平”。2022年，我国人口负增长85万人，是近61年来首次出现人口负增长。面对低生育率问题，我国致力于构建生育友好型社会，颁布生育支持政策。从“双独二孩”“单独二孩”，到“全面二孩”，再到“全面三孩”，我国计划生育政策从抑制型逐步转向激励型。2021年3月11日开始施行的《中华人民共和国国民经济和社会发展第十四个五年规划和2035年远景目标纲要》指出，要重点完善人口服务体系，促进人口长期均衡发展。同年6月，中共中央、国务院颁布《关于优化生育政策促进人口长期均衡发展的决定》，进一步指出优化生育政策的核心在于实施“三孩”生育政策，取消社会抚养费等制约措施，清理和废止相关处罚规定，并配套实施积极生育支持措施。

由于我国长期以来实行抑制性生育政策的惯性作用仍然存在，且影响人民群众生育观念的因素日趋多元化，“单兵独进”式生育支持政策措施不足以促进生育水平有效提升，需要生育相关政策之间协调配合、生育相关部门之间通力协作。2022年7月，国家卫生健康委、国家发展改革委等部门联合印发《关于进一步完善和落实积极生育支持措施的指导意见》（以下简称《指导意见》），要求加快建立积极生育支持政策体系，完善和落实财政、税收、保险、教育、住房、就业等积极生育支持措施。2022年10月，党的二十大报告提出，“优化人口发展战略，建立生育支持政策体系，降低生育、养育、教育成本”，将建立生育支持政策体系作为健康中国建设的重要内容。

自提出“生育支持政策体系”概念以来，理论界的研究就集中在生育支持政策体系的构建，主要观点有以下几类：一是将生育支持政策放在家庭支持政策体系下进行研究，参考借鉴国内外家庭支持政策体系建设的实践经验，提出建立支持家庭发展的政府机构，从家庭福利制度、女性就业保障、公共托育服务等角度完善家庭支持政策体系，同时落实促进性别平等的政策法规；① 二是关注生育自身特征与人的生命历程，主张从全要素和全生命周期的双重视角，加强组织建设、财物安稳和幼育服务等要素之间的配合，推动“适龄婚嫁”“适时孕育”“适度生育”，构建福利性、安全性、保障性的生育支持政策体系；② 三是从顶层设计和宏观调控出发，站在人口与经济社会协调可持续发展的角度，将生育支持政策分为国家和省级两个层面，提出加强政策协同，推进人口基础信息共建共享，加强政策实施效果评估。③ 生育支持政策体系的研究方兴未艾，研究视角涉及政治学、人口学、社会保障学等多个方面，提出的政策建议以现实需要为导向，以国内外实践为参考，推动了生育支持政策体系的理论发展。

但遗憾的是，既有研究较少关注生育政策与法律之间的基本关系、深层牵连、内在联系和外在互动，缺少以法律为统帅的政策体系核心，生育支持政策体系框架粗糙，各项政策法律之间未能构建合理有序的逻辑链条，政策法律间的冲突和矛盾弱化了整个生育支持政策体系的实效。基于生育支持政策体系性不足的问题，本文从法政策学的视角，对现有的生育支持政策与法律进行系统的梳理和体系化的整合，评估生育支持政策系统和生育支持法律系统的耦合度，从政策立法、政策执行、政策监管三个维度提出优化生育支持政策体系的具体路径。

## 一、生育支持政策体系的问题症结

面对人口发展趋势转变，我国 2015 年《人口与计划生育法》提倡一对夫妻生育两个子女。在“全面二孩”政策实施之后，“生育支持”作为新兴概念，成为计划生育政策的发展新方向。生育支持，顾名思义是以支

① 参见吕红平、邹超：《实施“全面两孩”后家庭支持政策改革与完善研究》，载《人口与发展》2018 年第 2 期；汤兆云、邓红霞：《日本、韩国和新加坡家庭支持政策的经验及其启示》，载《国外社会科学》2018 年第 2 期；鲁全：《中国的家庭结构变迁与家庭生育支持政策研究》，载《中共中央党校（国家行政学院）学报》2021 年第 5 期。

② 参见杨菊华：《积极生育支持政策体系需着眼全要素和全生命周期》，载《中国党政干部论坛》2022 年第 9 期；翟振武、李姝婧：《把握生育新态势　建立整体性生育支持政策体系》，载《人口研究》2022 年第 6 期。

③ 参见任兰兰、向东：《我国生育支持政策的演进与优化路径》，载《人口与健康》2022 年第 5 期；吕红平、李雅晗：《他山之石：完善生育支持政策的重要借鉴》，载《人口与健康》2022 年第 5 期。

持家庭生育为主要目标，并为生育子女的家庭提供各方面支持，以此减轻个人与家庭的生育负担。生育支持政策则是为了落实生育支持各项工作而出台的公共政策，由多部门共同参与、多方面共同发力。然而，现有的生育支持政策体系仅具有初步框架，体系的核心内涵与范围边界不清，体系内部秩序链条尚未建立，体系法治化程度有待提高。

### （一）生育支持政策体系的边界设定模糊

生育成本需要考虑时间成本、机会成本、情感价值等多重因素，其中经济支持、服务支持和时间支持是三大核心政策类型。除此之外，也有学者将就业支持①、文化支持②、观念支持③作为延伸政策类型，强调此类政策对提高生育率的重要影响。而根据政策工具理论的分类方式，政策工具更加包容与多样，主要是供给型、环境型和需求型 3 类政策工具，包括 13 项衍生次级政策工具。④

无论是何种分类方法，都需要回应政策体系的边界问题，是采取开放式的自由准入模式，还是限定明确的政策边界。开放式的优点在于可以适时出台与生育支持直接或间接相关的政策，灵活性更高，能够及时处理生育支持政策体系建设与实践中反映的问题，但存在超出法律许可范围的可能。限定式的优点是政策后续发展更具法治保障，符合依法行政的要求，政策出台不会过度偏离原有的体系目标，能够做到政策出台有法可依，但也存在政策覆盖面较窄、时效性滞后的问题。当前对生育支持政策体系的规划并未直接回答体系边界的问题，导致生育支持政策存在体系混乱问题。

---

① 参见杨菊华：《生育支持与生育支持政策：基本意涵与未来取向》，载《山东社会科学》2019 年第 10 期。

② 参见王晖：《建立健全生育支持政策体系　满足人民高品质生活需要》，载《人口与健康》2023 年第 6 期。

③ 参见马珺：《加快构建中国生育支持政策体系：基于现有实践与文献的思考》，载《国际税收》2022 年第 4 期。

④ 参见满小欧、杨扬：《“三孩”背景下我国生育支持政策体系建设研究——基于政策工具与生育友好的双重分析框架》，载《东北大学学报（社会科学版）》2023 年第 1 期。

### （二）生育支持政策体系的熵增风险突出

“热力学第二定律（熵增原理）告诉我们，在一个孤立系统中，物质和能量的转化是不逆的，只能朝着一个被耗散的即熵增加的方向转化。”① 熵原是一种反映封闭热力体系无序性的状态函数，后被广泛用于社会科学研究中，用来描述体系内部的秩序状态。② 熵值越高，体系内部越混乱无序。熵增风险可以说是体系愈发混乱的风险，在我国生育支持政策体系主要有以下两种体现：

第一，生育支持政策纵向层级逻辑不清、环节缺失。生育支持政策主要由国务院牵头，国务院各部委发布部门规章、规范性文件和工作性文件。但在政策效力位阶上，部委发布的几类政策与省级地方政府的政策存在效力交叉的问题，若不理顺纵向层级的政策，将造成生育支持政策的上下级脱节的问题，相关生育政策的完备性、自洽性、融贯性不足。

第二，生育支持政策横向方面相互隔绝、联系不够。各省、自治区、直辖市生育支持政策相互隔绝、联系不够。“问题主导”模式下，各地政府颁布的生育支持政策在政策面向上存在不同侧重，有些关注普惠托育，有些关注生育保健，有些则注重育儿补贴，政策目标、内容和标准都有所不同，造成零散分布，“一地一政策”“一事一政策”的问题，生育支持政策呈现碎片化分布，政策之间各自为政，甚至存在矛盾冲突。

### （三）生育支持政策的实效评估迟滞

生育支持政策的政策目的与实际效用存在出入，政策实效评估较为滞后。例如，地方政府为了孕妇产后健康恢复，在 98 天法定产假的基础上，提供 60 天到 90 天不等的延长产假。尽管增加产假实现了时间支持，但生育津贴仅覆盖 98 天的产假工资，对产假延长部分的工资给付没有明确规

---

① 周卫平：《熵理思维与法治的可持续发展初探》，载《法学》2000 年第 10 期。

② 参见阎孟伟：《对“发展”概念的科学理解和理论辨析》，载《南开学报（哲学社会科学版）》2007 年第 6 期。

定。[1] 延长产假期间的工资有些由企业承担，但更多是按照一般请假由劳资双方协商确定，这导致不少产妇选择不延长休息时间，产假延长的实际效果大打折扣。缺少政策实效评估，使政策设计与政策受益人脱钩，许多政策落地难、落实难，缺乏必要的监管监督措施。

### （四）生育支持政策的法治要素单一

生育支持政策的法律依据单一，主要依据《人口与计划生育法》来完成生育政策转变，未能与生育法律体系形成良性互动。2021年《人口与计划生育法》第27条专门规定生育支持政策的基本范围，涉及保险、财政税收、就业、教育等多个因素。但生育支持政策的法律供给过于单一，与《宪法》、《社会保险法》、《妇女权益保障法》、《劳动法》、《母婴保健法》以及财政法、税法等生育相关法律的联系不足，阻碍了各级政府出台面向婚育年龄推迟化、家庭结构多样化、生育群体多元化、人工辅助生殖技术扩大化、生育权利需求强化等方面的政策，其政策合法性受到质疑。

## 二、法政策学下生育支持政策的双重检视

法政策学是以法律和政策的相互关系为研究对象的新兴学科，既涵盖政策法学派的研究范围，又包括法律规范的静态考察与立法、执法、司法等动态法律实施过程，重在研究法律和政策的双向互动。[2] 法政策学主张从政策的观点论证法律的工具性与合目的性，从法律的视角考察政策的适法性、可行性以及政策法律化的必要性。生育支持政策体系是政策和法律的集合体，其中法律能否促进政策资源的合理分配，政策又如何与实定法中的权利义务规范相连接，是本文研究的重点。

### （一）政策视角

法律是达成特定政策目的的工具，[3] 生育支持政策包括法律法规、行

---

① 参见杨慧：《三孩政策下企业生育成本负担及对策研究——基于延长产假的分析》，载《人口与经济》2022年第6期。

② 参见胡平仁：《法律政策学的学科定位与理论基础》，载《湖湘论坛》2010年第2期。

③ 参见林铭祥：《法政策学》，台北，元照出版有限公司2011年版，第5页。

政规章、部门规范性文件以及不具有法律效力的政策文件。政策视角下实现生育支持的政策目的是法律作为工具的追求。因而，在法律的合目的性考察中，“目的—手段”是其主流研究范式。《指导意见》将生育支持的政策目的细化为提高优生优育服务水平，发展普惠托育服务体系，完善生育休假和待遇保障机制，强化住房、税收等支持措施，加强优质教育资源供给，构建生育友好的就业环境，加强宣传引导和服务管理等 7 个方面，以此为出发点和发力点，各级政府出台了一系列政策和法律（见表 1）。

**表 1　生育支持政策制定部门分类统计表***

<table>
<tr><th colspan="2">政策制定主体</th><th>国务院</th><th>国家卫健委</th><th>财政部</th><th>教育部</th><th>人社部、民政部、科技部、国家发改委</th><th>国家医疗保障局、国家税务总局</th><th>省级地方政府（港澳台除外）</th></tr>
<tr><td rowspan="7">政策目标</td><td>提高优生优育服务水平</td><td>8</td><td>18</td><td></td><td></td><td></td><td>1</td><td>100</td></tr>
<tr><td>发展普惠托育服务体系</td><td>6</td><td>6</td><td></td><td></td><td>1</td><td></td><td>99</td></tr>
<tr><td>完善生育休假和待遇保障机制</td><td>6</td><td>2</td><td>2</td><td></td><td>2</td><td>3</td><td>106</td></tr>
<tr><td>强化住房、税收等支持措施</td><td>4</td><td></td><td></td><td></td><td></td><td>1</td><td>69</td></tr>
<tr><td>加强优质教育资源供给</td><td>2</td><td></td><td>1</td><td>4</td><td></td><td></td><td>38</td></tr>
<tr><td>构建生育友好的就业环境</td><td>5</td><td>1</td><td></td><td></td><td>2</td><td></td><td>87</td></tr>
<tr><td>加强宣传引导和服务管理</td><td>6</td><td>13</td><td>4</td><td>1</td><td>1</td><td></td><td>56</td></tr>
<tr><td colspan="2">代表性政策文件</td><td colspan="7">《中共中央、国务院关于优化生育政策促进人口长期均衡发展的决定》（2021 年 6 月 26 日）<br>《国务院办公厅关于印发“十四五”国民健康规划的通知》（国办发〔2022〕11 号）<br>《国务院办公厅关于同意建立国务院优化生育政策工作部际联席会议制度的函》（国办函〔2022〕77 号）<br>《国务院办公厅关于促进养老托育服务健康发展的意见》（国办发〔2020〕52 号）</td></tr>
</table>

续表

<table>
<tr><th>政策制定主体</th><th>国务院</th><th>国家卫健委</th><th>财政部</th><th>教育部</th><th>人社部、民政部、科技部、国家发改委</th><th>国家医疗保障局、国家税务总局</th><th>省级地方政府（港澳台除外）</th></tr>
<tr><td></td><td colspan="7">《国务院办公厅关于促进 3 岁以下婴幼儿照护服务发展的指导意见》（国办发〔2019〕15 号）<br>《国务院办公厅关于全面推进生育保险和职工基本医疗保险合并实施的意见》（国办发〔2019〕10 号）<br>《国家卫生健康委办公厅关于完善生育登记制度的指导意见》（国卫办人口发〔2021〕21 号）<br>《国家卫生健康委办公厅关于统筹推进婚前孕前保健工作的通知》（国卫办妇幼函〔2020〕1024 号）<br>《国家卫生计生委、国家发展改革委、教育部、财政部、人力资源社会保障部关于加强生育全程基本医疗保健服务的若干意见》（国卫妇幼发〔2016〕53 号）<br>《国家卫生计生委、国家发展改革委、教育部、财政部、人力资源社会保障部、国家中医药管理局关于印发加强儿童医疗卫生服务改革与发展意见的通知》（国卫医发〔2016〕21 号）<br>《国家卫生健康委、国家发展改革委、工业和信息化部、民政部、财政部、人力资源社会保障部、生态环境部、住房和城乡建设部、农业农村部、国家医保局、国家中医药管理局、国家乡村振兴局、中央军委后勤保障部关于印发巩固拓展健康扶贫成果同乡村振兴有效衔接实施意见的通知》（国卫扶贫发〔2021〕6 号）<br>《人力资源社会保障部、财政部、国家卫生计生委关于做好当前生育保险工作的意见》（人社部发〔2018〕15 号）<br>《财政部、教育部关于印发〈城乡义务教育补助经费管理办法〉的通知》（财教〔2021〕56 号）<br>《财政部、国家卫生健康委关于提高计划生育家庭特别扶助制度扶助标准的通知》（财社〔2022〕49 号）<br>《就业服务与就业管理规定》（人力资源和社会保障部令第 47 号）<br>《国家税务总局关于修订发布〈个人所得税专项附加扣除操作办法（试行）〉的公告》（国家税务总局公告 2022 年第 7 号）<br>《科技部等十三部门印发〈关于支持女性科技人才在科技创新中发挥更大作用的若干措施〉的通知》（国科发才〔2021〕172 号）</td></tr>
</table>

＊数据统计说明：1. 表格统计为政策涉及相关内容的次数；2. 多部门联合发布的政策文件仅统计落款单位；3. 表格空白处为未有相关政策涉及或未被完全统计；4. 未统计部门工作性文件不在内；5. 统计范围为 2015 年 1 月 1 日至 2022 年 10 月 31 日政策法律文件。

通过对表 1 的分析，可以发现以下几个方面仍需要完善：

其一，从政策制定主体来看，生育支持政策层级差异符合一般规律，部门差异显著。在政策数量分布上形成自上而下的递增模式，呈现出“金字塔”式的格局。国家层面的政策法律起到引导性作用，国务院各部委多为具象化的指令性政策，各地政府则根据当地特点进一步细化执行性政策规定。不同于以往政策出台“上热下冷”的情况，[①] 生育支持政策在党的领导下，国务院及其各部委积极响应出台了一系列政策，地方政府同样快速反应制定地方政策法律。例如，《人口与计划生育法》于 2021 年修正后，地方政府依法修改各地人口与计划生育条例，全国有 30 个省级地方适当延长了产假，并设置 10 – 30 天不等的护理假（陪产假）以及新增育儿假。

具体的政策制定过程中，多部门合作备受瞩目。生育支持政策的出台多采取部门合作的方式，对于涉及面广、要素多样的政策，由多部门联合制定和发布。比如，针对生育全程基本医疗保健服务，原国家卫计委、国家发改委、教育部、财政部、人社部和国家中医药管理局都参与其中，发挥各自部门的特色职能，共同构建覆盖生育全程、重视妇女儿童健康的基本医疗保健服务，以保障“全面两孩”政策顺利实施。此类跨部门合作的政策文件，在所有统计的国务院各部委政策文件中占到 46.8%，有效增强了政策执行的可行性和适配性。[②]

但是，上传下达的任务式政策体系对各部门的利益考虑不够，导致非直接相关的主管部门内生动力不足的问题。除卫健委等直接相关的部门外，其他如教育、财政、税收部门的政策出台以配合为主，政策服务范围局限。尽管这与生育本身的特性有关，但是这反映了一些主管部门对生育支持政策及其体系概念的认识不足。生育支持不仅是针对生育行为的卫生健康服务，还包括婚嫁、养育和教育，各部门应依据自身部门特殊性主动

① 参见喻文光：《PPP 规制中的立法问题研究——基于法政策学的视角》，载《当代法学》2016 年第 2 期。

② 数据统计范围为国家卫健委、财政部、教育部、人社部、民政部、科技部、国家发改委、国家医疗保障局、国家税务总局自 2015 年 1 月 1 日至 2022 年 10 月 31 日颁布的与生育支持政策相关的政策文件共 47 份，其中 22 份为两个及以上部门共同制定。

出台服务婚姻、服务民生、服务教育的相关支持政策。

其二，从政策目的来看，生育支持政策的目标存在系统性与法治化欠缺的问题。生育支持政策的目标设置多元性有余，系统性不足。由《指导意见》构建的生育支持政策基本框架，涉及优生优育、普惠托育、生育保险、财政支持、教育供给、就业保障、行政服务等。多元政策下最直接目的是使生育群体获得生育支持服务，提高生育可行性，[①] 最终目的是促进人口长期均衡发展。但是，政策设计上未能形成以“服务”为核心的政策合力，在 20 项生育支持政策细则中，服务性政策仅有“改善优生优育全程服务”“提高儿童健康服务质量”“加强生殖健康服务”“增加普惠托育服务供给”“建立健全人口服务体系”等 6 项内容，涵盖生育行为前中期过程以及儿童健康与托育，对于孕妇产后保健服务、学龄前儿童启蒙与教育的服务尚显不足。除此之外，地方政府政策实施未按照婚嫁、生育、养育、教育一体考虑的要求，对政策力度和政策数量进行合理安排。从表 1 可以明显看出，地方政府对教育服务融入生育支持政策体系认识不够，住房、税收等财政政策的支持仍处于试点阶段，人口服务管理依托整体性规划而实施细则欠缺，相关政策数量少且地区差异显著。总之，重“生”轻“育”、重“管理”轻“服务”的政策亟待改进。

与此同时，生育支持政策与法律的目标存在交叉重合，在实现人口与经济、社会、资源、环境的协调发展等方面具有目的趋同性。生育支持政策是为应对我国人口发展形势逆转而出台的支持人民生育的公共政策，其目的在于稳定生育率，释放生育潜力，而不是激进地扩大生育。现有政策过于注重支持生育的表层理念，强调政策直接作用于生育率的提高，采取现金奖励类的短平快政策。比如，郑州市人民政府发布《关于印发郑州市优化生育政策促进人口长期均衡发展实施办法的通知》，对新生儿入户郑州市的一孩、二孩、三孩及以上家庭分别一次性发放 2000 元、5000 元、15000 元的育儿补贴，以此来降低生育成本。在不违背法治精神的前提下，可以对符合计划生育的个人及家庭作倾斜性照顾，以缓解其参与计划生育

① 参见张蕾：《主持词：生命周期视角下中国的生育支持政策选择》，载《人口与发展》2023 年第 3 期。

导致承担过高生活成本的不利状态。[①] 但是，这种现金激励政策应充分考虑生育相关法律法规的立法目标，谨慎处理设置不同孩次不同补贴金额导致的公平性考虑不足等问题。

其三，从政策面向来看，生育支持政策的涉及面广但缺少家庭针对性。生育支持政策是利益集中、成本分散的公共政策。政策的利益群体聚焦在以家庭生育为主流的生育群体，政策成本则由财政、税收、保险、教育、住房、就业等多个部门共同分摊。但目前的生育支持政策将个人需求作为预设服务对象，多关注个人生育的成本付出和现实需求，较少分析不同家庭的不同生育支持政策需求。

传统家庭模式有单身家庭、核心家庭、主干家庭、联合家庭四种主要类型，此外现代社会单亲家庭也越来越常见。[②] 在经济发展、教育水平、人口迁移等因素影响下，我国城乡家庭规模小型化、核心化已经成为主流趋势。[③] 家庭规模缩小加重了父母抚养子女的压力，而女性社会地位的提升与传统“男主外、女主内”家庭模式转型，使“双薪家庭”在核心家庭中更为普遍。核心家庭与单亲家庭对 0 – 3 岁儿童的托育服务需求更为旺盛。普惠托育服务建设已经成为生育支持政策的重要一环，各地政府修改完善人口与计划生育实施条例中的托育相关内容，相继出台《关于促进 3 岁以下婴幼儿照护服务发展的实施意见》《关于加快推进母婴设施建设的实施意见》等针对性政策文件。

对于主干家庭和联合家庭而言，受晚婚晚育和人口平均寿命增加的影响，隔代照料与养老服务之间的冲突与张力显著。隔代照料中的主要问题是代际之间的育儿理念差异，为此政府应鼓励专业机构和社会组织提供家庭育儿指导服务，化解家庭育儿矛盾，加强家庭养育功能。针对“一老一小”的家庭照顾功能的冲突，政府应致力于缓解老少照养需求矛盾，将部分家庭任务通过社会化机制解决，增强社区育幼养老公共服务，加大养老

---

① 参见胡平仁：《法律政策学的学科定位与理论基础》，载《湖湘论坛》2010 年第 2 期。

② 参见杨菊华、何炤华：《社会转型过程中家庭的变迁与延续》，载《人口研究》2014 年第 2 期。

③ 参见张丽萍、王广州：《中国家庭结构变化及存在问题研究》，载《社会发展研究》2022 年第 2 期。

保障与公共托育的财政投入，形成养老与育儿联动的公共政策体系。

（二）法律视角

以灵活性见长的政策不是没有制约，它只能在法律范围内根据轻重缓急调整政策的重点和偏好。法政策学从法律视角对政策制定、实施和监管进行重构，将之与实定法相联系，设计控制社会公共问题的法律制度和规定，或是提供解决问题的方法路径，提出政策优化的发展方向。[①] 法律视角下的生育支持政策需要重点考察政策的合法性、公平性与可行性，研究政策法律化的合理性与必要性。

从合法性而言，推进生育支持的法律体系以《宪法》为核心，由《社会保险法》《母婴保健法》《妇女权益保障法》《劳动法》《税收征收管理法》《家庭教育促进法》《就业促进法》等法律具体展开。《宪法》为生育权构建了自由和平等的核心价值，生育自由是生育权的“核”。[②] 生育支持政策在尊重公民的生育自由的前提下，采取多方位、多要素、全过程的生育支持和服务手段，保证想生育的能够生，有生育顾虑的打消顾虑，不想生育的得到尊重理解，从而将生育意愿切实转化为生育率。政府出台相关政策应将生育自由考虑在内，重点关注“想生不能生”人群的生育辅助医疗技术服务及相关配套措施，“想生不敢生”人群的生育、养育、教育成本降低与分散的政策与法律，“想养不想生”人群的子女收养规范化法治化发展，满足人们的个性化需求，构建完善的积极生育支持政策体系与法律体系。

《人口与计划生育法》在生育支持政策中起到统领作用，为相关生育支持措施的出台提供基本的法律依据。它与《母婴保健法》、《妇女权益保障法》（第33条）共同为提高婚前保健、孕前保健、产前筛查和产前诊断服务水平等政策提供法律依据，提高优生优育水平；与《妇女权益保障法》（第51条）、《劳动法》（第9章）、《社会保险法》（第6章）共同为

① 参见解亘：《法政策学——有关制度设计的学问》，载《环球法律评论》2005年第2期。

② 参见张震：《从生育政策到生育权：理论诠释、规范再造及功能定位》，载《当代法学》2023年第2期。

延长与优化产假、陪产假、育儿假，提高生育医疗与生育津贴待遇提供法律依据，完善生育假期与待遇；与《妇女权益保障法》（第42、52条）、《就业促进法》（第27条）共同为女性平等就业权益保护的监管执法、司法救济、检察公益诉讼等政策提供法律依据，构建生育友好的就业环境；与《税收征收管理法》（第3条）共同为在个人所得税中增设3岁以下婴幼儿照护专项附加扣除提供法律依据，降低养育成本；与《家庭教育促进法》共同构建家庭、社会、国家多元协同的教育支持政策与法律体系，优化学前教育与义务教育。生育支持政策的出台需要与实定法有效衔接，以法治推动政策制定与执行。

从公平性而言，生育支持政策存在两个难题：生育政策的孩次公平与生育政策的地区公平。就生育政策的孩次公平来说，目前最突出的问题是地方政府在落实生育支持政策时，强调对二孩、三孩的政策支持，忽视或弱化一孩生育的政策及其力度。育娲人口研究智库发布的《中国育儿补贴报告2023版》指出，至2023年8月为止，我国25个地区（包括省、市、县）出台的育儿补贴措施将二孩、三孩作为政策补助对象，仅有深圳市、温州市、郑州市等少数地区将一孩纳入育儿补贴的范围。这些政策反映出地方政府对《中共中央、国务院关于优化生育政策促进人口长期均衡发展的决定》的理解偏差，将生育支持政策与“三孩政策”等价，对“生育支持”这一核心理念把握不够，忽视一孩生育与多孩生育的支持与服务需求，造成孩次间的不公平。一孩生育萎缩是生育率下降的主要原因，只有提高生育一孩的政策保障力度，提升一孩生育养育体验，才有可能发挥累积效应促进多孩生育。①

就生育政策的地区公平来说，各个地区政策标准与水平的差异是影响生育支持政策公平性的重要因素。基于各地经济发展水平和养育成本的差异，各地出台的育儿补贴标准悬殊。比如，湖北省黄冈市的育儿补贴为对3岁以下的二孩每年补贴500元，三孩每年补贴1000元；四川省攀枝花市的育儿补贴为对3岁以下的二孩三孩每月每孩500元的补助，年补贴达

---

① 参见贺丹：《建立生育支持政策体系 注重加强一孩生育支持》，载《人口与健康》2023年第4期。

6000元；湖北省武汉市东湖高新区的育儿补贴为对6岁以下的三孩及多孩提供每年10000元的补助。可见，即使在同一省份生育支持政策水平也有巨大差距，这将对省内生育人群的公平获得感产生消极影响。加之我国人口流动性大，异地生育若不能保障生育支持政策的同等获取，既会降低或推迟流动人口的生育意愿，又会造成户籍生育与非户籍生育的不公平。因此，应在国家层面设置一定的生育补贴最低标准和封顶线，将地区差异控制在一定水平之内。在此基础上，取消生育支持政策的户籍限制，将生育补贴、普惠托育、义务教育等与户籍脱钩，保证流动人口异地生育能够得到与户籍人口同等的待遇。

从可行性而言，生育支持政策可以分为以下几类：（1）布局引导类。例如，《国务院关于印发中国妇女发展纲要和中国儿童发展纲要的通知》（国发〔2021〕16号）旨在宏观引导生育政策转向积极的服务型生育支持政策，多为总体布局与发展目标的设置，强调推动、宣传、引导和促进生育支持政策体系的建立，不过多涉及权利义务的具体规范，无须转化为法律。（2）指导实践类。如国家卫健委等部门联合发布的《关于进一步完善和落实积极生育支持措施的指导意见》（国卫人口发〔2022〕26号）设计了生育支持政策体系的总体框架，列举具体实施意见，对生育支持政策的落实具有很强的导向性和实操性。又如，《国务院办公厅关于同意建立国务院优化生育政策工作部际联席会议制度的函》（国办函〔2022〕77号）是对生育支持某一方面的具体实施。国务院优化生育政策工作部际联席会议由26个部门单位组成。此类政策应选择性地转化为法律，加强与实定法的联系，尤其是在妇女儿童保健、托育、教育的立法欠缺方面要提升政策的法律效力。（3）地方试行实施类。比如，中共北京市委、北京市人民政府印发的《关于优化生育政策促进人口长期均衡发展的实施方案》，按照每千人口不少于4.5个托位、其中普惠托位不低于60%的标准，配置完善托育服务设施。《山西省医疗保障局、山西省财政厅、山西省卫生健康委员会关于进一步做好生育医疗保障工作支持三孩政策的通知》（晋医保发〔2021〕19号）规定，各地根据基金承受能力，无合并症或并发症的生育医疗费用实行医保限额支付，自然分娩1500元，剖宫产3000元，住院分娩每多生育一个胎儿增加300元。此类地方政策具有很强的针对性，大多对特定生育支持政策进行细致规定，是否需要进行法律化必须经过实施效果评估、全国推广可行性调查以及合法性审查，综合判断后经由民主立法程序公开进行。①

## 三、政策与法律协同下生育支持政策体系三维优化

政策和法律不是二元对立的关系，在现代化法治国家建设中，政策与法律相互贯通、相互配合着规制和解决特定社会问题。② 构建政策与法律协同的生育支持政策体系，是构建生育友好型社会的基本要求，也是将生育支持落实到人民的必然选择。生育支持政策体系的建成需要以法治为核心，将政策立法、政策执行和政策监管放在法政策学的理论框架下总体谋划、全面落实。

### （一）政策立法维度

法治是政策的核心，生育支持政策体系应将法律作为体系支柱，围绕生育法律体系展开政策合法性评估、政策法律化考察以及政策新型问题立法。在生育法律体系方面，应以“人口长期均衡发展”为立法目标，制定生育支持专门法，为生育支持政策提供充足的法律供给。进一步对现有生育相关法律法规进行体系化整合，以《宪法》所保障的生育权为中心，由《人口与计划生育法》《妇女权益保障法》《母婴保健法》形成一级生育支持性法律，涵盖《社会保险法》《劳动法》《家庭教育促进法》《就业促进法》等涉及生育、养育和教育的二级生育支持性法律，以及其他税收、住房支持的法律依据构成三级生育支持性法律，进而搭建生育权利保障的法律体系。在政策方面，加强生育支持政策的合法性审查，推动具有普适性和合理性的政策向法律条款转化，增强政策的强制规范力，为政策目标的实现夯实法治基础。政策的法律化重在将政策的价值、目的和意涵以法律

---

① 参见张燕、居琦、王莎：《生态扶贫协同下耕地生态补偿法律制度完善——基于法政策学视角》，载《宏观经济研究》2017 年第 9 期。

② 参见王东、汪磊：《政府购买养老服务制度中政策与法律的互动与融合——基于法政策学视角的分析》，载《四川师范大学学报（社会科学版）》2021 年第 6 期。

的形式表达，使之成为法律中的“政策性条款”。[①]

生育支持政策体系与生育法律体系的联动与协同，是生育支持政策实现其功能价值的必要手段。生育法律体系强调权利义务的强制性规范表达，而生育支持政策体系则重在政策的问题针对性、过程合法性与实践有效性。在整体上，生育支持政策体系与生育法律体系是两个既相互独立又相互联系的复合系统，生育支持政策体系的内核是生育法律体系，依法行政要求生育支持政策的制定、实施与废除有法律依据，与生育立法的目标价值相一致。在组成部分上，单个生育支持政策可能有多部法律作为依据，单部法律亦可能为多个政策提供法律供给。例如，女性就业支持政策是《人口与计划生育法》《妇女权益保障法》《劳动法》《社会保险法》共同赋权的公共政策，旨在缓解女性生育与就业之间的矛盾，消解“母职惩罚”对女性劳动价值实现的不利影响，从而提升职业女性的生育意愿。生育支持政策体系的建设过程中，必须处理好与生育法律体系的关系，保持相当关联性。

### （二）政策执行维度

法政策学强调行政机关在法律控制下执行政策，[②] 生育支持政策体系的构建重在执行。政策体系化是优化政策执行的手段，通过整合政策资源、消解政策冲突、强化政策效果，来达到支持生育、服务生育和促进生育的目标。从政策工具的配合看，生育支持政策在经济支持、时间支持和服务支持的组合与运用上，应注重实践反馈，对实践中暴露的问题进行回应。对于延长产假所带来的待遇给付问题，应加强时间支持与经济支持的结合，根据当地实践选择是否以生育保险基金支付延长产假期间的工资待遇，以此防范因女性用工成本增加导致女性就业歧视加重。[③] 从政策工具发挥效用的机制来看，直接生育支持和间接生育支持需要共同发力，营造

---

① 参见肖金明：《为全面法治重构政策与法律关系》，载《中国行政管理》2013年第5期。

② 参见于文轩、胡泽弘：《“双碳”目标下的法律政策协同与法制因应——基于法政策学的视角》，载《中国人口·资源与环境》2022年第4期。

③ 参见茅倬彦：《三孩政策下的生育支持政策体系构建——基于多重家庭均衡理论的思考》，载《华中科技大学学报（社会科学版）》2023年第3期。

生育友好的社会环境。目前生育支持政策的重心在于直接的生育保健服务和生育成本补贴，对于影响生育的间接因素有所涉猎但远远不够，辅助生殖、养育成本、教育成本、就业公平性、隔代照料等扩展政策需具化细化优化。[①] 根据育娲人口研究智库发布的《中国生育成本报告 2022 版》，“经济负担重”是造成育龄妇女不打算再生育的首要原因，原因力占到 77.4%。而经济负担重，养育子女的长期成本远高于生育行为本身的短期经济支出。因此，生育支持政策应落实婚嫁、生育、养育和教育一体考虑的总要求，加强支持子女养育和教育的间接生育支持政策力度，与直接生育支持形成政策合力，共同降低生育、养育、教育成本。

生育支持政策的有效执行，需要建立跨地区政策联合执行机制。对流动人口而言，生育政策的户籍差异不是生育与否的决定性因素，却是影响社会公平获得感的关键。生育支持政策应将生育待遇取得与户籍脱钩，构建异地生育待遇合作机制，对新生儿落户生育地的实施同等待遇，对新生儿落户父母户籍地的由落户地提供相应生育、养育和教育待遇，同时生育地补充提供相应待遇，以此减少因户籍政策差异导致的晚生甚至不生。对省内政策而言，应由省级政府牵头，设置省内最低生育待遇标准和最高生育待遇标准，将省内生育支持政策强度、差距控制在一定范围内，同时构建省内跨地区生育待遇统一支付机制，以经济水平高的地区财政适当补偿经济水平低的，实行生育支持政策的共同推进、平等实施。

### （三）政策监管维度

生育支持政策体系是多部门合作的复杂聚合体，政策监管同样需要多元主体参与、多部门相互监督、自我内部检查。应综合鼓励政府、社会组织、企业、社区、家庭和个人等多元主体参与生育支持政策监督检查，加快多部门合作监管机制构建，针对降低教育成本问题，在公共托育建设、课外辅导整治、学业压力心理疏导等方面，需要卫生健康部门和教育部门通力合作，切实减轻生育家庭的养育教育负担；加强事前事中事后全流程

---

① 参见张蕾：《主持词：生命周期视角下中国的生育支持政策选择》，载《人口与发展》2023 年第 3 期。

监管，对生育健康支持进行动态监管，落实产前检查及费用补助、生育医疗费用由基本医疗保险扣除、生育津贴及生育假期、婴幼儿保健服务、学前教育与义务教育衔接等整个生育周期的相关政策；加深性别平等理念进入小微企业管理，防范小微企业对女性的就业歧视、违法削减生育福利待遇、变相降低生育妇女的工资待遇与职业机会，以不定期检查、群众举报、劳动仲裁反馈、企业部门自查、税务监察等多种监管手段保障女性的生育权利与劳动权益。

应建立政策实效评估反馈机制，依法完善政策评估与自我改进制度。生育支持政策体系的评估机制，应建立国家和地方两个层级的政策评估体系，明确评估主体、评估对象、评估标准和评估流程，设置“政策产出”与“政策影响”两类测量指标，考虑短期效果和中长期效果，对不同类型的政策分类评估。[①] 应充分调用人口普查、生育登记和社会调研等多来源数据，定期进行生育支持政策实效评估复核复验复查，[②] 着重考虑政策的公平性、合法性和可行性评价，逐步减小生育支持政策地区差异和孩次差异。

## 四、结语

生育支持政策体系建设是一个长期的过程，需要不断建构与解构政策与法律间的联系，将生育法律所确立的法治理念融入政策制定，时刻比照生育支持政策的目标与立法目的，反复论证生育支持政策的合法性、可行性与公平性，适时把满足必要性的部分政策上升为法律。法政策学视角正是将政策与法律深度关联，为生育支持政策体系的建立与完善提供一定的理论支撑，也能启发其他学科视角、论证模式、研究范式融入生育支持政策体系的研究，共同为生育友好型社会建设添砖加瓦，推动实现促进人口长期均衡发展的国家战略目标。

---

① 参见宋健、阿里米热·阿里木：《生育支持政策的评估：欧洲实践与中国思考》，载《西北人口》2023 年第 3 期。

② 参见贺丹、史毅：《生育支持政策的系统性重塑：挑战与应对》，载《行政管理改革》2023 年第 2 期。

# 第二专题

# 身份法与财产法的协调与衔接

# 自然血亲亲子身份的法律推定*

薛宁兰**

**摘 要** 自然血亲亲子身份的推定具有法定性，应由法律明文规定。它既具有克服证明亲子关系困难的功能，又是整体建构亲子身份确认制度规范体系的基石。传统亲子法对母亲身份和父亲身份的推定以婚姻和血缘为基础；当代亲子法以保护未成年子女利益为本位，使亲子身份推定的传统法基础发生裂变。在婚姻关系之外，法律对于同居关系中出生的子女，适用与前者相同的亲子身份推定规则，还可依亲子身份占有或事实上的亲子关系推定子女法律上的父亲。亲子身份的法律推定具有可反驳性，对亲子身份推定的否认是实现法律推定与客观事实相一致的救济途径，是对亲子身份推定的限制。我国《民法典》第1073条关于亲子关系异议之诉的规定，填补了立法空白，但在否认权范围、否认权存续期间等方面仍留有讨论空间。

**关键词** 亲子身份 母亲身份推定 父亲身份推定 亲子身份推定的限制

---

* 本文发表于《清华法学》2023年第1期。本文受国家社科基金项目“儿童本位的亲子关系立法研究”（项目号：18BFX186）资助。

** 薛宁兰，中国社会科学院法学研究所研究员、博士生导师，研究方向：民法、亲属法。

## 一、问题的提出

自然人一经出生，便需要家庭尤其是父母双亲照料，此乃人类生存之基本法则。世界各国遵循这一法则，在民法中确立对父母子女关系调整的制度体系，其中，亲子身份确认居于基础地位。① 确立亲子身份的法律意义体现在以下三方面：首先，儿童因此获得合法的成年监护照顾人，其生存有了法律保障。其次，成年人一旦拥有法律上的父母身份，便具有对未成年子女长期稳定的陪伴资格，其父母责任及义务的界限也随之清晰。由法律认定的父母作为儿童照顾者相较于其他成年照顾者，在经济和情感上都会长期有益于儿童。最后，亲子身份的确立属于宪法事务。合法父母对未成年子女的抚养、监护和教育是一项宪法性权利。父母在未成年子女监护、探视、抚养、保护等事项上的自主权受到宪法保护，其利益优先于与子女有重要关系的其他成年人利益。②对此，我国《宪法》设专条予以明示。③

学理上，完整的亲子身份确认制度由推定与否认、认领、拟制构成。其中，推定是对自然血亲亲子关系的法律确认，是一项古老的立法技术；否认与推定有内在联系，它是法律为保证推定的客观真实性，实现亲子之间利益平衡作出的制度安排，是在法律制度层面对亲子身份推定的限制。本文因此将之作为推定制度的有机组成，一并讨论。

在我国《民法典》颁布之前，调整婚姻家庭关系的基本法——原《婚姻法》一直未确立包括推定与否认在内的自然血亲亲子身份确认制度。直

---

① 近些年，我国学者对这一制度的称谓极不统一，有称“亲子关系推定与否认制度和子女认领制度”，还有称“亲子身份关系确定制度”。中国社会科学院《中国民法典草案建议稿》则用“亲子关系的推定、否认与认领制度”。本人早期发表论文称之为“亲子关系确认制度”，参见薛宁兰、解燕芳：《亲子关系确认制度的反思与重构——基于婚姻法司法解释（三）的讨论》，载《中华女子学院学报》2011 年第 2 期。今天看来，“亲子关系确认制度”这一称谓也是欠准确的。一般而言，只有在法律上确定父母子女的亲属身份，他们之间才会依法形成具有权利义务内容的亲子关系。本文以“亲子身份确认”指称这一制度，是对其性质认识的进一步深化。

② See Dara E. Purvis, *Intended Parents and the Problem of Perspective*, Yale Journal of Law and Feminism, Vol. 24：2, p. 213.

③ 《宪法》第 49 条第 3 款规定：“父母有抚养教育未成年子女的义务，成年子女有赡养扶助父母的义务。”

到 2011 年，为应对司法审判之需，最高人民法院适用婚姻法司法解释才对亲子关系异议之诉中的证据推定规则作出明示。[①] 2020 年通过的《民法典》婚姻家庭编第 1073 条对提起亲子关系异议之诉（否认和认领）的主体与条件作原则性规定[②]，填补了原《婚姻法》的制度空白。这一规定“直接体现了《民法典》婚姻家庭编中贯穿的人伦正义、人亲和谐与人本秩序等核心法理思想的要求”。[③] 然而，以制度的体系化视角审视《民法典》第 1073 条，不难发现它尚未搭建起完整的亲子身份确认制度，尤其是没有确立亲子身份推定的基本规则。首先，依法理，亲子身份的推定与否认相伴相生，若无推定的一般规则，否认便将成为无源之水，无本之木。立法尚缺亲子身份推定规则情形下，陡然规定亲子身份异议之诉，难免割裂亲子身份确认制度的内在逻辑。其次，将子女（包括未成年子女和成年子女）排除在亲子身份否认权人之外，与当代子女本位的亲子法理念相左。最后，未对否认权设置法定存续期间（除斥期间），意味着否认权人可随时行使该项权利，这又会使亲子关系长期处于不稳定状态。2021 年 1 月 1 日与《民法典》同日实施的《最高人民法院关于适用〈中华人民共和国民法典〉婚姻家庭编的解释（一）》（以下简称《婚姻家庭编解释（一）》）第 39 条关于亲子关系异议之诉的解释，基本保留 2001 年《最高人民法院关于适用〈中华人民共和国婚姻法〉若干问题的解释（三）》（以下简称《婚姻法司法解释（三）》）的内容，仅为保持与立法表述一致，调整个别用语，内容未有实质性突破。[④] 一方面，现行法关于亲子身

① 参见《最高人民法院关于适用〈中华人民共和国婚姻法〉若干问题的解释（三）》第 2 条。其实，该司法解释确立的是法院裁判案件中的证据推定规则，并非对父母身份推定的实体法规则。

② 《民法典》第 1073 条规定：“对亲子关系有异议且有正当理由的，父或者母可以向人民法院提起诉讼，请求确认或者否认亲子关系。对亲子关系有异议且有正当理由的，成年子女可以向人民法院提起诉讼，请求确认亲子关系。”

③ 参见夏吟兰等：《中国民法典释评 · 婚姻家庭编》，中国人民大学出版社 2020 年版，第 172 页。

④ 《最高人民法院关于适用〈中华人民共和国民法典〉婚姻家庭编的解释（一）》第 39 条第 1 款规定：“父或者母向人民法院起诉请求否认亲子关系，并已提供必要证据予以证明，另一方没有相反证据又拒绝做亲子鉴定的，人民法院可以认定否认亲子关系一方的主张成立。”第 2 款规定：“父或者母以及成年子女起诉请求确认亲子关系，并提供必要证据予以证明，另一方没有相反证据又拒绝做亲子鉴定的，人民法院可以认定确认亲子关系一方的主张成立。”

份推定规则存在制度性供给不足；另一方面，司法实践中涉及亲子身份确认（包括否认与认领）的诉讼大量存在①：要么是离婚诉讼中，原告或被告一方为在离婚后获得或者排除对子女的抚育责任，同时提起亲子关系否认之诉；要么是婚姻关系存续期间，夫妻一方提起亲子身份异议之诉；要么在继承纠纷中，为确认某一自然人是否具有法定继承人资格，从而引发亲子身份确认争议。

本文聚焦自然血亲亲子身份推定制度，从以下四方面展开探讨：（1）亲子身份推定的性质，血缘和婚姻作为传统法确定亲子身份推定的基本要素，在社会现代化进程中是如何“此消彼长”的；（2）法律明确母亲身份推定的意义，婚生推定制度的价值取向及其向“父亲身份推定”转化的社会法律缘由；（3）子女享有亲子身份否认权的理论证成；（4）否认权的性质及其存续期间确定。

## 二、亲子身份推定及其法律基础

### （一）亲子身份推定的性质

推定（presumption）在我国民事立法和司法实践中已有广泛应用。从其字面意思可知，推定是基于已知客观事实，对尚待证明事实作出的推断。然在民事实体法和民事程序法中，推定有其特定含义。首先，它具有法律规范性，即推定规则必须由法律明文规定。其次，它具有预先假定性，必须预先假定待证事实（或事物）存在或不存在。最后，它具有可反驳性，可通过其他事实推翻预先假定的待证事实。② 民事法律中的推定主要发挥两种功能：一是克服证明困境；二是为同类法律关系提供兜底规则。③

由推定的上述法律特征可知，首先，对亲子身份的推定应由法律明文

① 参见最高人民法院民事审判第一庭编著：《最高人民法院民法典婚姻家庭编司法解释（一）理解与适用》，人民法院出版社2021年版，第367页。

② 参见刘英明：《中国民事推定研究》，法律出版社2014年版，第18页。

③ 参见王琦：《论民法典的规范技术——以〈民法总则〉为主要例证的阐释》，载《北大法律评论》编辑委员会编：《北大法律评论》第19卷·第1辑，北京大学出版社2019年版，第53页。

规定。因此，它属于制定法范畴，是法律上的推定而非事实上的推定，既不是当事人的主观推测，也不能由法官基于客观事实和经验法则，对当事人之间是否存在亲子关系作出判断。亲子身份法律推定的功能，除显见的能够克服证明亲子关系的困难外，更重要的是，它是整体建构亲子身份确认制度规范体系的基石。其次，对亲子身份的推定只是法律的一种假定，具有一定弹性，可以被其他事实推翻。最后，相较于财产法中的推定，亲子间的亲属身份推定具有法定性特征，不存在诸如某项财产法规则被推定后出现的“自动让步”于“当事人约定的优先规则”的情形。① 对此，有国家立法例就明确规定：“关于确立父亲和母亲的法律规范，非经法律明确许可此等协议，当事人不得以协议破毁之。”② 如此规定是亲属身份法规则特殊性的要求。不过，基于法定事由，经否认权人提起亲子身份否认之诉，通过司法裁判，当然可对亲子身份的法律推定予以撤销。

法律中的亲子身份推定是一项凝聚人类千年智慧的立法技术。回顾历史，放眼当今世界，诸多国家及地区民法典的人法或亲属法（家庭法）中，首先对自然人的出身及其父母身份确认作出规范。早在古罗马时期，以“母亲恒定”（mater semper certa est）为原则，确定母亲的身份。③ 同时又以母亲的婚姻推定子女的父亲身份，即“父亲是那个与母亲缔结婚姻的人”（pater est quem nuptiae demonstrant）。④ 这些原则为后世各国法律所遵循。近代的婚生推定制度始于16世纪的英国普通法。1777年英国《曼斯菲尔德章程》确立“在婚姻存续中的夫推定为妻所生子女的父亲”⑤，即“曼斯菲尔德法则”（Lord Mansfield’s Rule）。

---

① 参见王琦：《论民法典的规范技术——以〈民法总则〉为主要例证的阐释》，载《北大法律评论》编辑委员会编：《北大法律评论》第19卷·第1辑，北京大学出版社2019年版，第55页。

② 参见徐国栋主编：《埃塞俄比亚民法典》，薛军译，中国法制出版社2002年版，第146－147页。

③ 参见王洪：《从婚生推定到父性推定》，载夏吟兰等主编：《婚姻家庭法前沿——聚焦司法解释》，社会科学文献出版社2010年版，第229页。

④ 参见刘征峰、杨狄：《论现代家庭法中的事实亲子关系》，载解志勇主编：《法大研究生》2014年第1辑，中国政法大学出版社2014年版。

⑤ 参见王洪：《从婚生推定到父性推定》，载夏吟兰等主编：《婚姻家庭法前沿——聚焦司法解释》，社会科学文献出版社2010年版，第230页。

## （二）亲子身份推定的传统法基础

20世纪中叶前，受科技发展制约，人类无法如今日这般凭借基因检测技术确定亲子之间的血缘联系，并在法律上确认子女的父母。事实上，罗马法以来的各国法律对亲子身份推定的依据主要是血缘和婚姻。

一般而言，母亲与子女的血缘联系可通过分娩的事实确定，父亲与子女的血缘联系则无法采取与母亲身份推定相同的法律证明技术。故此，基于罗马法“婚姻示父”原则，后世各国相继建立婚生推定制度，据此确立子女法律上的父亲。值得注意的是，这一制度在传统法中被称为“婚生推定”，与罗马法以来各国法律将子女作“婚生”与“非婚生”区分直接相关。[①] 在传统社会中，两性关系受伦理道德、宗教等规范严格管控，婚姻制度扮演着维护社会秩序与规范男女性关系的角色。为巩固一夫一妻的婚姻制度，夫妻关系与其他两性关系被严格区分，在婚姻关系内外所生子女因此获得不同法律待遇。有鉴于此，母亲的婚姻关系不仅在推定子女的生父时成为法律的依据，亦成为子女能够在法律上被视为“婚生子女”的重要依据。产生于16世纪英国普通法的近代婚生推定制度将子女的婚生推定与父亲的身份推定结合起来，使得本意在于推定父亲身份的这一制度具有双重功能：子女的婚生性推定和子女的父亲身份推定。[②]

在子女婚生推定的原则和方法方面，各国立法从起初继受罗马法的受胎说（即婚姻关系存续中成胎之子女，以其生母之夫为父）[③] 发展到出生说，以及受孕和出生并重的混合说。出生说推定子女婚生不以受胎为限，而以子女在婚姻关系存续期间出生为准，英美法系国家多采此学说。混合说细分为两种：（1）以出生说为原则，以受胎说为补充。例如，《瑞士民法典》第255条第1款确立出生说原则，即“在婚姻关系存续期间或婚姻解除后的三百日内出生的子女，推定夫为父”。第2款接着规定“在上述

---

① 由此，传统亲属法中的亲子身份确认制度分为婚生子女的推定与否认制度、非婚生子女的认领与准正制度两部分。

② 参见王洪：《婚姻家庭法热点问题研究》，重庆大学出版社2000年版，第206页。

③ 如《日本民法典》第772条规定：“妻于婚姻中怀胎之子女，推定为夫之子女。”

期限后出生的子女，除非在婚姻解除前受胎的，否则前款之推定不能成立”。[①]（2）以受胎说为原则，以出生说为补充。例如，《意大利民法典》第231条关于夫的生父身份的规定，以受胎说为原则，第233条关于婚礼举行之日起未满180日出生子女生父的推定则以出生说为补充。[②] 相较而言，上述三种推定原则中的混合说更为科学合理。因为，前两种学说和立法例过于严苛，不利于保护未成年子女利益。具体而言，根据受胎说，婚前受胎婚后出生的子女，不能被推定为婚生子女；依照出生说，于婚姻期间受胎但在婚姻终止后出生的子女，也会被排除在婚生子女之外。可见，这两种学说及立法例并不利于保护子女利益和维持婚姻稳定。

### （三）传统法基础的“此消彼长”

20世纪以来，随着大陆法系各国相继修订民法典，亲子法的价值取向逐渐从“父母本位”转向“子女本位”。“承认子女在家庭中的独立人格、独立的主体地位，强调父母对于子女的照顾、保护、监护的义务与责任，强调子女的最大利益，已经成为世界各国立法中的共识。”[③] 英美法系国家的未成年子女最佳利益原则从“父权优先原则”“幼年原则”发展而来，体现了成人社会对儿童人权的尊重和保护。20世纪七八十年代，美国各州法院纷纷以违反宪法两性平等原则为由，推翻母权优先的“幼年原则”，最终发展为性别中立的“儿童最佳利益原则”，并以之作为法院判断儿童监护权归属争议案件的基本标准。[④]

在国际人权法领域，1959年联合国《儿童权利宣言》声明儿童应受到特别保护，应通过法律和其他方法获得各种机会与便利，能在健康而正常的状态和享有自由与尊严的条件下，得到身体、心智、道德、精神和社会

---

① 参见《瑞士民法典》，殷生根、王燕译，中国政法大学出版社1999年版，第68页。

② 《意大利民法典》第231条规定：“丈夫是在婚姻关系存续期间受孕的子女的生父。”第233条规定：“配偶一方或子女本人不否认生父身份的，则认为自婚礼举行之日起未满180日出生的子女为婚生子女。”参见《意大利民法典（2004年）》，费安玲等译，中国政法大学出版社2004年版，第63页。

③ 参见王丽萍：《亲子法研究》，法律出版社2004年版，第41页。

④ 参见杜江涌、徐斌：《论未成年子女的最佳利益原则》，载《云南行政学院学报》2002年第5期。

等方面的发展。在为此目的制定法律时，应以儿童的最大利益为首要考虑。[①]《儿童权利公约》第3条第1款规定："关于儿童的一切行动，不论是由公私社会福利机构、法院、行政当局或立法机构执行，均应以儿童的最大利益为一种首要考虑。"国际人权公约确立的"儿童最佳利益原则"对缔约各国国内立法具有重要引导价值，也是我国在《未成年人保护法》和《民法典》中体现这一价值理念的基本依据。[②]

基于上述国际背景，从20世纪60年代开始，埃塞俄比亚、美国、德国等国从儿童利益保护和儿童平等享有人权角度出发，先后改革本国亲子关系法。尤其值得一提的是，法律不再强调子女的婚生性，取消对子女作"婚生"与"非婚生"区分；无论父母有无婚姻关系，所生子女一律是双方的"亲生子女"或"子女"。例如，1969年，德国通过的《非婚生子女法律地位法》对相关法律术语作出修改，用"婚外"代替"非婚"，"非婚生子女"的称谓被彻底废除。1973年，美国统一州法律全国委员会发布的《统一亲子关系法》（Uniform Parentage Act，UPA）以消除对非婚生子女歧视、确认法律上的母亲父亲身份、平等保护未成年子女权利为目的，明确禁止基于父母婚姻状况对子女的歧视。[③]

对子女作"婚生"与"非婚生"区分的依据是父母之间有无合法婚姻关系，通过亲子关系确认制度实现这一区分，既有悖于法律平等保护原则，也大大偏离设立这一制度的初衷。前述国家法律对子女称谓的这一变化撬动了婚生推定制度的根基，使这一制度从称谓到内涵发生连锁性变革。例如，1960年《埃塞俄比亚民法典》在父亲和母亲身份确认方面，首先对母亲和父亲身份确认作出一般规定，然后对父亲身份作出推定，其内容既包括以子女母亲的婚姻为基础的父亲身份推定，也包括对同居关系中

---

① 参见董云虎、刘武萍编著：《世界人权约法总览》，四川人民出版社1990年版，第1249页。

② 1990年8月29日我国正式签署《儿童权利公约》。从1992年4月1日起，公约正式对我国生效。我国2020年修订后的《未成年人保护法》确立最有利于未成年人的原则、2021年1月1日开始实施的《民法典》在监护和收养中确立最有利于被监护人、最有利于被收养人原则，都是儿童最佳利益原则在中国国内法中的转化。

③ 美国1973年《统一亲子关系法》第2条规定："不论父母的婚姻状况如何，父母子女关系平等地适用于每一个子女和父母。"

父亲身份（关系存续期间受孕或出生）的推定。[1] 在美国《统一亲子关系法》中，父母的婚姻关系不再是推定亲子身份（尤其是父亲身份）的唯一依据，“婚生推定制度”为“亲子关系推定”取代。依1973年《统一亲子关系法》第4条，父亲身份的推定，既可依其与子女母亲的婚姻关系，也可根据“在子女未满成年时，该男子将孩子接回家中，并公开视其为自己的亲生子女”的事实来推定。2017年最新修订的美国《统一亲子关系法》第204条在父亲身份的推定中，又将存在事实亲子关系的情形修改为：在子女出生后的前两年被推定的父亲与其共同生活，并且公开承认其为自己的子女。[2] 这表明，即便父母无合法婚姻关系，若存在事实上的亲子共同生活关系，亦可在法律上对父亲身份作出推定。德国于1997年12月至1998年6月间颁布一系列专门法律，全面修订家庭法，如1997年12月16日《子女身份改革法》、《非婚生子女在继承法上的平等法》等。从1998年7月1日起，《德国民法典》不再对子女作婚生与非婚生区分，并以父亲身份推定取代婚生推定，其第1592条和第1593条分别对子女父亲身份取得的途径（与子女的母亲结婚、认可父亲身份、经法院确认）、在婚姻因死亡解除时的父亲身份确认作出规定。[3]

综上，血缘和婚姻作为传统亲子法对自然血亲亲子身份推定的基础，具有内在关联性：一方面，法律依据妇女分娩事实，推定其与所生子女间的亲子身份关系；另一方面，法律又依生育母亲的婚姻关系，推定其夫是所生子女的父亲。随着当代亲子法“子女本位”立法理念的确立，加之儿童最佳利益原则得到国际人权法及国内立法的普遍肯定与采纳，对父母身份推定的传统法基础发生“此消彼长”的变化：血缘依旧是确认自然血亲亲子身份的基础，但其权威性不再绝对；婚姻的作用也悄然发生改变，儿童是否在合法婚姻关系中出生，对于其生父身份的法律确认从过去的“唯一”变为现在的“之一”；法律对同居关系中出生的子女，适用与基于婚

---

① 参见徐国栋主编：《埃塞俄比亚民法典》，薛军译，中国法制出版社2002年版，第147－148页。

② 参见《美国新〈统一亲子关系法〉（2017年修订）》，陈苇、郭庆敏译，载梁慧星主编：《民商法论丛》总第70卷，社会科学文献出版社2020年版。

③ 参见《德国民法典》（第4版），陈卫佐译注，法律出版社2015年版，第488页。

姻关系的亲子身份推定相同的规则，并且还可依亲子身份的占有或事实上的亲子关系，推定子女法律上的父母。

## 三、亲子身份推定规则的更新

在取消对子女作“婚生”与“非婚生”区分的前述国家，对传统的婚生子女推定与否认制度、非婚生子女认领与准正制度由表及里的全面改造已经展开。亲子身份推定的构造从过去只对父亲身份的推定扩大到对母亲身份的推定，“婚生推定”也为“父亲身份推定”所取代[①]；推定的基础从血缘和婚姻，扩大至同居关系、事实上的亲子关系等。在此，综合《埃塞俄比亚民法典》《美国统一亲子关系法》《德国民法典》等立法，分别对母亲身份推定、父亲身份推定规则的新变化予以阐述。

### （一）母亲身份的推定

人的基因来源是其出身的基本判断标准。一般情形下，子女的父母是为子女生命提供胚胎细胞的男性和女性。其中，母亲身份的确定基于分娩事实。因此，在相当长时间里，几乎所有国家对于母亲身份的确认都根据子女出生事实或者出生证上登记的母亲姓名自动取得。在法国法中，对于未作出生登记或者出生证上未明确记载母亲姓名的子女，其母亲身份还可因身份占有的事实确定。[②] 此所谓“身份占有”，是指社会公众及家人基于儿童姓氏、接受抚养、教育以及共同居住等事实，认为其与某对夫妻之间存在父母子女关系的事实状态。[③]

在我国，或许是一直未有亲子身份推定制度的缘故，许多人并不认为对母亲身份的推定是法律应当规定的事项，而是需要认知的生活事实。学界也有类似观点，认为传统法中的婚生推定实为父亲身份的确定；丈夫的

---

① 有学者称之为“父性推定”。参见王洪：《从婚生推定到父性推定》，载夏吟兰等主编：《婚姻家庭法前沿——聚焦司法解释》，社会科学文献出版社2010年版，第231页。

② 《法国民法典》第319条规定：“婚生子女的亲子（女）关系，以在户籍登记簿上登记的出生证书证明之。”第320条规定：“无此证书时，占有婚生子女身份之事实，足以证明亲子（女）关系。”参见《法国民法典》（上册），罗结珍译，法律出版社2005年版，第288页。

③ 《法国民法典》第311－1条、第311－2条对此有较为明确界定。参见《法国民法典》（上册），罗结珍译，法律出版社2005年版，第270－272页。

父亲身份推定，是这一制度的法定后果。① 其实，对母亲身份作出推定对于确定子女法律地位和其父亲身份都有关键作用。② 只有确定了母亲身份，才能依照推定规则确定父亲身份。否则，子女便成为“无人之子”，这必然对儿童成长十分不利。如果出生证中未登记母亲姓名，也会使子女同时丧失母亲和父亲。不仅如此，基于夫妻平等理念和怀孕与分娩由妻子单方承担的事实，法律上亲子身份的确立不应只是父亲身份的推定，还应包括母亲身份的确定，并且应当首先是对母亲身份的确定。③

首先，《埃塞俄比亚民法典》在规定父亲身份确认之前，第739条确立母亲身份的认定标准，即“母子关系产生于出生的单纯事实”④。其次，美国1973年《统一亲子关系法》第3条第1款首先规定母亲身份的确定：“亲生母亲身份可以根据其生育孩子的事实确定，或者依本法确定。”在该条第2款原则性指出，“亲生父亲可根据本法确定”之后，第4条便对父亲身份的推定规则作列举性规定。最后，1998年修改的《德国民法典》增加对母亲身份的认定，第1591条强调“子女的母亲是生育该子女的女子”⑤。德国学者认为，这一方面表明，法律不承认“分裂的母亲身份”，法律上的母亲只能是生育该子女的妇女；另一方面，生育者不能与卵子捐献者通过协议对母亲身份进行处分。⑥

随着人工辅助生殖技术的应用，罗马法以来各国固守的“生母恒定”原则被打破。儿童的母亲是提供卵子或胚胎的妇女，抑或怀孕分娩的妇女，对此不无疑问与争执。笔者认为，对采取人工辅助生殖技术所生儿童的父母身份认定，应区分情形，采取不同规则。对于采用同质人工生殖技术所生儿童的父母身份，由于配子（精子和卵子）均来自夫妻双方，不会

---

① 参见王洪：《婚姻家庭法》，法律出版社2003年版，第227页；余延满：《亲属法原论》，法律出版社2007年版，第384页。

② 参见王洪：《婚姻家庭法热点问题研究》，重庆大学出版社2000年版，第202页。

③ 参见薛宁兰、解燕芳：《亲子关系确认制度的反思与重构——基于婚姻法司法解释（三）的讨论》，载《中华女子学院学报》2011年第2期。

④ 参见徐国栋主编：《埃塞俄比亚民法典》，薛军译，中国法制出版社2002年版，第147页。

⑤ 参见《德国民法典》（第4版），陈卫佐译注，法律出版社2015年版，第488页。

⑥ 参见［德］迪特尔·施瓦布：《德国家庭法》，王葆莳译，法律出版社2010年版，第271页。

发生生物学意义上的父母与社会学意义上的父母不相一致的冲突。于此情形，可直接依照自然血亲亲子身份推定规则，确立子女的父母身份，即以“分娩者为母”原则推定母亲身份，并推定与子女的母亲有婚姻关系或同居关系的男性为父亲，如此等等。[①] 至于采用异质人工辅助生殖技术及代孕所生子女的亲子身份认定，因其性质是对亲子身份的法律拟制，不在本文议题范围之内。

### （二）父亲身份的推定

相较于母亲身份推定，法律对父亲身份推定更为复杂。详言之，它不如前者那般简单明了，仅凭认定生育事实的存在即告完成，而需要法律在生物学因素基础上进行社会建构。由本文对推定性质的阐述可见，父亲身份推定无非法律基于子女出生、生母的婚姻关系或同居关系等已知事实，对子女的父亲身份作出推断。如前文所述，一些国家立法关于父亲身份的推定，无非是由过去强调血缘与婚姻高度一致，转变为在此基础上，增添新的考量因素，如父母之间的同居关系、亲子间事实上的共同生活关系等。在此，对父亲身份推定从以下三方面展开。

1. 基于婚姻关系的父亲身份推定

此情形下，推定的依据和受胎的期间是父亲身份推定规则的主要构造。首先，子女在婚姻存续期间受胎或出生是具体的推定依据。比较各国立法演进可知，受胎与出生相结合的混合说为最优选择，其中，《埃塞俄比亚民法典》在受胎和出生之间并无主次之分的立法选择更为妥帖，更有利于未成年子女最佳利益实现。[②] 其次，关于婚姻中的受胎期间，各国及地区立法普遍推定为“子女系在其出生之日前的第 300 日至第 180 日期间受胎”。[③] 此以医学原理为基础，各立法例之间几乎无差别，当然也有例外，如《日本民法典》第 772 条将婚姻中的受胎期间确立为“自婚姻成立

---

① 参见薛宁兰：《社会转型中的婚姻家庭法制新面向》，载《东方法学》2020 年第 2 期。

② 《埃塞俄比亚民法典》第 741 条规定：“婚姻中受孕或出生的孩子以其母亲的丈夫为父亲。”

③ 参见《法国民法典》第 311 条。另见《埃塞俄比亚民法典》第 743 条、《意大利民法典》第 232 条、《瑞士民法典》第 255 条。

之日起经过两百日后，或婚姻解除、撤销之日起经过三百日以内所生之子女”。①

我国《民法典》未确立父亲身份推定规则。学术界通说认为，对基于婚姻关系的父亲身份推定，我国应采混合说。照此，在婚姻期间出生或受胎的子女应适用统一的父亲身份推定规则，即婚姻关系存续期间受胎或出生的子女，以其母亲的丈夫为父亲。此为父亲身份推定的一般原则，此外，各立法例又针对若干特殊情形作例外性推定，具体如：（1）子女在父母离婚或婚姻被宣告无效后出生。由于《德国民法典》第 1592 条第 2 款以子女在婚姻期间出生为推定原则，因此，即使子女是在婚姻期间受孕的，也不能据此直接确立父亲身份。（2）子女在母亲的丈夫被宣告失踪之后出生。《埃塞俄比亚民法典》对于父亲身份的推定采出生与受胎并重的混合说，然其第 744 条将此种情形作为推定父亲身份的例外，即不能将失踪丈夫推定为子女的父亲。（3）子女在丈夫死亡之后出生。《德国民法典》第 1593 条对此区分不同情形，作出推定：如果子女是在丈夫死亡后的 300 天内出生，则推定亡夫为子女的父亲；如果子女是在出生前的 300 天之前受孕，则以该受孕时间为准；对于母亲在其夫死后不久再婚的，便会出现子女依据母亲不同婚姻会有两个父亲的情形。

2. 基于同居关系的父亲身份推定

取消子女的“婚生”与“非婚生”区分，对传统亲子身份确认制度的影响还体现在父亲身份的推定上。传统法的非婚生子女准正制度失去存在必要②，取而代之的是，生母无论在婚姻关系还是同居关系中受孕或分娩，均适用统一的父母身份推定规则。对此，《埃塞俄比亚民法典》的态度十分鲜明，其第 745 条第 1 款确立非婚同居关系中父亲身份推定的基本规则，即“在非婚同居中受孕或出生的孩子以与其母亲同居的男子作为父亲”。第 2 款又规定，本法“第 742 条、第 743 条关于推定的普遍性和怀孕期间

① 参见王融擎编译：《日本民法条文与判例》（下册），中国法制出版社 2018 年版，第 725 页。

② 参见［德］迪特尔·施瓦布：《德国家庭法》，王葆莳译，法律出版社 2010 年版，第 273 页。

的规定，同样适用于此种推定”。[①] 这具体是指：（1）子女在母亲非婚同居 180 天之后或同居关系结束后 300 天以内出生的，视为在同居期间受孕（此推定不可被任何证据推翻）；（2）即便子女出生登记时未明确与其母亲同居的男性是其父亲，或出生登记的是其他男性，这一推定同样适用，出生登记也因该推定而被更正。

3. 解决父亲身份冲突的推定规则

依照上述父亲身份推定的一般原则，会出现数个男性可被推定为子女父亲的情形。对此，《埃塞俄比亚民法典》和《德国民法典》进一步确立解决父亲身份冲突的推定规则。具体分为三种情形：（1）在母亲的丈夫和子女出生时与母亲同居的男性之间，推定母亲的丈夫为子女的父亲；（2）在子女出生时母亲的丈夫与受胎时母亲的丈夫之间，推定出生时母亲的丈夫为子女的父亲；（3）在子女出生时与母亲同居的男性和受胎时与母亲同居的男性之间，推定出生时与母亲同居的男性为子女的父亲。[②] 这表明法律在婚姻关系与同居关系之间，更倾向于保护合法婚姻中的当事人权益；依子女出生时的父母关系状况推定子女的父亲身份，更接近于亲子关系的现实状况，有利于维护既有身份关系的稳定。这些都“体现了优先维护未成年子女利益，注重维护身份关系稳定性的立法原则”。[③] 当然，为避免推定结果与客观事实不相一致，法律又赋予相关当事人享有推翻此项推定的否认权，否认权人可在法定期间内提起亲子关系否认之诉，以追求亲子间血缘的真实性。

## 四、亲子身份推定的否认

基于亲子身份推定的可反驳性，在自然血亲亲子身份确认制度的构造上，各国及地区民法均设有亲子身份的否认制度，为当事人寻求亲子之间的血缘真实性提供法律保障。为此，我国《民法典》第 1073 条第 1 款规

① 参见徐国栋主编：《埃塞俄比亚民法典》，薛军译，中国法制出版社 2002 年版，第 148 页。

② 参见《埃塞俄比亚民法典》第 764 条，《德国民法典》第 1593 条、第 1600d 条。

③ 参见陈苇、靳玉馨：《建立我国亲子关系推定与否认制度研究》，载梁慧星主编：《民商法论丛》总第 27 卷，金桥文化出版（香港）有限公司 2003 年版。

定："对亲子关系有异议且有正当理由的，父或者母可以向人民法院提起诉讼，请求确认或者否认亲子关系。"学说中有从推定与否认关系角度认识两者的内在联系。[①] 笔者赞同这一视角，认为否认是对通过推定确立的亲子关系的解除，它是实现法律推定与客观事实相一致的救济途径。因此，从功能角度看，它是对亲子身份推定的限制。不仅如此，强调推定与否认之间的内在逻辑联系，还有助于全面构建我国《民法典》的自然血亲亲子身份推定与否认制度。

关于亲子身份否认制度的构成，各国法律多从否认理由（原因）、否认权人范围、否认权行使期间（除斥期间）、行使否认权的程序要求，以及否认之诉的效力等方面规范。在此，以我国《民法典》第1073条为基础，侧重对下述两项内容展开探讨，从法解释学角度补正其在亲子身份否认规定上之不足。

### （一）否认权的主体范围

关于否认权的主体范围，不同国家（地区）民法规定宽窄不一。主要有三种立法例：（1）仅被推定的丈夫有权提起否认之诉。具体如法国、日本、埃塞俄比亚等国。[②] 此外，罗马尼亚、卢森堡和荷兰等国原则上规定丈夫享有否认权，丈夫死亡后，在否认权有效期间内，其继承人也可提起该项诉讼。（2）被推定的丈夫、母亲和子女享有否认权。《意大利民法典》第235条确立父亲、母亲、成年子女为否认权人。（3）否认权人包括父母、子女、其他相关人或有关机关。依据最新修订的《德国民法典》第1600条，有权对亲子关系提出否认之诉（德国法称"撤销之诉"）的人，包括与生母成立婚姻关系之人、承认父子关系之人、子女、生母，以及依

---

① 参见陈棋炎：《亲属、继承法基本问题》，台北，三民书局1980年版，第198页。

② 例如，《法国民法典》第312条规定："夫如能提出足以证明其不能为子、女之父的事实，得在法院否认该子、女。但是，夫如在其尚未提出否认之诉时即已死亡，但可以提出此种诉讼的有效期限尚未届满，夫之继承人有资格对夫之子、女的婚生身份提出异议。"《日本民法典》第774条原则规定，对依照第772条作出的父亲身份推定，仅"夫得否认子女为婚生"。《埃塞俄比亚民法典》第790条第1款规定："只有通过适用立法规范被赋予孩子的父亲身份的人，可提起否认父子关系之诉。"第2款强调："孩子的母亲、主张孩子的父亲身份的人、检察官或孩子自己，都不得为此等性质之申请。"

据第 1592 条第 2 款对该类案件有管辖权的机关。[①]《俄罗斯联邦家庭法典》第 52 条确立的否认权人范围，包括被推定的父母、实际上的父母、成年子女、子女的监护人、无行为能力父母的监护人等。[②] 各国及地区民法对否认权人范围规定的差异，反映出在解决亲子关系的真实性与安定性这对矛盾时，它们采取了不同的立法价值取向。若法律侧重于追求亲子关系的血缘真实性，便会对否认权人范围规定得比较宽泛；若法律倾向于实现亲子身份的安定性，便会限缩否认权人范围。但各国及地区法律的总体发展趋势是逐步扩大否认权人范围，从最初只赋予丈夫（被推定的父亲）有权提起否认之诉，逐步扩大至生母、子女，乃至相关机构。这种发展趋势与当代亲子法的“子女本位”转向和未成年子女最佳利益原则的确立直接相关。

我国《民法典》第 1073 条第 1 款确立的否认权人仅限于父或母，子女无论是否成年都不享有此项权利。对此，立法机关未予说明。然而，子女应否享有否认亲子身份的权利，实有探讨之必要。笔者主张，子女无论是否成年均应在法律上享有这一实体权利。对此，从以下三方面阐发理由：

第一，承认子女享有否认权，是子女具有独立法律地位的体现和要求。在亲子关系中，父母是一方主体，子女为另一方主体，他们相互间除应恪守尊老爱幼、相互帮助的伦理道德要求外，在民法中还享有和承担其他对等的权利和义务。对业已形成的亲子关系提起否认之诉，事关父母子女双方切身利益。就子女一方而言，亲子关系的变化将对其一生产生重大影响，尤其对未成年子女身心健康与人格发展影响至深且巨。法律只赋予父母一方享有否认权，子女却不享有否认权，于他们而言是不对等和不公平的。[③] 子女只有依法享有对亲子身份的否认权，他们在民法上才因此具有平等和独立的地位。

---

① 参见《德国民法典》（第 4 版），陈卫佐译注，法律出版社 2015 年版，第 491 页。

② 参见中国法学会婚姻法学研究会编：《外国婚姻家庭法汇编》，群众出版社 2000 年版，第 483 页。

③ 参见罗杰：《埃塞俄比亚亲子关系的推定与否认制度及其启示》，载《中南大学学报（社会科学版）》2011 年第 3 期。

第二，知悉自我血缘出身是一项受到国际人权公约保障的基本人格利益。《儿童权利公约》第7条规定："儿童出生后应立即登记，并有自出生起获得姓名的权利，有获得国籍的权利，以及尽可能知道谁是其父母并受其父母照料的权利。"此为儿童享有血缘知悉权的国际法依据。中国于1991年批准《儿童权利公约》，作为缔约国，有义务采取必要法律措施落实该公约要求。儿童的血缘知悉权作为一项基本人格权益，已得到一些国家法律承认。在德国，为进一步明确子女在亲子关系确认上的主体地位，实现其最佳利益，先由联邦法院确认"知悉自我基因出生是子女的一项具有高度人身属性的权利"。① 2008年3月修改后的《德国民法典》增加第1598a条，赋予子女享有请求父母双方允许其进行基因血缘检测，查明出身的权利；但若亲子鉴定会构成对未成年子女最佳利益侵害，法院应终止该程序。它们为我国提供了有益参照，我国《民法典》总则编和人格权编虽未明示血缘知悉权是民事权利体系中的独立权利，但依法解释学原理，可将之纳入《民法典》第990条第2款关于一般人格权保护的利益范畴。因此，基于对自然人一般人格权的保护，可通过立法或司法解释对《民法典》第1073条第1款作扩大解释，将子女（无论是否成年）纳入否认权人范畴。

第三，完善配套规定，消除在子女享有否认权问题上的种种顾虑。现实中，对于是否赋予子女否认权，不仅学界存在肯定和否定两派观点，立法和决策层也多有质疑之声。早在2011年，2001年《婚姻法司法解释（三）》出台后，起草者对其第2条将提起否认之诉的权利人限于"夫或妻"的解释是："之所以没有赋予子女的否认权，是因为子女未成年时需要由其父母代理，而当子女成年后，即便父母与其没有血缘关系，但对付出心血将其抚养成人的父母而言，允许子女行使否认权则有失公允。"②民法典编纂期间，仍有相关部门及学者提出类似疑问。可见，决策者和学者在此问题上的担忧并未随时间流逝而消解：一者，赋予未成年子女否认

① 参见［德］迪特尔·施瓦布：《德国家庭法》，王葆莳译，法律出版社2010年版，第293页。

② 参见杜万华、程新文、吴晓芳：《〈关于适用婚姻法若干问题的解释（三）〉的理解与适用》，载《人民司法》2011年第17期。

权，在其生母代为行使该项权利时，难免掺杂个人情感与利益，不能真正为子女利益进行考量和抉择，并且这“实与父或母享有此项权利无本质差异，故不妨直接规定成年子女为其主体”[①]；二者，允许成年子女提起亲子关系否认之诉，有可能导致其逃避对父母的赡养义务。[②] 这些顾虑有一定社会基础，但一概否定子女对亲子关系的否认权，仍显绝对和极端。对此，可从外国法中寻求消除上述顾虑的对策，以便我国立法和司法抉择时有所参考。首先，修改后的《德国民法典》在第 1600 条直接规定子女是提起否认之诉的权利人后，第 1600a 条第 3 款开通由法定代理人代理无行为能力或限制行为能力子女提起否认之诉的渠道，同时，该条第 4 款对法定代理人行使此项事务代理权作出必要限制，即“仅在父亲身份的撤销有利于被代理人的最佳利益时，始准许由法定代理人撤销父亲身份。”[③] 由受案法官对法定代理人的诉请是否符合被代理人（子女）最佳利益进行审查，便在亲子关系否认之诉中注入了国家干预的成分。此项干预既体现了国家对子女主体地位的保障，又不致因法定代理人滥用权利损及未成年子女和相关方利益。其次，为防止成年子女借行使否认权规避履行赡养父母之义务，我国法律可增加规定：成年子女行使否认权的，不因此当然解除其对原父母的赡养义务。

### （二）否认权的存续期间

民法学关于民事权利的分类有多种。以权利的作用为标准，可将民事权利分为支配权、请求权、变动权三种。所谓“变动权”，是指权利人依自己的行为，使法律关系发生变动（形成、变更、消灭）的权利。依所变动的法律关系不同，变动权又分为形成权、抗辩权和可能权。[④] 对亲子身份的否认权与对婚姻的撤销权一样，同属于形成权。它是权利人依法享有

---

① 参见李春景：《关于亲子关系否认制度若干问题探讨——评价〈婚姻法司法解释三〉第 2 条第 1 款之规定》，载《河北法学》2016 年第 12 期。

② 参见黄薇主编：《中华人民共和国民法典婚姻家庭编释义》，法律出版社 2020 年版，第 126 页。

③ 参见《德国民法典》（第 4 版），陈卫佐译注，法律出版社 2015 年版，第 492 页。

④ 参见梁慧星：《民法总论》，法律出版社 2007 年版，第 74 页。

的，以自己的单方意思表示，使业已成立的亲子身份关系的效力归于消灭的权利。为促使否认权人及时行使权利，保护相对人（不享有否认权的另一方当事人）利益，法律又为否认权的行使设立有效期间，民法学将此期间称为“除斥期间”。权利人应在除斥期间内行使权利，逾期未行使的，否认权便归于消灭。关于这一期间的性质，我国学者和立法者存在认识上的差异，有将之归于“诉讼时效”的[①]，还有称之为“时效期间”的。[②]笔者认为，否认权为民法上的形成权，法律确定的否认权的存续期间，是除斥期间而不是诉讼时效。以学理观之，除斥期间适用于形成权，属于绝对不变期间，不发生期间的中断、中止或延长；诉讼时效适用于请求权，属可变期间，可发生期间的中断、中止或延长。诉讼时效经过，引起诉权消灭；除斥期间经过，则消灭实体权利。故而，除斥期间的长短由法律专门规定，并不适用法律关于诉讼时效期间的规定；一旦除斥期间届满，否认权即归于消灭，原权利人不得再行提起否认亲子关系之诉。因此，我国《民法典》第 199 条关于除斥期间特性的规定，有助于我们认识和理解两者之不同。[③]

法律设立否认权存续期间的目的有二：一为平衡双方当事人利益保护；二为敦促否认权人及时行使权利，尽快确定亲子身份，维护亲子关系稳定。各国及地区民法都对此有相应规定。对于我国《民法典》第 1073 条未明示亲子关系否认权存续期间这一问题，有学理解释指出：“如果父或者母在知道或者应当知道子女与其不存在真实血缘的情况下，仍然长期不提出否认，由此可以认为其不存在‘正当理由’。”[④] 这固然可以作为人民法院当下审理此类案件作出裁判的一条出路，但如此解释既不周严，也

---

① 参见龙翼飞：《编纂民法典婚姻家庭编的法理思考与立法建议》，载《法制与社会发展》2020 年第 2 期；参见黄薇主编：《中华人民共和国民法典婚姻家庭编释义》，法律出版社 2020 年版，第 124 页。

② 参见陈苇、靳玉馨：《建立我国亲子关系推定与否认制度研究》，载梁慧星主编：《民商法论丛》总第 27 卷，金桥文化出版（香港）有限公司 2003 年版。

③ 《民法典》第 199 条规定：“法律规定或者当事人约定的撤销权、解除权等权利的存续期间，除法律另有规定外，自权利人知道或者应当知道权利产生之日起计算，不适用有关诉讼时效中止、中断和延长的规定。存续期间届满，撤销权、解除权等权利消灭。”

④ 参见薛宁兰、谢鸿飞主编：《民法典评注·婚姻家庭编》，中国法制出版社 2020 年版，第 330 页。

很牵强。从第 1073 条文义和规范内容看，更适宜将其解释成：父母作为否认权人终身享有否认权，可随时提起对亲子身份的否认之诉。显然，这并不妥当！笔者呼吁通过立法解释或司法解释尽早明确否认权的存续期间。一来，此期间是否认权制度的有机组成，有其特殊的制度功能，不可或缺；二来，在立法不赋予子女享有否认权的当下，如果再不对父母行使否认权从期间上进行限制，将会使父母对亲子关系的否认权过于绝对，恐怕难以防范权利人滥用这一法定权利。如此，既不利于维护子女利益，也会危及婚姻家庭关系和睦稳定。

为否认权设立存续期间是各国及地区立法通例，但在期间长短和起算标准上存在差异。有规定自子女出生之日起 6 个月的，如法国、意大利；也有规定自子女出生之日起 1 年的，如日本；还有规定自知悉存在否认事由之日起 2 年的，如德国和我国台湾地区。这反映出各国及地区立法在追求亲子间血缘真实与身份安定平衡时的价值取向差异。参考若干国家及地区立法经验，结合我国国情，笔者赞同将否认权的存续期间确定为 1 年，期间从权利人知道或者应当知道否认事由之日起计算。① 如此选择的理由主要是：参酌我国《民法典》第 1052 条、第 1053 条将婚姻撤销权存续期间确立为 1 年的规定，将亲子关系否认权的有效期间也确定为 1 年，可实现立法对撤销婚姻关系、否认亲子关系的同等对待。再者，确立否认权有效期间的起算点应公平合理，如果自知悉子女出生之日起算，对于在子女出生时不知情，多年后才知悉子女并非己出的推定父亲而言，显然不公平。就子女一方而言，由于笔者主张未成年子女与成年子女同等享有否认权，故期间的起算，无须自子女成年后开始。

最后，亲子关系是基本生存关系，事关子女和父母切身利益。权利人行使否认权应以诉讼方式向人民法院提出；法官在审理过程中除对当事人诉讼资格等进行审查外，还应审酌该项诉讼是否符合未成年子女最佳利益，如果不符合，可依法终止诉讼程序。

---

① 参见梁慧星主编：《中国民法典草案建议稿附理由：亲属编》，法律出版社 2013 年版，第 228 页。

## 五、结语

世界范围内，亲子法从“父母本位”向“子女本位”转向，是儿童法律地位得以根本改变的肇因，更是儿童利益获得国家承认与保护的开端。而运用民法推定技术确立儿童的父母身份，则是法律对儿童利益保障的第一道屏障。

法律上的亲子身份推定包括母亲身份推定和父亲身份推定两方面。鉴于推定只是法律的假定，具有可反驳性，可以被相反事实推翻，亲子身份的否认便与推定相伴而生，它们不仅构成自然血亲亲子身份确认制度的两翼，更是法律追求保护未成年子女利益，实现亲子身份真实性与安定性两项价值平衡的制度安排。

20 世纪以来，人权观念、子女本位、科技进步等诸多社会因素叠加作用，深刻地改变着亲子法的品质和制度设计。血缘与婚姻这两个推定亲子身份的传统法因素的地位与作用悄然发生改变，婚姻对于父亲身份的推定，从“唯一”变为“之一”；血缘虽然仍是确认自然血亲亲子身份的基础，但其权威性不再绝对。法律在追求亲子身份关系真实性的道路上，开始关注对儿童利益的优先和特殊保护，顾及当事人建立亲子关系的意愿，以及双方实际相处形成的事实亲子关系。所有这些变化皆因当代亲子法以子女为本位的立法价值取向，以及未成年子女最佳利益原则在亲子法中的全面贯彻。因此，对于“是身份决定关系，还是关系确定身份”这一疑问的回应，不再泾渭分明，而是更多地显现出互为因果、互为表里的状态。这恰恰是亲子法伦理特性的要求，毕竟在儿童最佳利益原则指导下，衡量血缘真实与身份安定两种法益时，人伦关怀与亲情维系也是当代亲子法不能忽视的价值追求！

# 论夫妻对子女婚内抚养费的承担

## ——《民法典》第 1058 条的理解与适用

马忆南　谢嘉琦*

**摘　要**　由于我国婚内抚养费制度缺乏系统的规定，各地法院对于相关问题的认识不一、实务中缺乏统一的裁判标准，“同案不同判”的现象时有发生。允许直接抚养子女的父母一方提出婚内抚养费主张，并引入《民法典》第 1058 条作为其请求权基础，兼具必要性和可行性。通过适用该条款能够取得统一司法实践、正确区分相关概念、合理分配双方举证责任、统一婚内抚养费时间区间等效果。

**关键词**　婚内抚养费　《民法典》第 1058 条　适格主体

在传统认知中，抚养费是指父母离婚后不直接抚养子女的一方所负担的子女生活费、教育费、医疗费等费用。但实际上，法律并未规定抚养费仅发生在父母双方婚姻关系解除后。随着家庭模式的多样化，在父母分居等情况下，直接抚养孩子一方要求对方支付双方婚姻关系存续期间的子女抚养费具有正当性。因此，以发生时间为标准，可以将抚养费划分为“离

---

* 马忆南，北京大学法学院教授，中国法学会婚姻法学研究会副会长，中华全国妇女联合会执委，主要从事民法、社会法、人权法研究；谢嘉琦，北京大学法学院硕士研究生，主要从事民法研究。

婚后抚养费”和“婚内抚养费”。后者即为本文的主要研究对象，可以将其概括为：父母婚姻关系存续期间，未直接抚养子女一方所负担的子女生活费、教育费、医疗费等费用。

在我国，婚内抚养费纠纷不在少数，但婚内抚养费制度尚无明确、系统的规定，学界对于相关问题的研究仍有待补充。① 囿于法律规定与理论研究的不足，实务中缺乏对案件处理的统一裁判标准，各地法院对于相关问题莫衷一是，“同案不同判”的现象时有发生。

## 一、司法现状分析

2024 年 1 月 11 日，在“北大法宝”数据库中，以“婚内抚养费”为关键词、“民事”为案由，共检索到 125 篇民事判决书。剔除重复、与婚内抚养费内容无涉、法院对婚内抚养费未表态等情况后，最终保留 75 个案例。将 75 份民事判决书中法院不支持当事人婚内抚养费请求的具体理由分类整理如下（见表 1）。

通过表 1 可知，“非适格主体”是法院不予支持婚内抚养费主张的第一大理由。

**表 1 法院不支持婚内抚养费的理由分类**

| 不支持的理由类型 | 非适格主体 | 夫妻共同财产 | 请求支付方未举证 | 被请求支付方有抚养支出 | 一审未主张 | 其他* |
|---|---|---|---|---|---|---|
| 案例数 | 10 | 8 | 7 | 7 | 4 | 4 |

* “其他”类包括：“双方对分居时间陈述不一且均未提交证据”“分居期间，被请求权人的收入已经作为夫妻共同财产予以分割”“婚内抚养费的主张无法律依据”等。

为了反映法院对于夫妻一方能否作为提出婚内抚养费主张的适格主体这一问题所存在的不同认识，本文选取了以下案件对比分析：“郭某 1、陈

① 2024 年 1 月 11 日，笔者在“中国知网”上，以“婚内抚养费”为关键词，共检索到 13 篇文章，且其中多为案件报道。

某离婚纠纷案”[①]、“郭某、李某1离婚纠纷案”[②]、“李某某与缑某某离婚案”[③]，这几个案件的案情如出一辙，均为原告在一审中提出了要求被告支付（离婚后）抚养费（或要求分别抚养两个孩子，各自负担抚养费）的诉讼请求，二审中又请求被告支付婚内抚养费，三个案件的审理法院均驳回了该婚内抚养费支付请求。

法院的结论虽看似一致，背后原因却不尽相同。其中，“郭某1、陈某离婚纠纷案”的二审法院认为，要求被告支付婚内抚养费“系二审期间新提出的诉讼请求，不属于二审审理范围”；“郭某、李某1离婚纠纷案”的二审法院则认为，上诉人在二审中提出要求对方支付婚内抚养费的诉讼请求并未超过二审的审理范围，但夫妻一方并非婚内抚养费的起诉主体；“李某某与缑某某离婚案”中，二审法院的判决理由则是上述二者的融合，既认为上诉人未在一审主张，又认为李某某作为夫妻一方，并非提起婚内抚养费诉讼请求的适格主体。

可以看到，一方面，各地法院对于夫妻一方能否作为婚内抚养费的起诉主体，仍然缺乏统一、明确的认识，同案不同判现象屡有发生，司法公信力受到影响；另一方面，如果法院以“主体不适格”为由驳回夫妻一方的请求，那么子女就要另行主张，平添了当事人的诉累，也不利于节约司法资源。

## 二、父母一方作为起诉主体的分析

为了解决司法实践中对于婚内抚养费起诉主体认识不一的问题，需要承认直接抚养子女一方的起诉主体地位，这一解决方案兼具必要性和可行性。

---

① 郭某1、陈某离婚纠纷案，辽宁省沈阳市中级人民法院（2020）辽01民终8120号民事判决书。

② 郭某、李某1离婚纠纷案，河南省鹤壁市中级人民法院（2018）豫06民终66号民事判决书。

③ 李某某与缑某某离婚案，陕西省渭南市中级人民法院（2016）陕05民终922号民事判决书。

## （一）必要性分析

抚养义务是父母对未成年子女所负的最主要义务，目的是保障未成年子女的生存[①]。法律中有关婚内抚养费制度的建立，便是为了保障未成年子女的受教育和生活水平不致受到父母分居、离婚的影响，旨在保护未成年子女的家庭利益。抚养不仅包括狭义上的抚养费给付，而且包括实际的人身照顾。鉴于只有抚养费给付形态具有可强制执行性[②]，不直接抚养孩子的一方起码应当以金钱的方式承担自己对子女的法定抚养义务。

然而，当孩子发起对父母一方的诉讼，即使由直接抚养孩子的一方作为诉讼代理人，仍无法完全避免亲子关系遭到破坏、孩子的身心健康受到影响，这显然有悖于立法保护未成年人的初衷。但是，如果由父母一方作为起诉主体则能较好地解决该问题。

此外，在多数案件中，法院需要依据原告提供的学杂费、医疗费、购物发票等单据证明子女的日常消费及实际需要，依据就业失业登记证、个人所得税完税证明、工资单等证明父母双方的负担能力，并以此确定抚养费的数额；有时还需要根据原告提供的租房协议、转账记录等相关证据证实双方的分居时间；还有部分法院要求原告提供银行流水、账户交易明细等证明对方未履行抚养义务，以此判断其是否应当支付婚内抚养费。前述种种证据均不可能由孩子提供，实际提供方只能是了解情况的父母。另外，在一些案件中可能会涉及夫妻共同财产、共同债务等应当在夫妻之间解决的问题，如果舍弃扩大起诉主体范围，转而采用追加共同被告或者另案处理的方式，可谓舍近求远。

因此，为了更充分地实现保护未成年子女利益的立法目的，有利于案件事实的查明，法院应当允许在离婚之诉中一并处理婚内抚养费问题。

## （二）可行性分析

我国 2001 年《婚姻法》第 21 条第 1 款规定，“父母对子女有抚养教

---

① 巫昌祯、夏吟兰主编：《婚姻家庭法学》，中国政法大学出版社 2016 年版，第 143 页。

② 薛宁兰、谢鸿飞主编：《民法典评注 · 婚姻家庭编》，中国法制出版社 2020 年版，第 131 页。

育的义务”。我国《民法典》颁布后，相关规定移到了总则编第26条第1款，并在措词上稍作变化，调整为“父母对未成年子女负有抚养、教育和保护的义务”，却额外增加了第1058条的规定：“夫妻双方平等享有对未成年子女抚养、教育和保护的权利，共同承担对未成年子女抚养、教育和保护的义务。”

《民法典》第1067条第1款与《婚姻家庭编解释（一）》第43条规定的父母与子女之间的权利义务关系，是子女请求不履行抚养义务的父母支付抚养费的请求权基础，而《民法典》第1058条则规定了夫妻之间就抚养子女产生的权利义务关系。与前者不同，后者并非意在说明夫妻对于子女有共同抚养、教育、保护的义务，而是指夫妻一方有要求对方配合对子女抚养、教育、保护的权利。两则条款在《民法典》中所处的位置也证明了此观点：第1058条规定于《民法典》第5编“婚姻家庭”第3章“家庭关系”第1节“夫妻关系”中，而第1067条则规定在第2节“父母子女关系和其他近亲属关系”中，足见立法者之用意。

然而，一些《民法典》评注类著作对此存在一定的误读。例如，有观点认为《民法典》第1058条主要由2001年《婚姻法》第23条①修改而来，立法目的是保障未成年子女健康成长、预防和矫治未成年子女的不良行为②；也有观点指出该条强调夫妻在抚养、教育和保护未成年子女方面的平等地位③，并认为其体现的是共同亲权原则④，共同亲权体现的虽是亲权领域的男女平等⑤，但说到底描述的仍是父母与子女之间的关系。实际上，《民法典》第1058条应当理解为夫妻之间的权利义务关系。

如果认为2001年《婚姻法》第21条的规定并未体现夫妻间的关系，

---

① 2001年《婚姻法》第23条规定：“父母有保护和教育未成年子女的权利和义务。在未成年子女对国家、集体或他人造成损害时，父母有承担民事责任的义务。”

② 夏吟兰、龙翼飞等：《中国民法典释评·婚姻家庭编》，中国人民大学出版社2020年版，第98－99页。

③ 薛宁兰、谢鸿飞主编：《民法典评注·婚姻家庭编》，中国法制出版社2020年版，第129－130页。

④ 薛宁兰、谢鸿飞主编：《民法典评注·婚姻家庭编》，中国法制出版社2020年版，第132页；黄薇主编：《中华人民共和国民法典婚姻家庭编解读》，中国法制出版社2020年版，第83页。

⑤ 杨立新：《亲属法专论》，高等教育出版社2005年版，第253页。

不能作为夫妻一方提出婚内抚养费主张的请求权基础，那么，《民法典》的颁布及其新增的第 1058 条则可以作为其法律依据（具体分析见下文）。新增规定虽然为法律适用提供了前提，却也须建立在正确理解的基础之上。

## 三、《民法典》第 1058 条的适用

为了充分论证夫妻一方作为婚内抚养费的起诉主体具有可行性，需要对上文所提到的作为请求权基础的《民法典》第 1058 条作深入分析。

### （一）必要性分析

1. 路径一：沿用原有条款

《民法典》第 1067 条第 1 款规定："父母不履行抚养义务的，未成年子女或者不能独立生活的成年子女，有要求父母给付抚养费的权利。"《婚姻家庭编解释（一）》第 43 条规定："婚姻关系存续期间，父母双方或者一方拒不履行抚养子女义务，未成年子女或者不能独立生活的成年子女请求支付抚养费的，人民法院应予支持。"法院多以前述条款作为支持婚内抚养费的依据。不难发现，这些条文已经清晰地表明：请求支付抚养费的主体只能是"未成年子女或者不能独立生活的成年子女"。基于此，部分法院认为夫妻一方并非请求支付婚内抚养费的适格主体，并以此为由驳回其诉讼请求，要求子女另行起诉。显然，沿用这些条款仍然无法为直接抚养子女一方提出婚内抚养费主张提供充分的法律依据。

2. 路径二：诉诸其他民法理论

有学者采债权让与之说，认为在婚内抚养费纠纷中，非直接抚养子女一方虽然未履行抚养义务，但可以视作直接抚养一方已经为其垫付了相关费用；子女作为婚内抚养费的请求权人，已经将该项债权转移给直接抚养一方，后者因债权让与成为新债权人，得以向非直接抚养一方主张债权①。然而，抚养费产生于父母与子女的人身关系，专属于债权人本身。根据

---

① 叶丽虾、叶妮妮：《分居期间子女抚养费裁判规则之探讨》，第九届中国婚姻家事法实务论坛论文，2022 年 8 月于北京。

《民法典》第545条的规定，债权人不能将“根据债权性质不得转让的债权”转让给第三人。故而，债权转让的解释在婚内抚养费问题上不能成立。

综上，路径一、路径二均非请求权基础的合适之选，也无法为夫妻一方作为婚内抚养费的起诉主体提供法律依据。有鉴于此，《民法典》第1058条的引入具有必要性。

### （二）可行性分析

#### 1. 法理分析

一般情况下，并不能将民法的思维直接适用于婚姻家庭关系的处理中，但也不能因此否定婚姻家庭法律关系与某些民法原理实质上的相通性。《民法典》第1058条适用的法理依据，可以诉诸其他民法理论。

（1）不当得利返还之债。借鉴我国台湾地区经验，若抚养费由父母一方先行垫付，该方可依不当得利之法律关系请求他方返还。且此项请求乃在使受利益之他方一次返还其所受之利益①。

《民法典》第985条规定：“得利人没有法律根据取得不当利益的，受损失的人可以请求得利人返还取得的利益，但是有下列情形之一的除外……”此为不当得利之规定。直接抚养子女的一方为他方垫付的抚养费可能成立求偿不当得利，其构成要件包括：受有利益；非因给付（清偿他人债务）而受益，致他人受损害；无法律上原因②。分居期间，父母仍应承担抚养子女的法定义务，直接抚养子女一方为他方垫付的子女教育、医疗、日常生活等费用使该方的债务消灭，垫付费用一方也因垫付行为受有资金损失，且对于所垫付的这部分费用而言，并不具备法律上的原因。故，夫妻一方为另一方垫付的子女抚养费用，满足求偿不当得利的构成要件。

可能有观点认为，在夫妻共同财产制下，夫妻婚姻关系存续期间的财产归夫妻共同所有，不存在不当得利的问题。《民法典》第1060条第1款

---

① 曾品杰：《抚养费——台抗字第776号裁定》，载《月旦知识库》2016卷4期。

② 王泽鉴：《不当得利》，北京大学出版社2015年版，第196页。

规定："夫妻一方因家庭日常生活需要而实施的民事法律行为，对夫妻双方发生效力，但是夫妻一方与相对人另有约定的除外"，此为"日常家事代理权"之规定。从法律原理上看，夫妻共有属于共同共有，应当由双方共同处分，但日常家事代理权并非法律逻辑上的结果，主要是为了方便婚姻共同生活[①]。关于日常家事的范围，学者多采用列举方式表述，一般包括未成年子女教育及其他日常生活通常必要的事项[②]。但处于分居状态的夫妻之间显然不存在婚姻共同生活，夫妻一方垫付的子女抚养费也不再适用日常家事代理的规定。而且，夫妻分居期间双方实际上已经各自控制财产和收入，直接抚养一方的处分基础一般也非夫妻共有的财产。因此，夫妻分居期间并非"夫妻财产共有，一方抚育子女的支出是对共同财产的处分"之情形，并不适用"日常家事代理权"之规定。

《民法典》第1058条作为夫妻一方向他方主张婚内抚养费的请求权基础，可以理解为不当得利返还请求权在夫妻离婚场合下的特别规定，垫付抚养费的夫妻一方对于另一方享有的不当得利之债可以在双方离婚时的财产清算中作为消极财产，在离婚诉讼中一并主张。

（2）连带之债的内部责任形态。《民法典》第1058条规定："夫妻双方平等享有对未成年子女抚养、教育和保护的权利，共同承担对未成年子女抚养、教育和保护的义务。"法条中有关抚养义务的承担使用了"共同"这一表述。如薛宁兰与谢鸿飞认为，我国实定法上之多数人之债类型只有按份之债和连带之债两种，并无共同之债。将该条中"共同"理解为连带并无实质障碍。[③]《民法典》第178条第1款规定，"二人以上依法承担连带责任的，权利人有权请求部分或者全部连带责任人承担责任"，此即为连带责任人对外之责任形态。

在对内关系上，《民法典》第178条第2款规定："连带责任人的责任份额根据各自责任大小确定；难以确定责任大小的，平均承担责任。实际

---

① 裴桦：《论夫妻共同财产处分权》，载《辽宁大学学报（哲学社会科学版）》2010年第2期。

② 史尚宽：《亲属法论》，中国政法大学出版社2000年版，第316页。

③ 薛宁兰、谢鸿飞主编：《民法典评注·婚姻家庭编》，中国法制出版社2020年版，第135页。

承担责任超过自己责任份额的连带责任人，有权向其他连带责任人追偿。”这是连带责任人之间的责任形态。故，连带债务人之间应当按照责任大小承担份额。

综上，在对外关系上，夫妻双方对孩子的抚养义务应当承担连带责任（在这一点上，与因抚养孩子产生的夫妻共同债务，由夫妻双方对债权人承担连带责任是契合的）；在对内关系上，夫妻双方系连带责任人，其责任份额根据责任大小确定。若夫妻一方承担了全部义务，应承认其具有向另一方追偿的权利。[①]

2. 与法院以往判决理由的对接

“高某某与纪某离婚纠纷案”[②] 中，纪某因与高某某的离婚纠纷起诉至法院，请求法院判令双方离婚并要求高某某支付婚内抚养费。法院认为，抚养教育未成年子女是父母的法定义务，自2010年8月，高某某没有支付女儿高某喻的抚养费，纪某独自承担高某喻的抚养教育义务。根据《最高人民法院关于适用〈中华人民共和国婚姻法〉若干问题的解释（三）》（以下简称《婚姻法解释（三）》）的规定，高某某应支付自2010年8月至2015年12月法庭辩论终结前已发生的抚养费。后高某某不服，提起上诉。二审法院认为，“在双方分居期间，高某某并未实际抚养婚生女高某喻，也未支付任何抚养费，抚养孩子的义务由纪某一人承担，纪某请求高某某承担双方分居期间的抚养费具有事实和法律依据，应予支持”，并驳回其上诉。另外，也是在该案中，一审法院审理查明并经二审法院认可：高某某与纪某分居后，“看望过孩子，给孩子买过东西，未支付抚养费”。换句话说，法院认为有抚养支出与支付了抚养费或者履行了抚养义务属于不同的概念。

《民法典》颁布之前，也有部分法院支持了离婚诉讼中夫妻一方所提出的要求对方支付婚内抚养费的诉讼请求。多数法院并未指出其法律依据，少数法院则指明或者引用了2001年《婚姻法》第21条第1款、第2

① 薛宁兰、谢鸿飞主编：《民法典评注·婚姻家庭编》，中国法制出版社2020年版，第135页。

② 高某某与纪某离婚纠纷案，一审：山东省东营市东营区人民法院（2015）东民初字第916号民事判决书；二审：山东省东营市中级人民法院（2016）鲁05民终542号民事判决书。

款及《婚姻法解释（三）》第 3 条的相关表述。实际上，各法院的裁判理由颇为相似，基本围绕夫妻分居期间，孩子由夫妻一方独自抚养，另一方未实际抚养，也未履行抚养义务，故支持夫妻一方的婚内抚养费请求。

综上，在以往的司法判例中，法院不仅认为"父母对子女有抚养、教育和保护的义务"，更加强调"夫妻双方应当共同承担对未成年人抚养、教育和保护的义务"。这一共识与《民法典》第 1058 条不谋而合，或许该条款的增加正是对现实的回应。

3. 与离婚后抚养费法律依据的对接

《民法典》第 1085 条第 1 款规定："离婚后，子女由一方直接抚养的，另一方应当负担部分或者全部抚养费。负担费用的多少和期限的长短，由双方协议；协议不成的，由人民法院判决。"此为离婚后抚养费之规定，在离婚之诉中，法院常以此作为未直接抚养一方应当支付离婚后抚养费的法律依据。

实际上，婚内抚养费与离婚后抚养费并无本质区别。其一，一般情况下，双方在分居与离婚期间的实际财产状况相同。夫妻双方在分居期间的财产收入实际上已经相对独立，双方各自控制和支配使用自己占有的那部分财产。[①] 这一点与离婚时并无差异。其二，立法目的一致。抚养费制度旨在保护未成年子女的利益，在这一点上不因父母分居、离婚而有所区别。因此，不应仅从形式出发，忽略夫妻分居和离婚期间子女抚养费的相似性。

实际上，《婚姻家庭编解释（一）》第 49 条[②]规定了抚养费数额的确定方式，该条并未在抚养期间上进行区分。而在我国的司法实践中，多数法院也都认可保持婚内抚养费与离婚抚养费标准的一致性。在 75 个案例中，有 23 个涉及婚内抚养费与离婚后抚养费数额的确定。其中，有 16 个

---

① 最高人民法院民法典贯彻实施工作领导小组主编：《中华人民共和国民法典婚姻家庭编继承编理解与适用》，人民法院出版社 2020 年版，第 126 页。

② 《婚姻家庭编解释（一）》第 49 条规定："抚养费的数额，可以根据子女的实际需要、父母双方的负担能力和当地的实际生活水平确定。有固定收入的，抚养费一般可以按其月总收入的百分之二十至三十的比例给付。负担两个以上子女抚养费的，比例可以适当提高，但一般不得超过月总收入的百分之五十。无固定收入的，抚养费的数额可以依据当年总收入或者同行业平均收入，参照上述比例确定。有特殊情况的，可以适当提高或者降低上述比例。"

案例的审理法院均将两种抚养费数额设定为相同，占比接近 70%。剩余 7 个案例因案件情况较复杂等原因，由法院酌定婚内抚养费数额。由此可见，多数法院已经认可了二者之间的同质性。

两类抚养费立法目的一致、适用环境相似、数额确定标准相同，我们应当充分认识到二者本质上的相似性。就离婚后抚养费而言，《民法典》第 1084—1092 条分别规定了离婚时子女抚养权、探望权、共同财产分割、家务劳动补偿、夫妻共同债务清偿、离婚经济帮助、离婚损害赔偿等问题。由此可见，离婚诉讼属于复合之诉，离婚问题、子女抚养问题、财产分割问题均可以在诉讼中一并处理。既然学界和实务界都认可将离婚后抚养费在离婚诉讼中一并处理，那么，鉴于两种抚养费之间的相似性，应当同样允许夫妻一方在离婚诉讼中提出婚内抚养费的诉讼请求。

《民法典》第 1058 条与第 1085 条第 1 款，都强调夫妻之间共同承担抚养义务的要旨，区别仅体现在对区间的限定上。法院以后者作为支持离婚后抚养费这一主张的法律依据，那么将该法第 1058 条作为夫妻一方婚内抚养费之请求权基础亦具有正当性。

综上，司法实践的积累以及法官对于有关法律问题的共识都为《民法典》第 1058 条的适用提供了司法环境。

### （三）适用效果分析

通过适用《民法典》第 1058 条的规定，可以有效解决我国婚内抚养费制度与现有实体法、程序法上的冲突，而无须重新建立一项与我国现行法律相去甚远的制度，成本小且效果明显，为目前较为可取的选择。

1. 统一司法实践

《民法典》第 1058 条的适用初衷是解决夫妻一方在离婚诉讼中提起婚内抚养费请求可能存在的“主体不适格”的问题。

夫妻一方可以在离婚诉讼中以《民法典》第 1058 条为请求权基础，子女也可以在抚养费诉讼中基于《民法典》第 1067 条第 1 款或者《婚姻家庭编解释（一）》第 43 条的规定请求未履行抚养义务的父母支付婚内抚养费。这样，既消除了部分法院对于主体的疑虑，避免了向其他理由的避让，也给予支持夫妻一方作为起诉主体的法院以充分的法律依据。正如前文所言，允许夫妻一方作为婚内抚养费的起诉主体，不仅统一了司法实践，避免了同案不同判的现象，维护了司法公信力；还使更多的司法案件进入法院的实质审查阶段，避免了法院因主体问题要求当事人的子女另行起诉，减少了当事人的诉累，节约了司法资源。

2. 明确区分“有抚养支出”与“履行抚养义务”

我国法院基本都认可：婚内抚养费获得支持的前提条件是非直接抚养一方在婚姻存续期间未履行抚养义务，但实践中部分法院并未准确理解“有抚养支出”与“履行抚养义务”之间的区别。

如在“姜某甲与薛某离婚纠纷案”[①] 中，法院认为：双方分居期间，被告也为婚生女支付了保姆费并购买了生活用品，不属于完全未尽抚养义务，故对原告主张的婚内抚养费不予支持；在“高某某与纪某离婚纠纷案”[②] 和“卿某甲与卿某乙抚养费纠纷案”[③] 中，法院则认为：夫妻分居后，“看望过孩子，给孩子买过东西”或者存在婴儿用品等花费，并不影响原告独自抚养孩子的事实，认定被告未支付过抚养费、未履行抚养义务；在“白某 1、姜某 1 与白某 2 抚养费纠纷案”[④] 中，经法院认定，“2015 年白某 1 生病住院后，白某 2 通过现金以及银行转账等形式支付了白某 1、姜某 1 的抚养费、医疗费等费用，白某 2 一直在履行对子女的抚养义务。白某 2 以其收益承担子女抚养费，没有拒绝履行抚养义务”。

在前述三则案例中，无论是“高某某与纪某离婚纠纷案”“卿某甲与卿某乙抚养费纠纷案”中法院对被告实际“未履行抚养义务”的认定，还是“白某 1、姜某 1 与白某 2 抚养费纠纷案”中法院对被告“履行了抚养义务”的认定，都正确认识到了“有抚养支出”与“履行了抚养义务”之间的区别。但在“姜某甲与薛某离婚纠纷案”中，被告虽然支付了两个月

---

① 姜某甲与薛某离婚纠纷案，浙江省宁波市江东区人民法院（2014）甬东民初字第 1866 号民事判决书。

② 高某某与纪某离婚纠纷案，一审：山东省东营市东营区人民法院（2015）东民初字第 916 号民事判决书；二审：山东省东营市中级人民法院（2016）鲁 05 民终 542 号民事判决书。

③ 卿某甲与卿某乙抚养费纠纷案，湖北省武汉市武昌区人民法院（2015）鄂武昌未民初字第 00034 号民事判决书。

④ 白某 1、姜某 1 与白某 2 抚养费纠纷案，江苏省东台市人民法院（2017）苏 0981 民初 2992 号民事判决书。

的保姆费用，也为孩子购买了儿童用品，却不能就此认为其履行了抚养义务。因为与收入大致相当的原告相比，被告显然负担了过轻的抚养义务。

司法实务中，之所以存在对“有抚养支出”和“履行抚养义务”的混淆，部分原因在于：根据《民法典》第 1067 条第 1 款和《婚姻家庭编解释（一）》第 43 条的规定，承担婚内抚养费的前提是“不履行抚养义务”，但仅从该表述来看，确实不容易区分二者。反观《民法典》第 1058 条的规定，条文所使用的“平等”“共同”等词汇，更加强调夫妻之间抚养义务的承担应当大致与自身负担能力相当。易言之，《民法典》第 1058 条的适用更有利于辨析相关概念，正确认识“有抚养支出”与“履行了抚养义务”的区别。

3. 合理分配双方举证责任

在司法实践中，各法院对于诉讼两造的举证责任分配有不同的理解。如“杜某 1 与黄某抚养费纠纷案”① 和“王淇某与王某抚养费纠纷案”② 等案件中，法院认为应当由原告举证证明被告未履行抚养义务；然而，在“赵某 1 与赵某 2 抚养费纠纷案”③ 和“冯某与李某甲离婚纠纷案”④ 等案件中，法院认为举证责任应当归属被告。尤其是在“吴某与李某甲离婚纠纷案”⑤ 中，二审法院明确指出，“一审法院在查明吴某 2011 年 2 月离家后到 2015 年 3 月起诉离婚前未尽抚养义务，李某乙由李某甲抚养的情况下，本可以推定该阶段李某乙的抚养费由李某甲承担……一审法院仍要求李某甲承担抚养费及具体数额的举证责任，系举证责任分配不当”。

如表 1 所示，在所有不支持婚内抚养费请求的诉讼中，“请求支付方

---

① 杜某 1 与黄某抚养费纠纷案，甘肃省兰州市城关区人民法院（2019）甘 0102 民初 617 号民事判决书。

② 王淇某与王某抚养费纠纷案，陕西省西安市雁塔区人民法院（2022）陕 0113 民初 11507 号民事判决书。

③ 赵某 1 与赵某 2 抚养费纠纷案，天津市南开区人民法院（2015）南民初字第 11255 号民事判决书。

④ 冯某与李某甲离婚纠纷案，山东省济南市中级人民法院（2015）济少民终字第 141 号民事判决书。

⑤ 吴某与李某甲离婚纠纷案，一审：广西壮族自治区临桂县人民法院（2015）临民初字第 489 号民事判决书；二审：广西壮族自治区桂林市中级人民法院（2015）桂市少民终字第 67 号民事判决书。

未举证”是仅次于“非适格主体”与“夫妻共同财产”的第三大理由。然而，“不履行抚养义务”属于消极事项，从证据角度讲，主张一方很难证明一件没有发生的事情，这也与逻辑学上“证有不证无”的规则相违背。但对于被主张一方而言，其只要提供转账证明、银行流水、消费记录等就可以证明或者证伪自己已经履行了抚养义务。显然，从举证难易程度出发，由后者举证更佳。

然而，我国《民事诉讼法》第68条第1款规定：“当事人对自己提出的主张应当及时提供证据。”结合《民法典》第1067条第1款和《婚姻家庭编解释（一）》第43条的规定，似乎应当由提出婚内抚养费主张的一方举证证明对方“不履行抚养义务”，无法实现由被主张一方举证的效果。

通过适用《民法典》第1058条，则更有利于法院合理分配举证责任。根据该条款，恰当的分配方式是：由直接抚养孩子的一方证明自己所履行的抚养义务，由对方举证证明自己与前者共同承担了该义务，或者证明存在共同行使的客观障碍①。如此，法院则不至于只能将“不履行抚养义务”的举证责任分配给提出该诉讼请求的一方。

4. 统一婚内抚养费的时间区间

我国司法实践中，各地法院并未就婚内抚养费的时间区间达成共识。如表2所示，在37个支持当事人婚内抚养费请求的案例中，有23个案例因涉及离婚后抚养费判决，法院将该区间设定为始于分居、终于离婚。剩余14个案例中，夫妻双方尚未离婚。其中，有10个案例，法院对已经发生的抚养费和尚未发生的抚养费均作出了判决；有3个案例，法院仅认可已经发生的抚养费；还有1个案例，法院判决的婚内抚养费区间自判决生效之日起。

**表2　婚内抚养费案件中法院认定的费用区间**

| 婚内抚养费区间 | 分居至离婚 | 过去+将来 | 过去 | 将来 |
|---|---|---|---|---|
| 案例数 | 23 | 10 | 3 | 1 |

① 薛宁兰、谢鸿飞主编：《民法典评注·婚姻家庭编》，中国法制出版社2020年版，第135页。

例如，在“温某1与温某2抚养费纠纷案”[①] 和“徐某1与徐某2抚养费纠纷案”[②] 中，法院判决被告向原告支付自夫妻分居时至双方婚姻关系解除之日或双方和好并共同生活之日的抚养费；在“赵某1与赵某2抚养费纠纷案”[③] 和“汪某甲等诉汪某丙抚养费纠纷案”[④] 中，法院认为原告所主张的今后的抚养费，因抚养权属尚未确定，待实际发生后再另行主张，因此仅判决被告承担自夫妻分居至判决之日的抚养费；在“贾某1与贾某2婚姻家庭纠纷案”[⑤] 中，二审法院将一审法院所判定的被告支付抚养费的区间由“自判决生效之日至独立生活之日”变更为“自判决生效之日至抚养权确定之日”，但仍然只针对将来可能发生的抚养费。

法院对于该问题的认识不统一，在一定程度上与法律规定有关。《民法典》第1067条第1款和《婚姻家庭编解释（一）》第43条中所使用的“不履行抚养义务”等表述，似乎确是对过去已经发生事实的总结。因为，只有根据已经发生的事实，才能够作出是否履行的判断。但是，这样的处理并不恰当，理由有二：其一，如果子女或者夫妻一方只能针对过去已经支付的教育或者生活支出向法院提起诉讼，就需要当事人每隔一段时间重复就相似的案件事实提起诉讼，既平添了当事人的诉累，又浪费了司法资源；其二，不利于子女利益的保护，在只能对过去已经支出的费用进行补偿的场合，给直接抚养子女的一方带来的经济压力是最大的，子女的生活和教育也最可能受到影响。

针对夫妻双方尚未离婚、一方请求对方支付婚内抚养费的案件，《民法典》第1058条的适用有助于法院统一认识。首先，与《民法典》第

---

① 温某1与温某2抚养费纠纷案，湖北省武汉市武昌区人民法院（2017）鄂0106民初8785号民事判决书。

② 徐某1与徐某2抚养费纠纷案，湖北省武汉市武昌区人民法院（2017）鄂0106民初6618号民事判决书。

③ 赵某1与赵某2抚养费纠纷案，天津市南开区人民法院（2015）南民初字第11255号民事判决书。

④ 汪某甲等诉汪某丙抚养费纠纷案，四川省万源市人民法院（2016）川1781民初48号民事判决书。

⑤ 贾某1与贾某2婚姻家庭纠纷案，一审：山西省太原市杏花岭区人民法院（2018）晋0107民初3409号民事判决书；二审：山西省太原市中级人民法院（2019）晋01民终1014号民事判决书。

1067 条第 1 款不同，第 1058 条只谈及夫妻双方需要共同承担对未成年子女的抚养义务，并不存在有关过去或者已发生事实的描述，而抚养义务的履行当然不仅要面向过去，也要面向将来；其次，正如前文所提到的，《民法典》第 1085 条第 1 款常被作为法院在离婚诉讼中支持当事人离婚后抚养费的法律依据，而二者之间表述上的相似性，更加为“婚内抚养费的区间应当包括将来”提供了正当化理由。

## 四、结语

“主体不适格”作为法院驳回当事人婚内抚养费之诉讼请求的第一大理由，也成为司法实务中婚内抚养费领域最为突出的现实问题。为了解决这一问题，本文分析了由父母担任起诉主体的必要性和可行性，同时指出《民法典》第 1067 条第 1 款和《婚姻家庭编解释（一）》第 43 条无法充当其法律依据的限制，由此引入《民法典》第 1058 条作为夫妻一方在离婚诉讼中要求对方支付婚内抚养费的请求权基础。

《民法典》的颁布以及第 1058 条作为新增法条为此举提供了契机。此外，在法理上，该条可以理解为不当得利返还请求权在夫妻离婚场合下的特别规定，还强调了夫妻之间对于抚养义务的共同承担，描述的是夫妻内部就抚育孩子所产生的权利义务关系，当一方承担了全部抚养义务后，具有向另外一方追偿的权利；在司法实务中，无论是与法院以往判决理由的对接，还是与《民法典》第 1085 条第 1 款作为离婚后抚养费法律依据的类比适用，司法实践中的积累与法官共识的高度一致都为《民法典》第 1058 条的适用提供了友好的司法适用环境。

因此，《民法典》第 1058 条的适用，能够为夫妻一方作为婚内抚养费起诉主体提供充分的法律依据，统一了司法实践，避免了同案不同判的现象，维护了司法公信力；还有助于法院区分“有抚养支出”与“履行了抚养义务”之间的差异、合理分配诉讼两造的举证责任、统一婚内抚养费的时间区间，帮助法院对婚内抚养费有关问题形成正确、全面的认识。

诚然，《民法典》第 1058 条的适用也许无法解决我国婚内抚养费制度存在的所有问题，但本文旨在提供一种解决思路，以供参考，也接受批评。

# 司法实践视角下的家务劳动补偿制度研究

蒋明昊*

**摘　要**　我国《民法典》对家务劳动补偿制度（也称离婚经济补偿制度）的修订回应了社会发展实际情况，拓宽了该条款的适用范围。自此，在夫妻共同财产制中亦能适用家务劳动补偿制度对弱势方予以保护。本文即在此背景下，从实证角度进行大数据分析——以《民法典》第1088条为检索对象，统计了共计137例有效样本，并据此对该制度的司法适用状况展开探讨；结合对家务劳动补偿制度本身的理论分析，探究了为何要适用家务劳动补偿制度和该制度补偿对象的问题；最终在此基础上回应司法中存在的困境并提出建议。

**关键词**　离婚经济补偿　家务劳动贡献　适用条件　救济方式　司法实践

## 一、问题的提出

自2021年1月1日起施行的《民法典》对家务劳动补偿制度进行了修订，具体为第1088条“夫妻一方因抚育子女、照料老年人、协助另一方工作等负担较多义务的，离婚时有权向另一方请求补偿，另一方应当给

* 蒋明昊，扬州大学法律硕士研究生。

予补偿。具体办法由双方协议；协议不成的，由人民法院判决”。一改先前仅限于分别财产制的先决条件，而将家务劳动补偿制度适用范围扩大到所有的夫妻财产形式之中。对于先前该制度的效用，已有诸多学者从理论与实践等角度展开了翔实的研究，但在该法条被《民法典》“唤醒”后还鲜有讨论，而实践中随着“男子一年回两次家被诉离婚补偿10万”[①] 等新闻成为热点，家务的补偿问题在社会舆论中引起广泛讨论。

家务劳动补偿制度，又称离婚经济补偿制度、家庭劳动补偿制度，与《民法典》第1090条离婚经济帮助制度和第1091条离婚损害赔偿制度同属于我国的婚姻家庭体例中的离婚时（后）对夫妻双方财产分割的补充；而在他国立法框架内，也常表现为：对此类规定不采取法条上的区分，统一纳入离婚救济制度或离婚扶养制度以期取得保障离婚自由、平衡夫妻双方利益以及分担社会保障压力等功效。通说认为，该制度首次确立于我国法律中是在2001年《婚姻法》第40条，“夫妻书面约定婚姻关系存续期间所得的财产归各自所有，一方因抚育子女、照料老人、协助另一方工作等付出较多义务的，离婚时有权向另一方请求补偿，另一方应当予以补偿”。彼时该制度的适用范围还仅限于夫妻双方约定适用分别财产所有制的情形，而伴随着此次《民法典》的颁布，无论是分别财产制还是共同财产制，夫妻任意一方均可凭此条向另一方请求补偿。

家务劳动补偿制度是对家务劳动的承担这一社会现实问题的法律规制，对于家务劳动本身的讨论是不可避免的。

### （一）家务劳动的内涵与外延

对于何为家务劳动，不少学者从不同角度给出了自己的定义，如“家务劳动是指为维持家庭正常运转而进行的非生产性家庭日常事务劳动”[②]，通常表现为打扫卫生、洗衣收纳、照料饮食起居等；而活动对象则主要是夫妻关系中的另一方、双方的父母和共同养育的子女，因其不直接生产商

---

① 梁子珊：《女子“丧偶式”育儿身心俱疲起诉离婚！男方支付10万元补偿》，载南方都市报网2023年3月19日，https：//m. mp. oeeee. com/a/BAAFRD000020230319774202. html。

② 王利玲：《家务劳动补偿制度研究》，载《人民论坛》2016年第8期。

品，故具有非生产性。它是“为了维持家庭而进行的没有报酬、没有交换价值的无偿劳动，它既不是流动的货币，也不是固定资产，更不能生产出特定的商品，而是被限定在某种特定的关系（如血缘、婚姻）下的活动”。[①] 学者廖宇航则提出，“家务劳动是服务于家庭成员，且相对封闭地在家庭内部开展的生产活动……家庭成员享受家庭服务，获得效用满足感后，可以更好地投入市场劳动，赚取更多的收入”[②]，家务劳动因其内容的特殊性，虽无法在市场上流动，同样具有价值。

虽然学界对于家务劳动尚未产生统一、明确的定义，但可以大致看出其具有以下特点。其一，在场所上，家务劳动集中于家庭，且应当对家庭作广义上的理解，将其看作各家庭成员的延伸。这样的家庭不局限于本人或夫妻所有的住宅，即使是双方父母的住宅，双方工作的住所，未成年子女的宿舍、消费的超市，也可能是家务劳动所在的场所。其二，家务劳动的服务对象是家庭成员，也包括提供者本身，兼具利他性与利己性。其三，家务劳动是无偿的。从家庭角度看，不可否认的是，在如今社会分工不断细化的背景下，传统观念中的家务劳动正不断被分化与替代。不论是大量家电的使用——洗衣机、吸尘器、扫地机、洗碗机、烘干机……将人们从重复的家务劳动中解放出来；还是家政服务的兴起——月嫂、保洁员、上门厨师……都大大减轻了家务劳动者的负担。但即便如此，笔者认为，在现有的家庭模式下仍应当坚持家务劳动的无偿性，因其中凝结的情感投入仍然是机器和非家庭成员所无法替代的。基于同样的理由，从家务劳动者个人角度看，虽然正如本文探讨的《民法典》第 1088 条所承认的——家务劳动的固有价值应当在离婚时体现，但因该种价值从无形到有形的转变的不确定性，将家务劳动认定为无偿的是合适的。正是由于上述特征，家务劳动才具有基础性与不可替代性。

综合考虑家务劳动的内涵与外延，对于《民法典》第 1088 条中规定的前两项“抚育子女、照料老年人”毫无疑问属于家务劳动的范畴，而与之并列的“协助另一方工作”却超出了社会一般人对于家务劳动的认知范

---

① 黄春晓：《城市女性社会空间研究》，东南大学出版社 2008 年版，第 102 页。
② 廖宇航：《家务劳动价值的估算》，载《统计与决策》2018 年第 8 期。

畴，在我国学者的列举中亦未见[①]，《民法典》为何要作出这样的规定仍需要进一步讨论。

### （二）家务劳动的价值

家务劳动是无偿的，但并非无价值。正确评价家务劳动的价值有助于更好地认识家务劳动补偿制度，也能对补偿金额的衡量提供参考。

1. 积极价值

在积极价值上，早期我国有调查认为，“若把家务劳动转化为固定工资支付，每年为420亿人民币”。[②] 近来学者的研究也通过计算得出，“保守估计家务劳动潜在价值约占GDP的30%”，[③] 且与地域、当地工资收入、经济发展情况息息相关，总体表现为经济越发达，家务劳动的绝对价值越高，在GDP的占比中越低。如杭州市，其约占GDP的12.23%，“而其中大约71.15%家务劳动经济价值是由女性创造的，53%家务劳动经济价值是由农村居民创造的”[④]。而对于家庭，正是家务劳动使得整洁的房间、可口的饭菜、干净的衣物等成为可能；让家庭具备了温馨的氛围、放松的环境，给家庭成员提供了休憩的场所；也才能让工人、学生全身心地投入其本职工作、学习之中，从而为社会创造更大的价值。家务劳动的分工还是夫妻权衡经济效益后的结果，根据比较优势理论，能在社会劳动中赚取更多经济利润的一方（通常表现为男性）将更多的时间投入市场中去而减少了家务劳动的承担；在社会劳动中竞争力相对较小的（通常表现为女性）则反之，即形成了“男主外，女主内”的惯常家庭模式，从而在家庭支出降低的同时又提高了家庭收入。

2. 消极价值

家务劳动补偿制度更关心与积极价值相对应的由家务劳动承担者承受

---

① 参见吴燕华：《居民家务劳动时间经济价值研究——以杭州市为例》，载《吉林工商学院学报》2015年第3期。

② 国家统计局编：《中国统计摘要（1995）》，中国统计出版社1995年版，第34页。

③ 廖宇航：《家务劳动价值的估算》，载《统计与决策》2018年第8期。

④ 吴燕华：《居民家务劳动时间经济价值研究——以杭州市为例》，载《吉林工商学院学报》2015年第3期。

的消极价值。

首先，是机会成本的减损。在有限精力和时间的制约下，为了完成家务劳动，其承担者势必要在工作和家庭之间权衡，于是在劳动力市场上，他们就更倾向于选择那些对时间和精力需求更小的岗位或是在同样的岗位承担较小的工作量——这类岗位或工作常常又与相对较低的收入挂钩。面对机会成本，商事活动中的主体都会选择收益最高的活动，但在因夫妻双方感情而结成的婚姻家庭中，家务劳动的利他性推动家庭成员在职业规划时作出上述考量，这在夫妻一方承担较多家务劳动时体现得更为明显。

其次，是人力资本的减损通常也不可避免。人力资本在工作和学习中积累而成，通常表现为经验、学识、能力、技能等无形财产。在理想情形下，一名单身的男性或女性，其人力资本通常随着年龄的增长而不断正向发展，这也是一家公司愿意培养员工，为员工提供各项保障的原因。但是对于天然承担生育职责的女性而言，在此方面相对于男性无疑处于劣势。现代女性在迎来妇女解放运动、走出家庭的同时却遭受着职场的歧视，其根源也在此。抚育子女的职责本身就难以避免，更遑论照料老年人、协助另一方工作等繁杂的家务劳动。不仅如此，近年来由于社会普遍观念中对学历、技能要求的提高以及个人自身发展的需要，硕士、博士研究生的攻读热情逐年上涨，那么在读期间结婚或是婚后重回校园完成学业、参加考试的人数也变得极为可观，这一切也都离不开另一半的支持。相比之下，双方在人力资本上的差距变得越来越大。可以说，在家务劳动中承担较多义务的一方势必会付出更多的时间与精力弥补自身发展的缺失或是承受人力资本亏损的后果。牺牲工作、照顾家庭本是夫妻恩爱、相互扶持的体现，也是双方考虑彼此优劣之后对夫妻协作模式的自由决定，符合比较优势理论①，一方得以将重心放在劳动力市场之中谋求职业发展为家庭增加共同财富，另一方则倾向于承担更多家务劳动为配偶和下一代提供更多支持，也节省了其他人力资源的开支，符合家庭整体利益，却割裂了双方的经济地位，导致财富差距不断扩大。

---

① 王玮玲：《基于性别的家庭内部分工研究》，载《重庆大学学报（社会科学版）》2016年第5期。

在夫妻一方掌握家庭主要财富来源，另一方机会成本和人力资本都在不断限缩的境遇下，婚内家庭地位的平等便难以得到保证，更不必说弱势方离婚的自由了。诚然，在理想情况下，当离婚这一法律事实发生时，借由我国法律规定的一般财产模式，夫妻一方只要未对双方财产关系作出特别规定，就能够依照夫妻共同财产制度对婚内财产进行分割，弱势方也能顺理成章地分走一半即使是强势方占比更多的家庭收入，但在实践中的常见情形往往是弱势方委曲求全进一步牺牲自己的家庭地位从而维系婚姻关系。即使抛开夫妻共同财产制度下责任财产不足、一方转移财产、财产变现困难等弊端，因承担较多家务劳动而成为弱势方的当事人在财产分割完毕、双方婚姻关系解除后的生活质量却难以得到保障，其不仅面临坐吃山空的经济困境，人力资本和机会成本的亏损使其难以谋求一份与同龄同性收入相当的职业，若加上抚养子女的义务则同时承担了三份压力；相比之下，婚内的强势方因其人力资本的投入，在收入上的影响要小得多。形式上的公平造成了实质的不公，婚姻模式选择的自由产生了离婚选择的不自由，而正是面对夫妻共同财产制度难以解决的困难，我国婚姻法体系中才增设了家务劳动补偿制度。

### （三）家务劳动补偿制度的理论架构

为何要设立家务劳动补偿制度和家务劳动制度究竟补偿了什么，是回应家务劳动补偿制度司法困境难题的前置问题。

首先，生存权和发展权早已成为当今世界公认人权内涵的一部分，国家有义务保证其公民基本人权的实现并在此基础上为延伸出的其他权利服务。当下，我国的生存权建设已经较为完备，但发展权的保障道路仍十分漫长。其原因在笔者看来首先是生存权的定义较为封闭，通常表现为基本生活水平。《世界人权宣言》第 25 条第 1 款规定："人人有权享受为维持他本人和家属的健康和福利所需的生活水准，包括食物、衣着、住房、医疗和必要的社会服务；在遭到失业、疾病、残废、守寡、衰老或在其他不能控制的情况下丧失谋生能力时，有权享受保障。"生存权是更为基础的权利，往往在满足生存权的基础上才有享有发展权的可能，然而发展权的定义是开放性的，不仅关系提高自身认知水平和参与劳动从而创造价值，也与政治经济社会文化的参与息息相关，国家理应为公民谋求这类发展尽可能地创造前提，但必须承认的现实是，在目前的经济发展水平下还难以实现。对此，家庭作为社会中最为基础的结合形式就得以依靠。中国不仅有家本位的传统思想，也有家庭成员相互帮扶的现实需求——即使是瑞士、美国、法国、英国等发达国家也有同样的需求，这从相较中国更为详细的婚后帮扶制度中便可窥见。不妨假设，男女双方未结婚或在结婚后约定保持独立的生活状态，相较于他们婚后采取一方主要从事外出工作，另一方主要从事家务劳动的经济模式，很难说该家务劳动承担者在前假设情形中定会取得非凡卓越的成就，但相较于后者发展空间大大提升了是不可否认的。换个角度说，在婚姻相处模式的选择中一方丧失了本拥有的发展权，那么在离婚时的补偿也就是理所应当的。

其次，从功利角度来看，婚姻也可视为一种财产关系的选择，基于公平和自由原则，男女二人约定成为配偶并获得法律上的认可。夫妻双方在婚姻的过程中共同创造财富、分享收入的同时也需要共同承担不利后果，诚如结婚誓词中所说，“无论贫穷与富有，不论祸福、贵贱、疾病还是健康”都离不开彼此。但随着封建离婚制度的解体，离婚观念与制度的更新，尤其是离婚破裂主义的盛行，如林秀雄先生所说，“此抽象的破裂主义之采用，不仅超越了法系，也超越了社会体制。亦即不分大陆法系或英美法系，亦不问资本主义国家或社会主义国家，均有采用。可知抽象的破裂主义之离婚原因，已具有世界法之性质。”① 在离婚普遍的背景下，就应当对婚姻的不利后果进行扩大化解释，将其包含至离婚之后。诚如上文中家务劳动的消极价值中所述，家务劳动承担者的人力资本和机会成本在有限精力和时间的制约下发生不可避免的减损。此外，若以契约的视角来看待婚姻关系，就应当认可夫妻在缔结婚约时都对双方未来生活产生了美好的预期——对其有优于当前生活状况的合理期待（这种合理期待不仅限于物质层面），那么在离婚即当事人“违约”导致继续履行不能时，就应当承担包括赔偿预期利益在内的违约责任。家事法身兼财产法与身份法的属性，虽不应当照搬《民法典》第566条，但法律若允许一方当事人在“违

---

① 林秀雄：《婚姻家庭法之研究》，中国政法大学出版社2001年版，第64页。

约”时获利，恐怕也难以符合民众对公平的期待。如果家庭分工的益处在婚内由夫妻双方共享而龃龉却在离婚后由其中一方独自承担，既没有保证离婚的自由也难以言及公平正义，此时采取家务劳动补偿制度就可以起到救济的作用。在离婚时采取该制度从短期来看似乎在利益分配上失衡，有违背民事法律在赔偿问题上的填平原则的嫌疑，但从离婚后双方长期发展看却向公平和自由更近一步。

最后，男女平等事业已经取得长足进步，但不得不承认距离实质意义上的平等仍较远，离婚家庭补偿制度是对婚姻关系中弱者的帮扶，显然在当下，该制度对男女平等也有重大意义。根据社会分工理论，男女自身发展的特性决定了其在社会中所从事的职业与身份，暂且不论两性在社会中的地位是否平等（该问题已远远超出了家务劳动补偿制度所能解决的范畴，即使认为在社会层面若能实现真正意义上的两性平等则对家务劳动这一命题有极大的推动作用，在此也按下不表）。在当下的家庭结构中，配偶双方在家庭中地位的平等是我们应当坚持的，即使出现家庭分工。家务劳动的不公分配通常有两种情形（笔者假定承担更多的家务劳动的一方为女性，以便说明），一是女性作为全职主妇承担绝大多数家务劳动，二是夫妻采取“双职工”的工作模式：双方分担家务但是女性承担大多数。后者在中国则更具有现实意义，女性在迎来自身解放、走出家门成为社会劳动力的一分子而参与其中后，其承担的家务劳动职责却在中国传统家庭观念下未见减少，反而导致这类女性较之以往负担了更重的社会压力，甚至在夫妻共同财产制度下，这部分的劳动价值被掩盖了。2001 年《婚姻法》将家务劳动补偿制度仅限于分别财产制的错误便来源于此，“在当时的社会背景下对家务劳动的理解局限于家务劳动的社会化，忽略了夫妻因人力资本投资方向不同导致的女性在退出特定婚姻关系后谋生能力下降等深层次问题”①。这也就能够回答家务劳动补偿制度补偿的内容是什么这一议题了。

显然，家务劳动补偿制度因“抚育子女、照料老年人、协助另一方工作”等义务而起，但补偿的缘由却并非家务劳动本身。家务劳动本身的价

① 孙若军：《离婚救济制度立法研究》，载《法学家》2018 年第 6 期。

值早已在夫妻共同财产制中得到认可，即使在分别财产制中仅凭《婚姻法》第 40 条而无须《民法典》的修改便可对家务劳动者予以补偿。坚持该制度是对家务劳动本身的补偿是对立法目的的错误理解，也会导致在法的实施时出现偏差。笔者坚持认为，家务劳动补偿制度是对人力资本和机会成本折损的弥补，是对夫妻在缔结婚约时所期待的信赖利益的回应，是帮助经济弱势一方自立、重返社会从而勇敢结束当前婚姻关系的保证。

## 二、实践视角下的家务劳动补偿制度

受制于 2001 年《婚姻法》第 40 条对家务劳动补偿制度在立法层面的限制——仅允许夫妻双方书面约定适用分别财产制的情形下方可适用，该制度在实践中长期陷入“低适用、低救济、低功效”[①] 的司法困境之中。在一份对北京、上海、哈尔滨三个城市 2008 年审结的离婚案卷的抽样调查中，“夫妻财产制主要是婚后所得共同制，占案件总数的 90% 以上，分别财产制低于 10%”。[②] 中国传统婚恋观念中，夫妻相伴、合为一家、携手到老一直保持着主流思想的地位，根植于背后的同居共财的财产模式更是成为绝大多数家庭的选择，家务劳动补偿制度也就失去了适用的余地。得益于《民法典》的制定，夫妻共同财产制度也纳入家务劳动补偿制度的救济范围。基于此，本文将实证研究的目光聚焦于《民法典》施行后，在夫妻一方提出家务劳动补偿制度之后的司法判决情况。

### （一）样本的选取与处理

以下数据分析样本来源于小包公法律实证分析平台[③]，数据来源为中国裁判文书网公布的裁判文书。截至 2023 年 9 月，该平台共有司法案例 1.425 亿个。在选取上，笔者以“《中华人民共和国民法典》第一千零八十八条”为关键词在裁判书全文（包括当事人主动提及，法院意见，裁判结果和司法审判中三方所引用的法条）中进行检索且将案由限定在婚约财

---

① 王歌雅：《离婚救济的实践隐忧与功能建构》，载《法学杂志》2014 年第 10 期。

② 王歌雅：《家务贡献补偿：适用冲突与制度反思》，载《求是学刊》2011 年第 5 期。

③ 参见小包公网，https：//www. xiaobaogong. com/fanwen/analysis. html，访问日期：2023 年 9 月 15 日。

产纠纷、婚内夫妻财产分割纠纷、离婚纠纷、离婚后财产纠纷、离婚后损害责任纠纷、婚姻无效纠纷、撤销婚姻纠纷、夫妻财产约定纠纷、同居关系纠纷、抚养纠纷、扶养纠纷、赡养纠纷、分家析产纠纷之中，对审理程序和审级不限，共计检索到案件 155 例，删去与家务劳动补偿制度无关的案件后剩余 137 例。在处理上，采取对裁判文书中关键词段标注的方法，将上述案例以"省份"、"一审原告性别"、"是否判决给付家务劳动补偿金"、"给付或不给付家务劳动补偿金的判决理由"以及"家务劳动补偿金额范围"等标签划分，得到相关结果。

## （二）样本的统计与分析

### 1. 地域分布

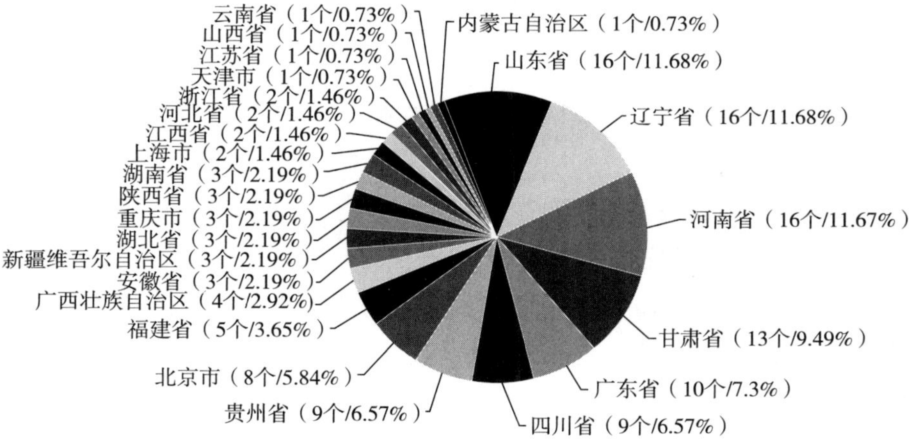


**图 1　案件地域分布**

案件地域分布如图 1 所示，即使是占比最高的山东省、辽宁省和河南省，也未见案件之间的关联。鉴于本文选取的基础样本数量较少，可以认为在家务劳动补偿制度的地域适用范围上基本呈均匀态势，婚姻家庭领域普法初见成效，社会大众对夫妻一方负担较多家务劳动的在离婚时应得到补偿这一法律观念普遍认知。

### 2. 一审原告性别比例

在一审原告性别问题上，2003 年一项对于离婚救济制度的实证调查研究显示，囿于 2001 年《婚姻法》对家务劳动补偿制度的前置要求以及实践中不足 5% 的分别财产制的适用率，在厦门近 400 件案件中仅有 1 例提出家务劳动补偿请求，其性别为女性[①]。2011 年的一项调查中，女性承担了绝大多数的家务劳动，也因此成为家务劳动补偿制度的绝对多数主体[②]。而对于本调查中 126 例一审案件，女性为原告的有 90 例，占比 71. 43%；男性为原告的则有 36 例，占 28. 57%。(见图 2) 显然，在提起主体人数增多的同时，男性对于女性的相对比例也在不断提升。

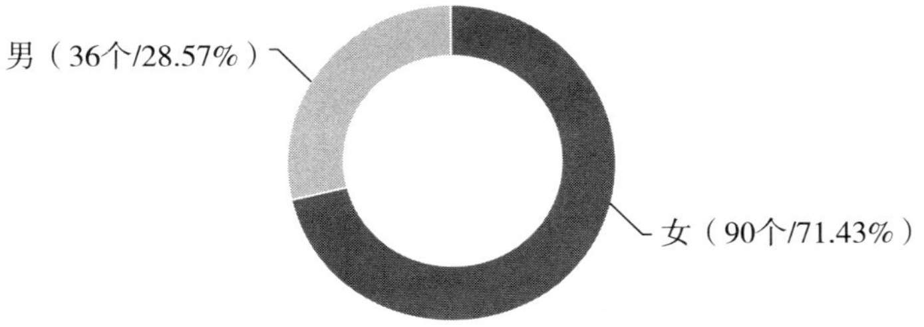


**图 2　一审原告性别比例**

3. 判决情形分布

在本次实证调查中，不乏夫妻双方在婚前约定特定事由导致离婚由一方向另一方补偿[③]或在协议离婚中约定补偿的[④]，因给付方拒不履行或未按照约定履行而被提起诉讼的情形。此种给付之诉虽可能同样经过法院判决，但其法理根据更多源自双方当事人意思自治而非法院对家务劳动补偿制度的适用——从金额上亦能得出此结论。因此，在讨论家务劳动补偿制度的判决时，将此类情形排除在外后得到图 3。首先，在当事人提起家务劳动补偿请求后，约六成案件都得到了支持。在 20 年前对厦门离婚案例的调查中，仅有的一例家务劳动补偿请求案件因双方未实行分别财产制而遭

① 参见夏吟兰：《离婚救济制度之实证研究》，载《政法论坛》2003 年第 6 期。
② 参见王歌雅：《离婚救济制度：实践与反思》，载《法学论坛》2011 年第 2 期。
③ 如山东省郯城县人民法院（2021）鲁 1322 民初 2271 号民事判决书。
④ 如天津市武清区人民法院（2021）津 0114 民初 633 号民事判决书。

驳回请求①。而在2010年前后，获得家务劳动补偿金的比例约占四成。②仅从比例这一维度来看，可以说我国的家务劳动补偿制度较之过往在适用范围上已经取得长足的进步，摆脱了“僵尸条款”尴尬境遇。

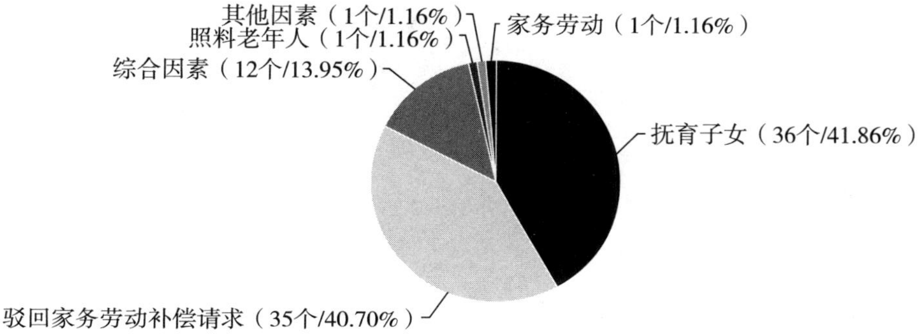


**图3　判决情形分布**

其次，《民法典》第1088条中规定的补偿事由有“抚育子女、照料老年人、协助另一方工作”以及兜底性质的“负担较多义务的”规定，但从司法判决实践中给付家务劳动补偿金的原因来看，“抚育子女”约七成的占比凸显其余各原因的式微，综合原因③固然存在，但“家务劳动”仅有一例且未见“协助另一方工作”这一现象是值得讨论的。（见图4）最后仍需强调的是，整体或者大数据上的进步并不意味着个案的正义已然实现，习近平总书记时常强调的“努力让人民群众在每一个司法案件中都感受到公平正义”才是婚姻家庭法治领域立法与司法努力的目标。

---

① 参见夏吟兰：《离婚救济制度之实证研究》，载《政法论坛》2003年第6期。

② 参见陈苇、何文骏：《我国离婚救济制度司法实践之实证调查研究——以重庆市某基层人民法院2010—2012年被抽样调查的离婚案件为对象》，载《河北法学》2014年第7期。

③ 常见于夫妻一方既承担了抚育子女又照顾老人的职责，如山东省烟台市中级人民法院（2023）鲁06民终122号民事判决书。

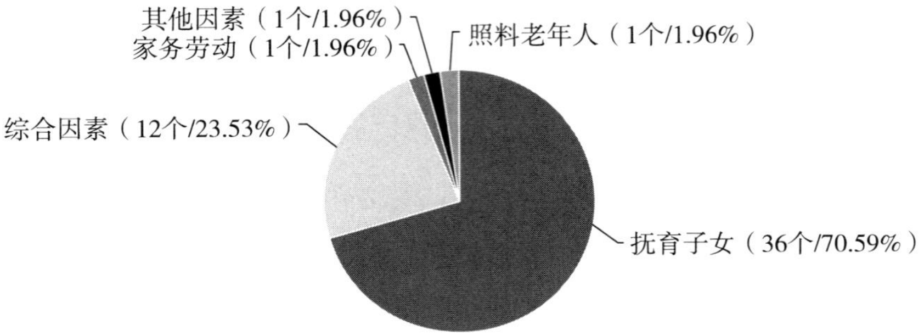


**图4　补偿事由占比**

4. 金额分布

在排除双方当事人合意的情形后，法院判决的家务劳动补偿金额以万元分组[①]（未见判决金额在40000元至50000元之间的案例；90000元以上的情形因分布过于分散，故合并），结果分布如图5所示。需要说明的是，由于司法实践中的惯常做法——将《民法典》婚姻家庭编中第1085条抚养费、第1087条夫妻财产的分割、第1088条家务劳动补偿、第1090条离婚经济帮助以及第1091条离婚损害赔偿共计五项财产分割制度针对案件的实际情形，选取其中数项"打包"后给出最终的判决结果，即使在论证部分对各条款分别阐述理由，也极少有判决能够在判决金额上作出区分。在本调查研究中金额最高的三例（300000元、100000元及100000元）[②]中仅有一例指出"抚养费分别自理……共同财产丰田牌轿车一辆归原告高某1所有；原告高某1一次性给付被告李某经济补偿100000元"[③]。故实际的家务劳动补偿金额是小于实际判决结果的。但仍可见经法院判决后得到的主流的金额数为10000－20000元、20000－30000元、30000－40000元，分别约占总样本数的20%、22%、22%。

① 0－10000元的含义为判决金额大于等于0元且小于10000元的案件，以此类推。

② 参见山东省莱阳市人民法院（2021）鲁0682民初3672号民事判决书；河南省兰考县人民法院（2021）豫0225民初1321号民事判决书；河南省商水县人民法院（2021）豫1623民初58号民事判决书。

③ 河南省商水县人民法院（2021）豫1623民初58号民事判决书。

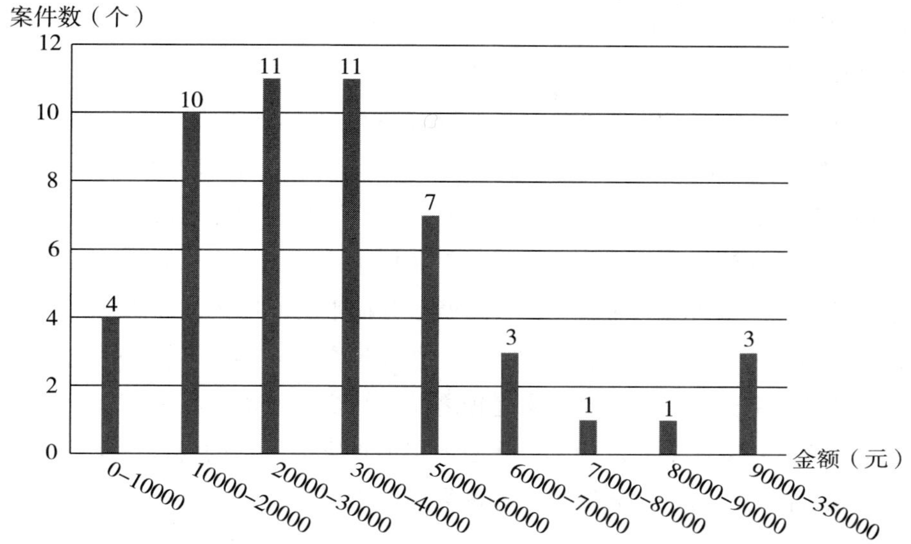


**图 5　补偿金额分布**

（三）家务劳动的承担现状

与家务劳动补偿制度适用情形相对应的是当今社会家务劳动承担现状。

在全球范围内的劳动力市场中，自 2009 年以来参与劳动的性别平等率就一直在缓慢下降，近年来的新冠疫情更是对该数据造成巨大的冲击。2022 年，男女平等率已经下降到 62.9%，为该数据有记载以来的最低值。即使是对于留在劳动岗位上的妇女而言，其失业率仍保持在高位上升。[①]经济下行带来的是更多女性被迫离开职场转而走入家庭，承担起照顾孩子、老人乃至辅助另一半工作的职责，在全球范围内的数据可以看出，女性只有相较于男性 60.3% 的劳动市场参与率；而在中国这一数据是 74.1%，排在世界第 37 位。[②] 尽管在 146 个受调查的国家和地区中排名靠前，但在中

① See Saadia Zahidi, ed., *Global Gender Gap Report 2022*, World Economic Forum, 2022, p. 6 – 7.

② See Saadia Zahidi, ed., *Global Gender Gap Report 2022*, World Economic Forum, 2022, p. 15.

国城镇家庭中，面对倒金字塔型人口结构所带来的照顾双方父母的重任和精英化的社会育儿理念，家务劳动问题在当今中国无疑是深刻的。

在国内的家务劳动时间分配上，从宏观上男女就仍然保持着巨大差距，“很多妇女在享受到因经济独立而带来的平等的喜悦之余，渐渐意识到自己在承担双重工作——社会的加上家庭的”。[①] 男女平等虽已作为一项基本国策写入法律，暂且不论其在工作职场中的效用，仅从在家庭领域一份近年的调查报告即可窥见：“居民家务劳动平均时间为 1 小时 26 分钟。其中，男性 45 分钟，女性 2 小时 6 分钟。”[②] 在中老年人承担了平均视角下最长的家务劳动时间，农村家庭较之城镇缺少家电的帮助的双重困境叠加下，农村中老年妇女成为整个社会承担最重家务劳动的群体，实践中她们往往也因不了解法律和缺少救济途径而成为最需要司法保护的群体。而从各个家庭这一微观层面来看，笔者身边由夫妻一方（尤其是妻子）承担大多数家务的情形也比比皆是，这既是社会潜移默化中男女不平等观念下的产物，也是无数个小家庭利益最大化的选择，甚至正如我国学者於嘉提到，如果一位女性违反了“男主外、女主内”的工作模式，“尤其是她的收入超过其丈夫时，她往往需要对这种违规进行弥补”。[③]

虽然家务劳动补偿制度是对家务劳动者（通常是一个家庭中的弱者）的保护，但也不得不承认，在当今社会，女性显然承担更多的家务，该制度也就顺理成章地成为男女平等原则的具象化表现。

综合调查结果论之，在地域分布与性别比例上，家务劳动补偿制度相较过往已经取得长足的进步，但判决给付家务劳动补偿金的理由畸轻畸重，不仅体现在是否给付层面，在判决给付内部也存在巨大差异。即使《婚姻法》第 40 条就将“协助另一方工作”单列作为补偿理由，可在司法实践中的单独适用却罕见，遑论与“抚育子女、照料老人”相比，常常是作为其他理由的附属，成为法院适用《民法典》第 1088 条的依据。由于

---

① 蔡淑燕、徐慧清：《女性与家务劳动研究初探——兼评〈婚姻法〉第 40 条的立法不足》，载《中华女子学院学报》2003 年第 6 期。

② 《2018 年全国时间利用调查公报》，载中央人民政府网 2019 年 1 月 25 日，https：//www. gov. cn/xinwen/2019 –01/25/content –5361065. htm。

③ 於嘉：《性别观念、现代化与女性的家务劳动时间》，载《社会》2014 年第 2 期。

我国法律未规定该金额计算的参考标准，即使是家务劳动承担差距有愈演愈烈之势，在实践中法官也常一手看着该地区总体经济发展情形，如人均生产总值、人均可支配收入等，一手看着夫妻间在离婚时财产分配的结果，在财产分割这堵墙壁由于离婚建成完毕时，运用家务劳动补偿制度对其“小修小补”，意图达到形式上的公平，而忽视了该制度的独立性及自身价值。

## 三、家务劳动补偿制度的司法问题与建议

通过对司法现状的认识与家务劳动补偿制度的了解后，笔者从理论角度对实践中存在的问题进行剖析并给出建议。

### （一）权利义务主体扩大化倾向

家务劳动补偿制度的权利主体仍应当限制在合法的夫妻关系之中，对于提出给付请求的主体和可能承担给付责任的主体皆是如此。近年来，有学者将给付主体扩张到配偶一方的父母①或同居关系中的双方，在司法实践中亦有此类情形②。法谚有云，“法律不理琐碎之事”，也不是每一种社会关系都要求法律来调整。老人对子女及晚辈的家务劳动通常为一种道德行为，大多为自发的，来源于老年人帮扶、照顾其子女和家庭的心理，也暗含老年人在退休生活中对子女的需要，无须上升至法律层面，况且若通过家务劳动补偿制度予以调整，不仅证明责任难以落到实处，其金额也无法衡量——因为老年人很难言及其人力资本和机会成本的缩减，有违立法目的。对于老年人的退休生活而言，亟待解决的也不应当是参与劳动却无报酬的问题，在家务劳动制度中适用只会恶化原本家庭关系。即使需要对这类行为进行规范，也应当如同“看望老人”被纳入《老年人权益保障法》中以非强行法的形式出现。同居是否适用家务劳动补偿这一问题，笔者也认为在现行家务劳动补偿制度适用妥帖完善之前，不宜对权利主体进行扩大化处理。从《民法典》婚姻家庭编来看，其内容都在合法的夫妻框

① 参见王利玲：《家务劳动补偿制度研究》，载《人民论坛》2016 年第 8 期。
② 如四川省资阳市雁江区人民法院（2021）川 2002 民初 1409 号民事判决书。

架内，而对同居关系仅有第 1054 条原则性的规定。从法理角度看，对不稳定的社会关系，法律的保护不应当上升到保护稳定社会关系的高度，相反应当在其回到正轨的道路上起到积极引导作用。短期的同居关系，难以产生家务劳动倾斜于一方的情形；而对于长期的同居关系，则可以通过不当得利之途径解决。

### （二）补偿金额标准缺失

家务劳动补偿制度要求一方承担较多义务，在程度上可以从时间和强度上考量，也应当注意法条列举出的三项“抚育子女、照料老年人、协助另一方工作”之间的协调性，并非一般、简单性的“抚育子女、照料老年人”而是要求达到“协助另一方工作”的程度。基于双方尤其是家务劳动补偿金提起方的人力资本和机会成本衡量，重点关注该弱势方在学历、职业和技能方面的缺失，婚前职业和受教育程度，地区生活水平、婚内生活状况以及婚姻持续时间等因素。对于强势方而言，离婚后的预计收入，当前从事职业及受教育程度尤其是收入在婚内提升程度（该收入应当被认定为夫妻关系正常情形下的预期收入）以及家务的参与度则是重点关注的层面。对此，笔者建议在家务劳动补偿制度中以法律解释或指导性案例的方式引入“无形财产”的概念，这并不涉及对如今第 1088 条的修改，而是对“协助另一方工作”具体化表达。从理论层面认识到在社会分工细化，大多数职业都需要有证书或是职称来评定某人的工作能力，相应地具备该证书或是职称的个人也能在经济市场上具有更高的价值，考取高层次学历亦有同样的效果，这可以被认定为是对自身未来的投资，是一种无形财产。在婚姻家庭编的个人与共同财产中已经承认了知识产权的经济价值，那么在家务劳动补偿制度中同样应当作出如上认可。在双方婚姻关系存续期间，若一方当事人在另一方考取证书或职称时承担了更多的家庭义务，那么就应当根据公平原则，在司法过程中将该部分纳入其中进行计算，最终帮助弱势方培养重返社会、投身工作的能力以及完成从上一段失败婚姻到单身生活的过渡，以较少涉及家务劳动的物质性利益为宜。当弱势方处于离婚后新感情的恋爱交往过程中，仍需要以上述标准对生活状况进行考量，也应当允许双方当事人对该金额进行变动，但为了使曾经的夫妻都能尽快开展新的生活也为符合双方当事人的预期，调整后的金额以不超过原判决金额为宜。

在法院适用该法条对双方利益进行权衡时，也应当在判决书中明确说明根据《民法典》第 1088 条这一项判处的金额，避免与共同财产分割制度、离婚损害补偿制度、离婚经济帮助制度等的混淆，从而明晰法条适用情形，也为未来该判决金额的执行与调整提供空间。

### （三）行权方式与时间限制

以我国《民法典》第 1088 条之规定，对家务劳动补偿的提起应当在离婚时，可以先采取双方协议的形式，在协议不成时，再由法官裁判。考虑到家务劳动补偿制度在国内的认知情况，在时间上应当对权利予以宽限至 12 个月为宜，但是离婚时书面承诺放弃该权利的，应当出于对双方当事人意思自治的尊重予以认可，不再允许其中任意一方当事人提起。至于是否允许当事人通过婚前协议排除，笔者也持支持的看法——既然分别财产制能够在夫妻双方同意的情形下适用，那么也应当允许对家务劳动制度的排除。在行权方式的问题上，此类对于财产分割的合同应当要求要式，并交由法官审查以保证其合法性，但鉴于我国基层法院审理的压力以及我国并未设置家庭法院，若能在基层建立起成体系的家事调解机构，对于家务劳动补偿制度进行形式上的审查也未尝不可；若双方对此类合同有异议或者财产状况发生变化再交由法院进行实质审查，并在此处衔接一年的行权期限可以起到提高效率之功效。

### （四）给付方式单一

在笔者检索范围内的 137 份文书，经法院判决适用家务劳动补偿制度的案件，支付金额从 3000 元至 30 万元，无一例外地对家务劳动补偿都是在离婚时一次性给付，这实际上是一种机械的法条运用，《民法典》第 1088 条并未规定补偿的形式，在实际中亦存在双方协议分期给付家务劳动补偿金的情形。那么如前文所述，家务劳动补偿制度作为一种对弱势方的救济手段，应当积极鼓励法院根据当事人情况进行适用。在内容上，将货币、动产、不动产及有价证券均纳入其中，在形式上则采取一次性支付和分期支付并行的办法。各类资产作为当事人财产的组成部分，在替代货币进行给付的过程中并不存在障碍，因为法院在判决时必然会对当事人财产进行梳理，多种内容的支付方式还是对当事人更为有力的保障；既可以转让所有权，变卖分割，亦可以对收益进行分红，尤其是后者对不动产和有价证券的适用起到类似于分期支付的作用。实践中通行的一次性支付固然有自身优势，主要体现在双方经由该判决“一别两宽”，日后不易产生感情上的纠结。而相较于一次性支付，分期支付的好处在于不仅减轻了债务人一方的支付压力，亦是对债权人走出困境的长期帮助，在实践中可能遇到的执行困难等问题也可以通过现行民事诉讼法中诸如执行担保等方式解决。至于终身给付和居住权的设立，考虑到其特殊性，在实践中的适用应当持谨慎保守态度，不适用或极少适用该方式。

## 四、结语

家务劳动补偿制度建立已有二十年，在我国《民法典》中尚属年轻，但该制度于夫妻离婚时对于家务劳动承担者一方在经济上的倾斜肯定了家务劳动在社会与家庭中的价值，维护了弱势方的离婚自由，保障了其离婚后生活质量，更体现了对公平正义的价值追求。应当认为，在《民法典》的体系下该制度已初步建立。但司法中对于该制度的适用仍然较为粗糙与僵硬，其背后的原因既有配套司法解释不足、指导性案例缺失，也有法院和当事人在理解上的偏颇。家务劳动补偿制度的发展需要理论针对当前社会现状不断调整和指导，从而明晰和细化该法条的适用，以期在司法中发挥目标功效。

# 《民法典》解释与适用之结婚登记程序瑕疵的法律规制

胡苷用　李　欣*

**摘　要**　结婚登记瑕疵是指当事人在申请结婚登记、婚姻登记机关在审查和颁发结婚证过程中所存在的违反法律、程序性法规导致婚姻关系认定出现争议的情形。结婚登记程序瑕疵问题是复合性的瑕疵问题，涉及民事权利义务和行政程序两个不同领域，具有民法与行政法、公法与私法相互交织的双重属性。对于此类纠纷，目前我国司法解释规定通过行政程序予以处理，这一规定看似合理，但在实际应用中却存在诸多问题。本文力求从根本上解决结婚登记瑕疵问题，主张以民事诉讼为路径选择，建立婚姻不成立之诉和结婚登记程序瑕疵补正制度，对处理结婚登记瑕疵婚姻纠纷提出相关建议，旨在通过构建多元化救济途径维护当事人的权益，维系婚姻关系的稳定和社会安定。

**关键词**　结婚登记　婚姻不成立　程序瑕疵　婚姻效力

2022年年初，江苏省“丰县铁链女生育八孩事件”引发公众高度关

* 胡苷用，西南政法大学民商法学院副教授，硕士研究生导师，法学博士；李欣，西南政法大学民商法学院2021级硕士研究生。

注。董某民为何能与被拐“铁链女”顺利缔结婚姻关系？根据丰县所发布的调查通报①，董某民为“铁链女”虚构身份信息并以该虚假身份信息申请登记，镇民政办工作人员按董某民提供的虚假信息违规办理了结婚登记，该登记存在严重的程序瑕疵，对于此类瑕疵登记婚姻的效力如何认定？此种违法登记又当通过何种途径予以规制？理论及其司法实务对此还未达成统一的认识。婚姻是没有血缘联系的男女双方，基于共同生活、生育子女的合意结成的一种社会关系，是众多社会关系的基础之一。婚姻关系成立的基础是符合法律规定的双方主体以及缔结婚约的意思表示，但是仅有上述两点并不能让婚姻关系获得法律层面的保护，尚需结婚登记这一形式要件。结婚登记既是对婚姻关系监管的需要，也是法律对婚姻关系当事人合法权益的有力保障。

在我国，婚姻关系的成立要求男女双方亲自前往婚姻登记机关，提交结婚申请，婚姻登记机关对符合条件的当事人办理结婚登记并发放结婚证，婚姻关系自领取结婚证时成立。但由于种种原因，结婚登记程序瑕疵所导致的案件层出不穷，冒名登记、虚假登记的现象仍旧存在，而司法实务对此类婚姻关系效力认定不一，降低了国家婚姻登记制度的公信力，也侵害了双方当事人的合法权益。

2011年8月9日所公布的《婚姻法司法解释（三）》对结婚登记瑕疵进行了规定，《婚姻家庭编解释（一）》第17条第2款延续了该规定，即“当事人以结婚登记程序存在瑕疵为由提起民事诉讼，主张撤销结婚登记的，告知其可以依法申请行政复议或者提起行政诉讼”。这一规定明确了结婚登记瑕疵婚姻纠纷以行政程序为唯一的救济路径，主要针对的是结婚登记当事人同结婚登记机关之间的登记行政行为，并未解决当事人之间所产生的财产纠纷、子女抚养等民法实务问题。

## 一、结婚登记程序瑕疵的类型表征

结婚登记瑕疵的主要类型有非本人亲自到场申请登记、当事人提交的

---

① 新华社“新华视点”记者：《“丰县生育八孩女子”事件调查》，载新华网2022年2月23日，http：//www. news. cn/politics/2022－02/23/c_ 1128408829. htm。

结婚登记材料存在瑕疵、婚姻登记机关越权等。

### （一）非本人亲自到场申请登记

我国《民法典》和《婚姻登记条例》均规定，双方当事人申请结婚登记的，应当共同到婚姻登记机关申请办理结婚登记。要求本人亲自到场，是婚姻自由原则在结婚登记中的表现。婚姻自由原则是欧洲资产阶级在反对封建的婚姻制度中所提出来的，具体内涵包括结婚自由与离婚自由，其中结婚自由又分为是否选择结婚的自由，选择与何人、在何时缔结婚姻关系的自由。要求当事人亲自到婚姻登记机关申请结婚登记，有利于婚姻登记机关审查双方当事人缔结婚姻关系是否处于意志自由状态，是否具有以夫妻名义共同生活的合意。在非本人亲自到场登记的情形中，根据当事人是否有缔结婚姻关系的合意分为：（1）一方当事人并不具有缔结婚姻的意愿而由对方或第三人代为申请登记结婚；（2）当事人自愿缔结婚姻但因其他原因本人无法申请登记，故委托他人代理。如在“郑某某诉乐清民政局结婚登记”一案中，张某某和胡某某在申请结婚登记时，因携带证件不齐全，后委托其弟胡加某携带所缺证件代为领取结婚证。①

### （二）当事人提交的结婚登记材料存在瑕疵

在办理结婚登记时，双方当事人须提供《婚姻登记条例》所规定的材料供婚姻登记机关审查，提供的材料包括身份证明、婚姻状况的证明及双方是否存在血缘关系的证明，② 我国港、澳、台人员和华侨还须提供护照等证明材料。根据材料所存在的具体瑕疵，此类型又分为使用虚假身份信息和冒用他人身份申请登记结婚两种。使用虚假身份信息主要包括一方或双方当事人伪造身份信息或变造身份信息，前者是指提供完全虚假的身份信息，后者是指在原有身份信息的基础上，改变某些信息，如不满法定婚

---

① 参见张和平、宗媛萱：《温州亿万富翁之妻上诉要求确认夫妻关系》，载中国法院网 2003 年 8 月 4 日，https：//www. chinacourt. org/article/detail/2003/08/id/73602. shtml。

② 《婚姻登记条例》第 5 条第 1 款规定：“办理结婚登记的内地居民应当出具下列证件和证明材料：（一）本人的户口簿、身份证；（二）本人无配偶以及与对方当事人没有直系血亲和三代以内旁系血亲关系的签字声明。”

龄的当事人修改自己的年龄，从而成功领取结婚证的情形。此类情形中重要身份信息的修改可能会造成实体瑕疵，从而导致婚姻关系无效或被人民法院撤销婚姻关系。在冒用他人身份信息进行结婚登记的情形中，涉及的不仅是实际去婚姻登记机关申请结婚登记的双方当事人，还包括身份信息被冒用的第三人。如司法案例中，第三人蓝某某冒用原告蒙某某的身份信息与李某某共同向河间市民政局申请登记结婚，原告直至自己办理结婚时才发现被冒名登记结婚的事实。[①] 该案中，蓝某某冒用蒙某某身份信息申请结婚登记，并与李某某共同生活的行为，致使李某某与蒙某某成立法律上的婚姻关系、与蓝某某成立事实上的婚姻关系，导致蒙某某的婚姻自由受到侵犯，甚至可能会造成第三人蒙某某重婚的法律后果。对于存在此类程序瑕疵的婚姻关系，需要对两个婚姻关系的法律效力分别进行认定。

### （三）行政机关越权

行政机关越权，是指婚姻登记机关对户口不在其管辖地的双方当事人办理结婚登记，或不具有办理结婚登记行政职权的机关为当事人办理结婚登记的行为。《婚姻登记条例》第 4 条规定，结婚登记应当由男女双方共同到一方当事人常住户口所在地的婚姻登记机关办理结婚登记。[②] 事实上，我国各地的婚姻登记机关办理结婚登记时适用统一的登记条件和法定程序，并不存在地域性差异，[③] 但为便于行政管理，我国一直禁止异地办理结婚登记。实践中，随着经济发展和人口迁移，许多外来务工人员为了方便办理，会选择在常住地申请结婚登记，而按照我国法律规定，异地婚姻登记机关并不具有地域管辖权，由此也造成实务中婚姻登记机关的管辖越权。实际上，强制要求外来务工人员回乡办理结婚登记会导致申请登记成

---

① 蒙某某诉河间市民政局婚姻登记案，河北省沧州市中级人民法院（2020）冀 09 行终 306 号行政裁定书。

② 《婚姻登记条例》第 4 条规定："内地居民结婚，男女双方应当共同到一方当事人常住户口所在地的婚姻登记机关办理结婚登记。中国公民同外国人在中国内地结婚的，内地居民同香港居民、澳门居民、台湾居民、华侨在中国内地结婚的，男女双方应当共同到内地居民常住户口所在地的婚姻登记机关办理结婚登记。"

③ 孙若军：《瑕疵结婚登记处理方式的体系化思考》，载《中华女子学院学报》2014 年第 6 期。

本过高，尤其在新冠疫情时期，出行可能面临着交通管制、长期隔离等不便，强制要求当事人必须在一方常住户口所在地登记结婚显然与行政行为应当便民高效的宗旨相悖。根据《婚姻登记条例》的规定，在我国只有婚姻登记机关有权为当事人办理结婚登记，具体机关为县级人民政府民政部门或者乡镇人民政府，[①] 其他行政机关并不具有办理结婚登记的职权。其他机关之所以错误为当事人颁发结婚证，既是因为当事人具有主观过错，存在对法律规定的疏忽，也是因为行政机关内部职权混乱。

### （四）婚姻登记机关未尽到法定职责

婚姻登记机关作为行政机关，应当严格按照法律规定履行职责；婚姻登记员作为具体办理结婚登记的工作人员，应当严格履行审查义务、遵守职业道德。实务中，某些基层民政部门，为节省开支，购买非法定机构所制作的结婚证并颁发给申请结婚登记的当事人，影响了婚姻关系的效力。[②] 如在“李某请求撤销户县所颁发的结婚证”一案中，[③] 户县人民政府虽为李、周二人依法颁发了结婚证，但该结婚证上并没有法律规定的婚姻登记印章，致使结婚登记存在程序瑕疵。此外，婚姻登记机关未尽到法定职责的情形，还包括结婚登记员不具有相应的工作资格、结婚证内容填写错误、登记员未尽到合理审查义务便颁发结婚证等情形。结婚登记程序瑕疵类型多样，这对立法者研究瑕疵婚姻诉讼路径、分析各种瑕疵所造成的婚姻关系的效力提出了更高的要求，如何处理此类婚姻纠纷还有待进一步探讨。

## 二、结婚登记程序瑕疵的规制困惑及其原因

对于结婚登记程序瑕疵，我国立法仅在司法解释中对其救济途径有所

---

① 《婚姻登记条例》第 2 条第 1 款规定：“内地居民办理婚姻登记的机关是县级人民政府民政部门或者乡（镇）人民政府，省、自治区、直辖市人民政府可以按照便民原则确定农村居民办理婚姻登记的具体机关。”

② 王礼仁：《“婚姻登记瑕疵”中的婚姻成立与不成立》，载《人民司法》2010 年第 11 期。

③ 李某诉户县民政局婚姻登记处结婚登记案，陕西省高级人民法院（2016）陕行申 290 号行政裁定书。

规定，而实务中对于该类纠纷仅以此条文无法得到妥善处理，这便造成结婚登记瑕疵面临着立法和司法实务的困境。

### （一）结婚登记程序瑕疵的困惑

#### 1. 结婚登记程序瑕疵的立法困惑

关于结婚登记程序瑕疵，1986年《婚姻登记办法》（已失效）第9条[①]将婚姻登记机关作为处理此类婚姻纠纷的管辖机关，并规定对于在申请结婚登记时弄虚作假的情形，该婚姻关系无效，由婚姻登记机关收回结婚证，同时概括性规定了对责任者的处罚。该条对婚姻关系效力的认定是否合理尚且不论，不可否认的是，该规定为如何处理登记瑕疵婚姻指明了路径。1994年《婚姻登记管理条例》（已失效）的颁布完善了上述规定。1994年《婚姻登记管理条例》分别在第25条[②]和第28条[③]对存在登记瑕疵的婚姻关系进行规定，赋予婚姻登记机关撤销结婚登记的权力，并延续《婚姻登记办法》对此类婚姻关系效力的认定，也即通过弄虚作假申请结婚登记的婚姻为无效婚姻；还规定了对违规行政人员的处分以及违法当事人的处罚，将《婚姻登记办法》的相关规定具体化，无疑是立法上的进步。2003年所实施的《婚姻登记条例》删除了作假骗取结婚登记应予撤销该具体行政行为并宣告婚姻关系无效的规定，标志着对无效婚姻的处理不再适用行政程序。根据该条例规定，婚姻登记机关不再有撤销瑕疵婚姻、主动对登记行为进行纠错的职权，仅对胁迫婚姻享有撤销权。此外，2021年《民法典》的实施取消了婚姻登记机关对胁迫婚姻的撤销权，自此婚姻登记机关不再具有处理涉及婚姻关系效力纠纷的职权。婚姻关系作为民事

---

① 《婚姻登记办法》第9条第2款规定："婚姻登记机关发现婚姻当事人有违反婚姻法的行为，或在登记时弄虚作假、骗取《结婚证》的，应宣布该项婚姻无效，收回已骗取的《结婚证》，并对责任者给予批评教育。触犯刑律的，由司法机关依法追究刑事责任。"

② 《婚姻登记管理条例》第25条规定："申请婚姻登记的当事人弄虚作假、骗取婚姻登记的，婚姻登记管理机关应当撤销婚姻登记，对结婚、复婚的当事人宣布其婚姻关系无效并收回结婚证，对离婚的当事人宣布其解除婚姻关系无效并收回离婚证，并对当事人处以200元以下的罚款。"

③ 《婚姻登记管理条例》第28条规定："违反本条例第十二条、第十八条的规定予以登记的，婚姻登记管理机关应当对婚姻登记管理人员给予行政处分或者撤销其婚姻登记管理员的资格；并对仍不符合婚姻登记条件的当事人撤销婚姻登记，收回婚姻登记证书。"

法律关系，对其是否属于无效婚姻或可撤销婚姻的认定统一由人民法院处理，标志着行政和司法程序的双轨制逐渐向司法单轨制转变，这也符合各个国家机关的职能定位。因此，在现行法律体系内，婚姻登记机关处理结婚登记瑕疵效力纠纷缺乏法律基础。[①]《婚姻登记条例》仅对结婚登记程序进行规定，却未对违反结婚登记程序后婚姻关系的法律效果进行规定，这导致实务中此类登记瑕疵纠纷一度无法得到妥善解决。直到2011年《婚姻法司法解释（三）》第1条[②]首次将程序瑕疵婚姻排除在无效婚姻法定情形之外，并明确规定此类婚姻关系不属于民事诉讼的范围，应当通过行政路径救济。这对解决结婚登记瑕疵纠纷具有重要意义，但该司法解释仅指出此类婚姻不属于无效婚姻，并未对该类婚姻效力具体应如何处理作出规定，仍是立法上的一个缺陷。

对此，民法典婚姻家庭编草案曾在第828条第4项中将“伪造、变造、冒用证件等方式骗取结婚登记”作为无效婚姻的情形之一，但在后续会议审议中又删去了该项规定。[③]《民法典婚姻家庭编解释（一）》第17条延续了《婚姻法司法解释（三）》的规定，也即在我国，针对结婚登记瑕疵，目前是以行政程序进行规制的，这一规定主要针对的是结婚登记当事人同婚姻登记机关之间的登记行政行为，并未解决婚姻关系双方当事人之间所产生的财产纠纷、子女抚养等民法实务问题，对于登记瑕疵婚姻的行为如何进行救济、效力如何认定，此规定并未给出完美的答复。

2. 结婚登记程序瑕疵的司法困惑

为进一步分析结婚登记瑕疵在审判实务中如何处理，笔者分别在“威科先行”和“北大法宝”法律数据库中，以《婚姻法司法解释（三）》颁布的次年为时间节点，以“婚姻登记程序”、“结婚”和“瑕疵”为关键词进行类案检索，排除重复案例和无效案例后，获得有效案例215件。

---

① 黄玲玲：《构建确立婚姻成立与不成立之诉的思考》，载《广播电视大学学报（哲学社会科学版）》2012年第2期。

② 《婚姻法司法解释（三）》第1条规定：“当事人以婚姻法第十条规定以外的情形申请宣告婚姻无效的，人民法院应当判决驳回当事人的申请。当事人以结婚登记程序存在瑕疵为由提起民事诉讼，主张撤销结婚登记的，告知其可以依法申请行政复议或者提起行政诉讼。”

③ 冉克平、曾佳：《民法典视野下婚姻登记瑕疵的困境及其路径选择》，载《河北法学》2020年第10期。

对 215 件有效案例进行可视化分析后得知，以民事诉讼途径处理的案件仅 51 件，76% 以上的案件是通过行政诉讼解决的。（见图 1）经搜索、总结发现，结婚登记程序瑕疵纠纷的司法裁判存在以下问题。

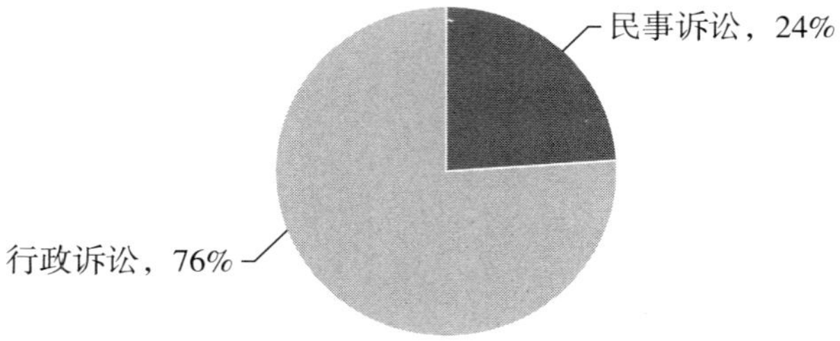


**图 1　裁判结果统计**

（1）行政诉讼与民事诉讼界限混淆不清。结婚登记属于具体行政行为，当具体行政行为违法时，人民法院当然有权依申请通过行政诉讼确认该行为无效或撤销该行为。然而经考察，在结婚登记程序瑕疵纠纷的行政诉讼案件中，人民法院往往不仅对结婚登记这一具体行政行为是否合法作出判决，通常还会以民事法律规范作为行政判决的依据，对当事人之间婚姻关系的效力等问题作出裁判，但婚姻关系属于民事法律关系，其撤销或宣告无效应当通过民事诉讼解决，在行政诉讼中认定婚姻关系显然缺乏法理基础。① 在林某与陆丰市民政局行政管理案②中，原告林某与第三人苏某之间的结婚登记是由他人代为申请的，不满足法律所规定的亲自申请结婚登记的要求，存在程序违法，法院在审判时以双方婚姻关系不具有《民法典》所规定的婚姻无效和可撤销事由，未违反结婚的实质性要件，且当事人之间具有长期共同生活的事实为由，驳回了原告撤销婚姻关系的诉求。该案中，法院在裁判说理部分大量引用民事法律规范及身份关系的特殊法理，显然已经超出行政诉讼的界限，混淆了行政诉讼与民事诉讼的关系。

（2）当事人诉请无法得到妥善解决。结婚登记程序瑕疵纠纷争议的标

---

① 孟令志、曹诗权、麻昌华：《婚姻家庭与继承法》，北京大学出版社 2012 年版，第 104－105 页。

② 林某诉陆丰市民政局及苏某民政行政管理案，广东省汕尾市中级人民法院（2021）粤 15 行终 2 号行政判决书。

的是双方当事人的婚姻关系及其婚姻效力，而不是婚姻登记机关的登记行为。登记行为是否违反法律只是用以主张婚姻关系是否成立及有效的依据，当事人最希望解决的是婚姻关系的效力问题，以及确认婚姻效力后双方之间的财产关系和人身关系。如在郑某某诉乐清市民政局一案中，[①] 郑某某以乐清市民政局为被告向人民法院提起行政诉讼，请求撤销张某某和胡某某的结婚证，其目的不是宣告张、胡二人的结婚登记存在程序违法，而是通过证明程序违法确认双方不存在婚姻关系，从而使张某某无法成为胡某某的第一顺位法定继承人继承近亿元的遗产。该案中，郑某某在法院受理张某某提起的民事诉讼后，提起了行政诉讼，使原本的民事诉讼不得不暂时中止，在行政诉讼二审终审后，其民事诉讼才继续进行，这无疑是对司法资源的浪费；司法不能第一时间解决当事人的诉求，亦造成当事人的诉累。

（3）案件在行政机关与法院之间来回周转，浪费司法资源。在所搜集的案例中，仅少数案件通过民事诉讼途径进行救济，通过民事途径救济的案件中，又有大多数案件被法院驳回起诉或者裁定不予受理。当事人在提起民事诉讼后，又不得已向行政机关申请处理或者再次提起行政诉讼，此后还面临着超过诉讼时效、被告不明确等诉讼风险，导致权利无法及时得到救济。在唐某与梁平县民政局等结婚登记行政纠纷案[②]中，原告唐某在2013 年便以行政机关为被告向法院提起了行政诉讼，请求撤销被告于 2007年所做出的结婚登记行政行为，却被法院以超过起诉期限为由裁定驳回起诉。此后原告又向被告申请撤销结婚登记，被告未予答复，原告在被告答复期届满后，以被告行政不作为为由向人民法院重新提起行政诉讼，才如愿撤销了具有登记瑕疵的婚姻关系。该案在法院和行政机关之间多次流转，原告的合法权益长期无法得到救济，极大地浪费了司法资源，也损害了司法公信力。

（4）婚姻登记机关通常为责任承担主体。无效行政行为是因行政机关

---

① 参见张和平、宗媛萱：《温州亿万富翁之妻上诉要求确认夫妻关系》，载中国法院网 2003 年 8 月 4 日，https：//www. chinacourt. org/article/detail/2003/08/id/73602. shtml。

② 唐某诉梁平县民政局等结婚登记行政纠纷案，重庆市第二中级人民法院（2015）渝二中法行终字第 283 号行政判决书。

行政行为违法而产生的法律后果，而非当事人违法的后果。因此，只有当婚姻登记机关存在重大、明显的严重违法行为时，才能构成无效行政行为。[①] 然而，实务中，法院在认定登记行为效力时，极少考虑婚姻登记机关是否尽到法定的形式审查义务，是否存在重大且明显的违法行为，因为在行政诉讼中，行政机关是天然的被告，仅能由行政机关作为责任承担主体，这也导致在登记程序瑕疵纠纷案中，即便是当事人的过错导致婚姻登记无效，其责任也由婚姻登记机关承担。

### （二）结婚登记程序瑕疵困惑之原因分析

目前，司法实务对瑕疵婚姻的处理仍处在救济途径不统一、判决结果不一致的阶段，究其原因，主要是现行立法规定不明确以及司法解释不合理，未能为司法机关和民事主体提供相应的指引。此外，司法工作人员未理解结婚登记制度本质，对结婚登记效力和婚姻效力产生混淆，也是导致上述问题产生的原因之一。

1. 立法规定不明确且不合理

关于存在结婚登记瑕疵的婚姻纠纷，司法解释仅规定了救济途径，即当事人对结婚登记程序存在瑕疵的婚姻可以依法申请行政复议或提起行政诉讼，但是未对该类婚姻的效力作出明确规定。简言之，在我国，人民法院对于存在登记瑕疵的婚姻没有专门的法律裁判依据，仅能根据现有立法中的规定进行自由裁量，这便导致相同的瑕疵事由在不同法院的裁判下有可能获得完全相反的判决，是同案不同判现象产生的原因之一。此外，现存的司法解释亦是不合理的，行政诉讼并不适宜解决瑕疵婚姻纠纷。行政诉讼解决的是行政机关和行政相对人之间因行政行为所产生的行政纠纷，其诉讼当事人恒定、举证责任倒置、诉讼时效相对较短等方面都体现着不同于民事诉讼的特点。行政诉讼仅适宜解决因行政机关过错所导致的纠纷，而登记瑕疵纠纷涉及的不仅是行政机关与行政相对人之间的行政关系，更是行政相对人之间的民事法律关系，因而司法解释所规定的行政诉

---

① 参见王礼仁：《“五次被结婚”行政诉讼案：硬伤法律为哪般！》，载法律图书馆2020年8月24日，http：//www. law - lib. com/lw/lw_ view. asp？ no = 32945。

讼路径并不合理。

2. 结婚登记制度的本质不明确

婚姻关系是身份关系，法律要求成立婚姻关系必须向婚姻登记机关申请结婚登记，本质上是为了保证结婚实体要件的具备。婚姻关系缔结的核心要素是双方当事人自愿达成缔结婚姻的合意，也即法律行为中的意思表示一致。该意思表示是否出于当事人自愿、是否真实，需要一定的程序来进行辅助判断，在我国则表现为要求结婚的双方当事人共同亲自前往民政部门申请结婚登记。由此可见，结婚合意是确认婚姻关系是否成立的最终要件，而登记程序仅是对合意的形式性审查和确认。[①] 因此，只有当登记程序瑕疵严重到影响判断当事人结婚合意的时候，才能认定婚姻关系不成立。对结婚登记本质的混淆导致司法裁判中以登记存在瑕疵为由，轻易对婚姻关系进行否定，动摇了婚姻家庭的稳定性。

3. 结婚登记效力和婚姻效力混淆

实务中存在较多在结婚登记行政诉讼案件中对婚姻关系的效力进行裁判的案件。结婚登记是婚姻登记机关基于当事人的申请所做出的具体行政行为，但婚姻效力纠纷是双方当事人即两个私主体之间的民事法律关系纠纷，结婚登记行为违法是因为欠缺婚姻的形式要件，而婚姻效力则是欠缺婚姻的实质要件，《民法典》以穷尽列举的方式规定了婚姻的无效事由和可撤销事由，登记瑕疵并不属于法律规定情形，因此应当将两者加以区别，只有违反了实质要件才能对婚姻关系的效力进行否认。行政诉讼的功能在于审查具体行政行为的合法性，也即在行政诉讼中只能确认结婚登记行为是否违反法律规定，不能以结婚登记的效力直接代替婚姻关系的效力，若因登记瑕疵而判决婚姻无效或者撤销婚姻关系，则是通过确认结婚登记违法而否认属于私法关系的婚姻关系的效力，这显然超越了行政诉讼的功能，造成司法裁判的混乱，同时也扩大了无效婚姻和可撤销婚姻的范围。

---

① 冉克平、曾佳：《民法典视野下婚姻登记瑕疵的困境及其路径选择》，载《河北法学》2020 年第 10 期。

## 三、结婚登记程序瑕疵规制之建构

现行法律及司法解释对程序瑕疵婚姻救济途径及其效力问题的规定并非尽善尽美，通过行政路径解决登记程序瑕疵婚姻并不具有合理性；一切涉及婚姻成立和效力的案件，都属于典型的民事案件，应当通过民事诉讼予以处理。而在民事诉讼中，设立婚姻不成立之诉，可以有效处理此类纠纷，从根本上解决瑕疵婚姻的救济困境。本文通过明确结婚登记的价值取向，完善事前立法和事后救济途径，力求最大限度避免登记瑕疵婚姻纠纷的出现，提出构建婚姻不成立之诉和结婚登记瑕疵补正制度的多元化救济路径，对已存在的瑕疵婚姻纠纷进行救济。

### （一）完善结婚登记制度

1. 推进结婚登记的跨省办理

立法扩大办理结婚登记的管辖地区，允许申请结婚的当事人在其经常居住地的婚姻登记机关办理结婚登记，也即结婚登记，既可以到一方户口所在地的婚姻登记机关办理，也可以到一方的经常居住地的婚姻登记机关办理。

2. 完善惩处制度

结婚登记程序瑕疵由当事人过错所导致的，应当区分当事人是否善意，若当事人恶意违反登记程序，骗取结婚登记，应当对其予以惩戒。根据我国目前的立法现状，对当事人违法行为的行政制裁应当适当加大力度，如增加罚款数额，同时对为当事人出具虚假身份证明的有关单位、直接责任人员予以行政处分。① 构成民事侵权的，如行为人冒用他人身份信息结婚登记侵犯了他人权益，应当依法判决当事人承担侵权责任；若违法行为构成犯罪，则行为人应依法承担刑事责任，接受刑事处罚。

---

① 参见贺丹清：《无效婚姻法律规范的冲突与协调——新〈婚姻法〉、〈婚姻登记条例〉以及最高法院相关解释的理解与适用》，载《河北法学》2008年第7期。

### （二）增设婚姻不成立之诉

根据《民法典》婚姻家庭编的规定，只有完成结婚登记程序的，婚姻关系才自始成立。登记是婚姻关系的成立要件，在结婚登记中所存在的程序违法等瑕疵所影响的是婚姻关系是否成立的问题，应当以婚姻不成立之诉来判断该瑕疵纠纷。婚姻不成立之诉是指人民法院依婚姻当事人或第三人的申请，根据《民法典》所规定的婚姻关系成立要件，确认婚姻关系是否成立之诉。人民法院通过审理查明，若结婚登记存在严重瑕疵，不符合婚姻成立要件，则应当依法确认该婚姻关系不成立；反之，若结婚登记瑕疵不影响婚姻关系成立，则依法确认婚姻关系成立。[①]

### （三）建立结婚登记瑕疵补正制度

对于存在登记瑕疵的婚姻纠纷应通过民事诉讼予以救济，但是并非所有的登记瑕疵婚姻纠纷都涉及婚姻的成立与生效问题，对于仅存在轻微程序瑕疵的结婚登记，基于婚姻家庭价值取向，不宜轻易否认，但是登记行为具有证明力，登记所存在的瑕疵与事实终归不符，必然会给婚姻当事人带来不便，且结婚登记具有对世性，对婚姻关系存在宣示作用。[②] 因此对于此类婚姻，虽无须通过婚姻不成立制度救济，但应当允许行政机关自行补正。同时，对于在诉讼过程中发现的可补正的瑕疵，也应当由行政机关进行补正。

## 四、结语

结婚登记程序作为婚姻关系成立的形式要件，是确保当事人婚姻自由、国家对婚姻进行监督和管理的必经程序。婚姻家庭是社会的基本单位，婚姻家庭的稳定影响的不仅仅是个人的生活幸福，更是整个社会的和谐发展。然而，自结婚登记制度设立以来，存在登记瑕疵的婚姻层出不

---

① 参见王礼仁：《应当适用婚姻成立与不成立之诉解决婚姻登记瑕疵纠纷》，载《人民司法》2009 年第 13 期。

② 参见孟令志、何银平：《婚姻登记瑕疵处理之审判实务研究》，载夏吟兰、龙翼飞主编：《家事法研究·2017 年卷》（总第 13 卷），社会科学文献出版社 2017 年版。

穷，结婚数年的婚姻面临着婚姻状态不明、多层婚姻、婚姻效力无法认定等问题。登记瑕疵婚姻让当事人陷入婚姻关系不稳定的漩涡，也为司法带来了困难。对比行政诉讼和民事诉讼在处理登记瑕疵婚姻时的优劣，笔者明确指出现行司法解释所规定的行政救济路径存在不合理之处，以民事诉讼解决此类纠纷具有其正当性，而通过民事诉讼解决瑕疵婚姻纠纷时，应首先明确婚姻成立不等同于婚姻生效，登记瑕疵所影响的是婚姻关系的成立，现行婚姻效力体系不适宜解决此类问题，设立婚姻不成立之诉是处理此类纠纷的正确途径。除设立婚姻不成立之诉以外，笔者还主张通过对存在轻微瑕疵的婚姻进行行政补正，力求构建多元化的救济途径，以期更好地解决司法实务中登记瑕疵婚姻所面临的困境。

# 《民法典》视野下离婚缓冲机制的评估与优化*

刘经靖　高　艳**

**摘　要**　离婚成本的降低和婚姻价值观的变迁导致中国当代离婚率持续过高增长，离婚冷静期作为缓冲机制实现了对登记离婚的降温，一定程度上消解了冲动离婚的负面影响。但该制度仍存在浅层性、孤立性和过于简陋等问题。适用范围上，诉讼离婚中冷静期的适用会造成制度的叠床架构，增加当事人讼累，因而应排除冷静期的适用。适用方式上，“一刀切”模式过于粗放，不同婚姻质量、家庭伦理、婚姻时段下，应据不同需求分层设计，以充分回应不同婚姻的冷静诉求。实施过程中，冷静期适用次数的限制，财产申报制度的建立，以及婚姻家庭辅导与调解机制、家事调查员制度的衔接，应在公私法协同配套下展开。另外，冷静期作为婚姻关系存续下的非常态期间，扶养、忠实义务等人身权益保障应继续维持。但“信赖关系瓦解”会对财产权产生一定影响，在财产制、夫妻债务、侵权赔偿、婚内强奸的认定及赔偿、夫妻相互继承权与遗产共有制度等层面，夫妻权利义务关系应产生相应变动，以免增加法律制度的衍生成本。

**关键词**　离婚冷静期　冲动离婚　登记离婚　诉讼离婚

---

*　本文为国家社会科学基金重大项目“社会主义核心价值观融入司法裁判的理论基础与实施对策研究”（项目号：19VHJ019）及上海财经大学研究生创新基金项目“《民法典》视野下离婚缓冲机制的评估与优化”（项目号：CXJJ－2023－346）的阶段性成果。

**　刘经靖，山东大学法学院（威海）教授，博士，主要研究民商法；高艳，上海财经大学法学院博士研究生，主要研究民商法。

经过较长时间的理论储备和实践探索，我国《民法典》第1077条确立了“离婚冷静期”制度，以立法的方式为登记离婚增加难度，改变了我国自2003年以来“即申即离”的离婚模式。但该机制一经推行还是引发了激烈的争论，支持者认为，离婚冷静期对防止轻率离婚、维护婚姻家庭稳定以及构建平等、和睦、文明的婚姻家庭关系具有重要价值。[①] 反对者认为，离婚冷静期以极少数人的婚姻问题强迫大多数人埋单，侵犯了公民的婚姻自由权，加剧了当事人在失败婚姻中的痛苦，还为当事人侵占共同财产、恶意制造共同债务、施暴威胁等行径提供实施空间。[②] 以上观点的分歧暴露出离婚冷静期制度仍存在浅层性、孤立性和简约性的缺点。该制度在实践过程中也产生了一些争论：冷静期是否侵犯了公民的离婚自由权？该制度是否具有必然的存在价值？发源于诉讼离婚试点中的冷静期，在登记离婚冷静期确立后是否还有适用的空间？不区分具体情形的统一适用是否会产生不利后果？如何突破“一刀切”模式构建弹性化适用？应当建立何种配套机制以推动冷静期有效实施？冷静期内的信赖关系与夫妻共同体本位的基本瓦解是否会引发夫妻权利义务关系的变动？……

新制度在实施与发展过程中，一味对其进行排斥或盲目推崇均非最佳选择。正视制度自身的价值，立足于当前的制度纰漏，平衡好离婚法律事实所涉及的家庭稳定、婚姻自由等价值冲突及具体举措中出现的相关问题才是当前的首要任务。本文基于以上问题，从制度的评估、完善与拓展入手，对冷静期在整个婚姻家庭结构中的体系定位、冷静期规范的弹性化适用、公私法协同配套、制度衍生效应带来的权利义务关系变化等方面进行探讨，以期完善离婚冷静期的制度设计、推动家事审判改革目标的实现。

## 一、制度评估：离婚冷静期制度存在的价值基础

对于离婚冷静期制度存在的合理性问题，以“婚姻神圣与婚姻持久”“婚姻私人性与婚姻公共性”“离婚自由与秩序价值”为导向的价值冲突成

---

① 参见姜大伟：《离婚冷静期：由经验到逻辑——〈民法典〉第1077条评析》，载《华侨大学学报（哲学社会科学版）》2020年第4期。

② 王姝：《人大代表蒋胜男：建议民法典草案删除“离婚冷静期”》，载新京报网2020年5月19日，https：//baijiahao. baidu. com/s？ id = 1667118395006954799&wfr = spider&for = pc。

为争议的主要来源。[①]“情感自由论”支持下的反对者多以离婚干预措施限制了离婚自由，忽视了婚姻中个体的自主性和主观感受而对冷静期进行非难。然此观点局限在个体权利与意思自治的框架下，并未充分认识到离婚冷静期内含的秩序价值、权利价值、自由价值。[②]冷静期通过延长婚姻修复期，能够起到维持婚姻稳定与社会秩序的作用。从私主体角度考虑，“延迟离婚”可以促使双方冷静思考、保障弱势一方及老年人和未成年子女的权利。即使从自由角度出发，不加限制地保护“非理性人”所作的协议也非真正的意思自治和真正的自由保障。卢梭曾言：“人生而自由，却无往不在枷锁之中”[③]，个人自由还应与社会责任相协调。为避免超社会负荷的离婚率，自由理应在合理程度内限缩。因此，离婚冷静期虽为离婚增加了程序上的门槛，但其目的仅在于合理化改动婚姻退出机制，并未限制离婚自由或剥夺当事人婚姻效力关系变动的主动权。[④]

### （一）直视社会吁求：减少投射偏差下的草率离婚

离婚约束性政策的变化通常会对一国离婚率产生较大影响，梳理我国婚姻登记立法史与相关期间的离婚率可印证该结论：1994 年《婚姻登记管理条例》首次规定，婚姻登记机关享有离婚审批权，期限为 1 个月。[⑤]在离婚审查制度实施的九年间，我国离婚率仅从 1994 年的 0.82‰缓慢增长至 2002 年的 0.9‰。在 2003 年正式取消离婚审批期后，[⑥]我国成为世界上离婚最自由的国家之一，绝对离婚自由也相应带来了离婚率的暴增：2003 年离婚率达到 1.05‰，离婚限制取消的一年时间内离婚率增长便超过了离婚审批期九年间的增长幅度。此后离婚率一路攀升，2010 年突破 2‰，

---

① 参见郭峻维：《离婚冷静期制度实施中的价值冲突与衡平》，载《东北师大学报（哲学社会科学版）》2021 年第 6 期。

② 参见罗洪洋、徐肖艺：《论离婚冷静期法律价值的区别对待》，载《江海学刊》2022 年第 3 期。

③ ［法］卢梭：《社会契约论》，何兆武译，商务印书馆 1980 年版，第 8 页。

④ 参见申晨：《〈民法典〉离婚登记冷静期的正当性分析》，载《经贸法律评论》2020 年第 6 期。

⑤ 参见 1994 年《婚姻登记管理条例》第 16 条。

⑥ 参见《婚姻登记条例》第 13 条。

2020 年达 3.1‰，二十年内离婚率涨了三倍之多（见图 1）。而离婚限制放开的同时亦引发轻率离婚的增加，具体体现在复婚率的变化上——1996 年到 2002 年复婚对数从 4.8 万增长到 6.8 万，粗复婚率仅从 0.04‰增长到 0.05‰。2003 年至 2020 年，复婚对数从 6.8 万增长到 55.5 万，粗复婚率从 0.05‰上涨到 0.39‰（见图 2）。2003 年作为复婚率发生变化的重大转折点，亦说明离婚时间约束性政策缺位对离婚率与轻率离婚影响重大。出现此种变化的根源在于“离婚便捷”与“投射偏差”（projection bias）的双重作用，其使得当事人在缺乏理性的情况下，错误高估未来偏好与当前偏好（冲动情绪下的离婚决定）的一致性，而将当前偏好投射到未来，在无成本控制的情况下便催生了大量的草率离婚。①

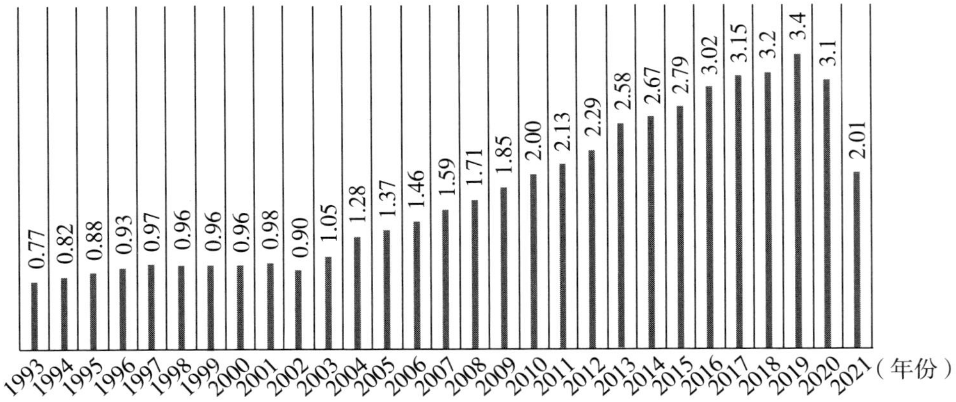


**图 1　1993－2021 年中国粗离婚率*（‰）**

*粗离婚率是指当年离婚对数占总人口的千分比。数据来源于《中国统计年鉴 2013》，《中国统计年鉴 2022》。

---

① George Loewenstein, Ted O'Donoghue & Matthew Rabin, *Projection Bias in Predicting Future Utility*, Quarterly Journal of Economics, Vol. 118: 4, p. 1209 (2003).

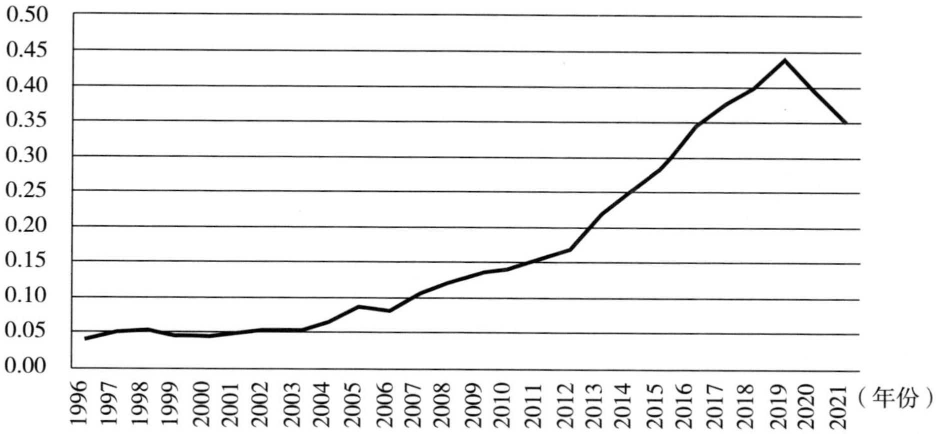


**图2　1996－2021年粗复婚率*（‰）**

＊粗复婚率＝年内复婚对数/年内平均人口数×1000‰，复婚对数来源于《中国民政统计年鉴2022》，从1996年开始有记载；年内平均人口数来源于《中国统计年鉴2022》；粗复婚率为作者计算得到。

此种处于短暂的情感或生理“热”状态下草率结束婚姻的非理性决定，一方面，并非当事人真正的“意思自治”，草率决定背后往往伴随着大量的后悔与遗憾；另一方面，草率离婚会对婚姻制度中的“承诺机制”造成破坏、降低离婚者的幸福指数，还会对子女的心理健康产生负面影响、增加相应公众成本、影响公众对婚姻的信心。① 基于草率离婚产生的诸多负面影响，离婚冷静期制度在行政程序中设置一定的时间栏坝，对没有达到离婚标准和临界点的婚姻，通过时间手段进行简单的甄别和测试，可以达到“减少轻率离婚”与“确认感情破裂”的双重目的。通过给予当事人冷静思考的机会，既可以避免人们在“投射偏差”的影响下作出错误判断，又可以增大离婚沉没成本，使当事人在决定离婚或溯源到决定结婚时，主动预测并充分评估离婚所带来的经济成本，从而保证当事人对离婚的理性态度。② 从实践角度看，冷静期也确实达到了相应的制度功效：

① 参见夏吟兰：《对离婚率上升的社会成本分析》，载《甘肃社会科学》2008年第1期。

② 参见黄鸣鹤：《心理干预在离婚调解过程中的运用》，载《人民司法》2011年第13期。

2021年登记离婚214.1万对，离婚率从3.1‰降至2.0‰，[①] 较上年下降了1.1个千分点。复婚对数从55.5万对降至49.6万对[②]，粗复婚率下降至0.35‰。在2022年数据统计中，离婚登记数量降至210万对[③]，离婚率得到了明显改善。单从技术层面分析，离婚约束政策所起到的实质阻拦作用可能有限，然其作为一种“心理作用机制”，对于“降低离婚冲动”所发挥的实质性作用不可低估。因此，就目前的实践结果来说，冷静期的实施确实在一定程度上对离婚起到了降温的作用，因冲动离婚而产生的复婚数量也在慢慢减少。

### （二）平衡内部矛盾：缩减登记离婚与诉讼离婚之差距

我国离婚制度实行诉讼程序与行政登记程序双轨制并行，但两制度在实行过程中极端化现象严重。因诉讼离婚程序中标准较为严苛，婚姻的结束须达夫妻感情确已破裂之标准。“劝和不劝分”的价值导向与标准的复杂性，使得诉讼解除婚姻关系要付出高昂的时间成本与经济成本。而与之相对应的登记离婚，却无任何限制，这也加剧了离婚立法理念与制度之间的矛盾。根据民政局统计数据，受离婚审批制度取消的影响，2003年登记离婚数量首次超过诉讼离婚，并在之后二十年内呈倍数增长，使得登记离婚与诉讼离婚在数量上形成了巨大差距（见图3）。其中，仅2020年我国依法办理离婚手续已高达433.9万对，登记离婚373.6万对，诉讼离婚60.3万对，86%的婚姻选择通过登记离婚走向最终的破灭，使得离婚制度严重失调，向一个极端逃逸，出现极不和谐之矛盾现象。[④] 而通过制度设计，在登记离婚中增设条件限制——运用冷静期进行时间冷却之后起到了一定的平衡效果：2021年离婚总数283.9万对，其中登记离婚为214.1万对，诉讼离婚69.8万对。尽管在登记离婚冷静期实施之后，诉讼离婚比例

---

① 参见《2021年民政事业发展统计公报》，载中华人民共和国民政部，https：//images3.mca.gov.cn/www2017/file/202208/2021 mzsy fztjgb.pdf，访问日期：2022年8月26日。

② 参见中华人民共和国民政部编：《中国民政统计年鉴2022》，中国社会出版社2022年版，第144－145页。

③ 参见《2022年4季度民政统计数据》，载中华人民共和国民政部网，https：//www.mca.gov.cn/mzsj/tjsj/2022/202204tjsj.html，访问日期：2023年6月9日。

④ 参见林秀雄：《婚姻家庭法之研究》，中国政法大学出版社2001年版，第263－264页。

有一定的上涨，但离婚登记数量降幅较大，离婚制度的失调性得以调整，这在总体上符合平衡自由和严格的理念，有利于减少登记离婚与诉讼离婚的差异性，从而平衡离婚制度的内部矛盾。[①]

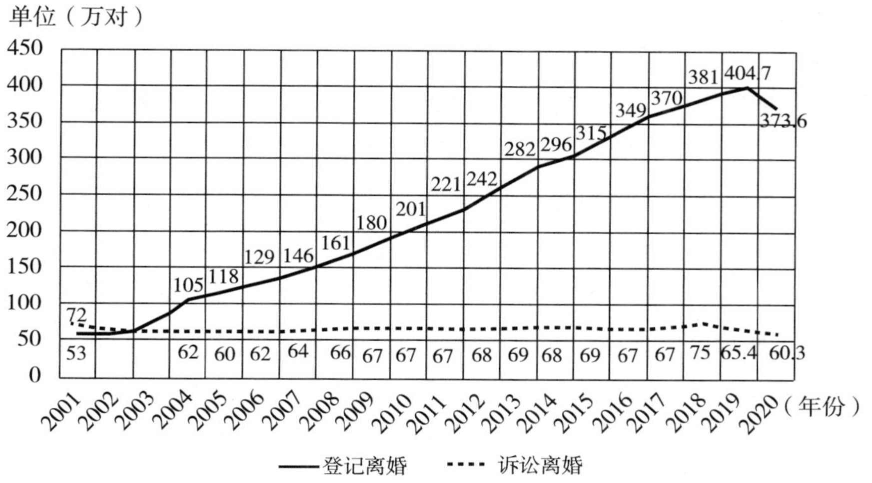


**图3　2001－2020年登记离婚与诉讼离婚数据统计[②]**

(三) 促进关系稳定：与中国具体实际和优秀传统文化相结合

每个时代总有属于它自己的问题，在离婚率居高不下、出生率逐年降低、人口老龄化加速的当代社会，传统文化中珍贵的“家本位”“家和万事兴”思想也在逐步淡化。2023年6月2日，习近平总书记在文化传承发展座谈会上发表重要讲话时强调，“在五千多年中华文明深厚基础上开辟和发展中国特色社会主义，把马克思主义基本原理同中国具体实际、同中华优秀传统文化相结合是必由之路”。[③] 从我国具体实际来看，过高的离婚率极大增加了社会帮扶成本，单亲家庭及组合家庭的增多带来更少的税收、更多的福利开支以及儿童成长环境的恶化。同时，对社会犯罪率造成

---

① 参见夏沁：《民法典登记离婚冷静期条款的解释论》，载《法学家》2020年第5期。

② 参见中华人民共和国民政部编：《中国民政统计年鉴2022》，中国社会出版社2022年版，第146－147页。

③ 求是网评论员：《深刻把握“两个结合”的重大意义》，载求是网，http：//www. qstheory. cn/wp/2023－06/18/c_ 1129703130. htm。

一定的影响。据最高人民法院数据统计，2016—2017 年全国法院审结的未成年人犯罪案件中，来自流动家庭、离异家庭、留守家庭、单亲家庭、再婚家庭的未成年人排名前五[①]，高负担的离婚率作为损害社会总体利益的实际情况而存在。与此同时，西方个人主义及情感自由论对我国的婚姻观亦产生了冲击。我国传统婚姻价值观自古以“道德义务论”为中心，重视婚姻家庭的稳定。《礼记 · 昏义》中记载，“昏礼者，将合二姓之好，上以事宗庙，而下以继后世也，故君子重之”，婚姻的缔结作为个人与宗族的大事而存在，亦谓“婚姻之事无儿戏”。在婚姻维系阶段，婚姻的稳定性亦受到高度重视。在古代，无“七出”情形下“去妻”会受到刑事处分，甚至在法律上亦不承认离婚的效力，[②] 当代社会下，“个人意志”与“情感自由”在婚姻价值观中的介入一定程度上解放了思想、提高了个人幸福感。但同时“家和万事兴”“一日夫妻百日恩”“宁拆十座庙，不毁一桩婚”等口口相传延续至今的观念也在逐渐被遗忘，优秀传统文化在家事法下需要得到弘扬。离婚冷静期作为政策手段或法律工具，正是将法律制度与“具体实际”“中华优秀传统法律文化”相结合。在“两结合”之下，离婚缓冲机制的运用不仅与我国社会主义核心价值观的思想相融合，更对维护婚姻家庭与社会的稳定、实现个体利益与社会利益的统一具有重要意义。

一方面，就个人利益而言，离婚冷静期制度为当事人提供了一次后悔的机会，通过创设情感疏通机制为当事人厘清纷乱复杂的情感，有助于夫妻双方就离婚问题达成更好的协商，减少离婚变故带来的不利影响。另一方面，离婚冷静期对社会利益也有着突出贡献。家庭作为伦理性的载体，承担着赡老育幼等重要职能，婚姻的维系可以更好地促进经济保障、秩序管理、后代繁衍教育等目标的实现，可以说家庭的成立和存续关系到社会的稳定以及人类共同的利益。[③] 在个人与社会因素的双重作用下，离婚冷

① 参见《从司法大数据看我国未成年人权益司法保护和未成年人犯罪特点及其预防》，载最高人民法院 2018 年 6 月 1 日，https：//www. court. gov. cn/fabu/xiangqing/99402. html。

② 参见瞿同祖：《中国法律与中国社会》，商务印书馆 2010 年版，第 151 – 152 页。

③ 参见巫昌祯主编：《婚姻家庭法新论——比较研究与展望》，中国政法大学出版社 2002 年版，第 32 – 35 页。

静期作为一种婚姻保障机制，对夫妻关系进行危机干预，有助于提升婚姻家庭问题的解决能力和保障婚姻关系的稳定，缓解当前离婚率过高及社会不稳定这一实际问题。通过短暂的时间成本获取较大的个人效益与社会效益，有利于维护婚姻家庭结构的稳定性与婚姻保护的秩序功能，既符合政策科学与法经济学中的“成本收益理论模型”、社会学对离婚制度的需求，又是对中华优秀传统文化的继承与发扬，彰显了中国民事立法的中国特色以及民事立法者们对家庭建设的大智慧、暖关怀。

## 二、制度完善：冷静期制度的弹性设计与制度协同

冷静期制度旨在对问题婚姻的解决提供一种制度性的介入和支撑，对于维护婚姻家庭秩序的稳定性具有重要价值。但并非所有情形下的冷静期均能发挥其法律价值，此处还要探讨诉讼离婚中是否存在冷静期的设立基础？哪些无价值或负价值的情形应当剔除冷静期的适用？哪些具有重要价值的应当延长冷静期？“一刀切”的模式很难通过比例原则的检视，易使部分当事人成为法律父爱主义宏大叙事下的制度尘埃。[①] 欲将制度的优势最大化，单纯靠期间性制度设计难以实现，应将冷静期的适用进行类型化处理，将法律价值进行整合，同时辅之配套制度的完善，以提高冷静期制度在功效发挥和权益保护中的适应性。

### （一）明确离婚冷静期的适用范围

诉讼离婚冷静期作为试验的先行者，早在各地进行试点，如上海市静安区人民法院、浙江省温州市人民法院、四川省安岳县人民法院……2018年《最高人民法院关于进一步深化家事审判方式和工作机制改革的意见(试行)》第40条提出，经双方当事人同意可以设置不超过3个月的冷静期。《广东法院审理离婚案件程序指引》第28－29条规定，人民法院可以决定设置不得超过20日的情绪约束冷静期与不超过60日的情感修复冷静期。但司法意见与程序指引等文件终究缺乏法律基础，《民法典》将冷静

---

① 参见秦奥蕾：《论婚姻保护的立宪目的——兼回应“离婚冷静期”争议》，载《法学评论》2021年第6期。

期在登记离婚中予以确立，适用范围是否可以外延至诉讼离婚中仍存在争议。支持者认为，诉讼离婚同样有冲动离婚的可能，冷静期可以挽救感情尚存的危机婚姻，还能有效促进案件分流，充分发挥甄别和挽救婚姻的功能。[①] 反对者则主张，当前司法实践中普遍存在“首判不离”的诉讼规则，六个月的禁诉期及法定调解制度已经等同于冷静期，再行设置诉讼离婚冷静期会造成制度的叠加、浪费司法资源、增加当事人的讼累。[②] 对于这一问题，全国人大常委会法工委与最高人民法院也给出了相反的意见：法工委认为离婚冷静期制度只适用于登记离婚，家暴情形可向法院起诉离婚。[③] 最高人民法院民法典贯彻实施工作领导小组则提出，应在诉讼中探索离婚冷静期制度，避免诉讼离婚的成本低于登记离婚。[④] 学界意见的不统一，以及立法机关与司法机关意见的不统一，为冷静期的适用范围增添了更大的不确定性。

探讨诉讼离婚冷静期是否具有设置的必要性问题，核心在于当前制度能否发生冷静期之效用。从时间范围来看，我国民事案件中一审普通程序审限6个月，经院长批准可延长6个月，简易程序审限也有3个月，即便是“首判即离”的离婚案件，在诉讼程序中所要等待的时间也远远超过登记离婚冷静期。况且，我国司法实践中还普遍存在二次离婚诉讼规则，即对有争议的初次离婚诉请，人民法院一般判决不予离婚。禁诉期的存在，又为二次离婚设置了6个月的阻隔期。无论是首次判离的案件，还是二次离婚案件，诉讼离婚程序的时间延搁已足够达到冷静之目的，而随时允许当事人撤诉亦等同于冷静期的撤回机制。因此，诉讼离婚中固然存在冲动离婚，但诉讼程序的延宕与撤诉机制足以发挥冷静之作用。额外增加冷静期反而会与原本的诉讼程序构成制度上的叠加，使原本就困难的离婚雪上

---

① 参见刘万成、郑永建：《家事审判中离婚冷静期的合理性证成与完善》，载《人民法院报》2018年7月11日，第7版。

② 参见杨立新、蒋晓华：《对民法典婚姻家庭编草案规定离婚冷静期的立法评估》，载《河南社会科学》2019年第6期。

③ 《全国人大法工委：离婚冷静期制度不适用于遭遇家暴起诉离婚》，载澎湃新闻网2020年5月15日，https://www.thepaper.cn/newsDetail_forward_7406708。

④ 参见最高人民法院民法典贯彻实施工作领导小组主编：《中华人民共和国民法典婚姻家庭编继承编理解与适用》，人民法院出版社2020年版，第249页。

加霜。

有观点提出，冷静期制度的引入可以消解“首判不离”规则，从而省去一次完整的诉讼程序，既减少当事人的讼累，又节省司法资源。[1] 从理想层面固然可能达到该效果，但实际存在局限之处：其一，冷静期后双方仍旧坚持离婚，法院以此作为感情破裂的依据，可减少诉讼程序的二次增加。该观点没有考虑到诉讼离婚的最大特点在于两愿离婚很难达成，通常一方坚持离婚、一方坚持不离的情形居多（据相关数据统计，无法达成合意数量占比90%以上）[2]。在如此大的比例之下，适用诉讼冷静期后双方坚持离婚的人数占比也不会过高。为保障少数人的利益，牺牲的是更多无法达成合意的当事人对“二次诉讼”与“冷静期”时间成本的过度负担。其二，法院“首判不离”的实践规则，是在多种因素的综合影响下形成的，除维持婚姻关系和起到冷静作用之外，判决离婚更容易产生判决执行难风险、民转刑风险、社会不稳定风险、法官个人及其家庭成员的人身伤害风险。[3] 而冷静期的适用无法从根本上解决上述因素的影响，“首判不离”规则因冷静期规则的介入而就此消解也不具有现实意义。其三，冷静期规则的适用可能会突破审限，这对诉讼法是一个新的挑战，若增加例外规定不免会产生立法压力，对法律的体系性产生影响。即使可突破审限，法院的结案率亦会受到影响，又会增大法官的压力。因此综合来看，冷静期规则更宜适用于登记离婚中的冲动离婚情形，诉讼离婚所面向的更为复杂的矛盾纠纷对冷静期的适用存在障碍，所产生的制度成本与当事人的经济成本要远高于当前制度。故，在《民法典》生效后，诉讼离婚冷静期理应“功成身退”，防止制度的过度加码，进一步削弱当代青年的结婚意愿。

### （二）实现“一刀切”到“弹性化”适用的过渡

目前，离婚冷静期设置为30日的单方撤回期限+30日的离婚登记申

---

① 参见郭剑平：《我国离婚冷静期制度构建的法理学思考》，载《社会科学家》2018年第7期；刘敏：《二次离婚诉讼审判规则的实证研究》，载《法商研究》2012年第6期。

② 《司法大数据专题报告离婚纠纷》，载最高人民法院网2018年3月23日，https://www.court.gov.cn/upload/file/2018/03/23/09/33/20180323093343_53196.pdf。

③ 参见于龙刚：《制度与社会约束下的法官行为——以基层法院的离婚纠纷解决为经验》，载《法制与社会发展》2022年第3期。

请期限。不加区分的“一刀切”模式虽然便于实施操作，但也可能会引发某些非预期后果，如加剧女性面临的不利处境、遮蔽家庭成员面临的负担，进而消解冷静期的制度功能。[①] 实际上，不同质量的婚姻、负载不同家庭成员伦理的婚姻甚至处于不同时段的婚姻，对冷静期的需求和作用效果存在显著差异，何时需要冷静、冷静多长时间殊值全面评估。因此，应识别不同类型的婚姻并根据具体需求配置不同时长的冷静期，通过弹性化的时间分层机制克服“一刀切”模式的弊端，充分回应不同类型婚姻的“冷静诉求”。

1. 零冷静期：冷静期的排除适用

婚姻制度的最大风险在于维系没有感情基础的夫妻关系，[②] 当前的离婚冷静期最大的缺陷在于未考虑到死亡婚姻主体的需求，登记离婚中仍有一定比例的婚姻感情确已破裂，冷静期不仅无法解决双方矛盾，还可能发生财产转移、对儿童健康成长造成伤害[③]，甚至出现冷静期期间自杀的惨案等新问题。[④] 有必要对危机婚姻与死亡婚姻进行甄别，建立起离婚冷静期免除机制。冷静期免除事由大致应包括以下几种情形：一是因强制性规定而排除适用。《民法典》第1042条将重婚、婚内同居、家暴、遗弃、虐待、买卖包办婚姻等作为诉讼离婚中解除婚姻关系的法定事由，举重以明轻，上述情形在登记离婚中更无冷静的必要。[⑤] 尽管法工委提出家暴婚姻一般通过诉讼离婚途径解除，但因家暴案件具有极强的隐蔽性与当事人取

---

① 参见马智勇：《“离婚冷静期”制度的生成逻辑及其反思》，载《法学家》2022年第3期。

② 参见周海源：《风险预防视角下离婚冷静期的运行机制优化》，载《浙江学刊》2022年第2期。

③ 参见齐凯悦：《英国家事审判改革中的审限制度及对我国的启示》，载《江苏大学学报（社会科学版）》2018年第6期。

④ 2021年3月8日，长期遭受婆家辱骂、丈夫殴打的杨女士终于决定离婚，同丈夫一同前往民政局申请办理协议离婚手续，为此甚至答应男方不要共同财产，放弃抚养权，3月12日却选择携带一双子女跳楼自杀。参见《女子离婚冷静期携子女跳楼自杀，她的人生本有其他选择》，载澎湃新闻网2021年4月14日，https://www.thepaper.cn/newsDetail_forward_12178931。

⑤ 参见申晨：《〈民法典〉离婚登记冷静期的正当性分析》，载《经贸法律评论》2020年第6期。

证困难等多种因素，导致其在司法过程中的认定率极低。[①] 因而，不能就此忽视家暴婚姻适用登记离婚冷静期的权益保障问题，仍应为上述情形适用登记离婚提供良好的解决路径。二是因公共秩序排除适用，关于一方恶意毁坏或转移婚姻存续期间的共同财产，以及受胁迫、受欺诈、隐瞒重大疾病未告知而结婚但已超过法定撤销期间等影响社会利益和公序良俗的，理应排除适用冷静期条款。[②] 三是感情不和、分居满两年的，可以将其作为感情破裂的依据认定为死亡婚姻。四是可以确认感情确已破裂的其他情形。以上作为死亡婚姻的特殊情形，除当事人自愿选择适用冷静期外，均可经申请免除冷静期的适用。随着《民法典》的出台，离婚登记的程序调整为申请—受理—冷静期—审查—登记，因此冷静期分层适用的审查应提前至冷静期环节。对于审查方式，可参照对胁迫婚姻之审查[③]，由当事人向婚姻登记机关提交免除离婚冷静期申请书，签署感情确已破裂声明，并提交关于排除适用的相关证明材料供婚姻登记机关审查，婚姻登记机关确认情况属实，可免除冷静期的适用，以避免产生以国家强制力维系感情破裂之婚姻的风险。

2. 根据婚姻所处的不同时段进行冷静期的差异化设计

婚姻持续时间的长短也是影响婚姻质量的一个重要因素。域外立法中，很多国家为消解冲动离婚，选择根据婚姻存续期限对离婚进行限制。如英国法规定，结婚 12 个月才有离婚资格。法国法规定夫妻双方在结婚后 6 个月内不得同意离婚。德国法规定婚姻双方分居未满一年的，原则上不准离婚。澳大利亚家庭法认定，婚姻破裂的客观标准是婚姻双方当事人在递交请求解除婚姻申请前已先行分居或分开生活至少达 12 个月。[④] 根据我国国情，有学者通过研究“中国家庭动态跟踪调查”的数据发现，我国夫

---

① 以北京为例，2016 年 3 月 1 日至 2021 年 2 月底期间，北京市各级法院的家暴案件中，有 76. 87% 未得到法院回应直接被无视，家暴认定率仅为 6. 25% 。数据来源：《北京市涉家庭暴力案件司法大数据分析报告》，载微信公众号“北京市源众家庭与社区发展服务中心”2021 年 3 月 1 日，https：//mp. weixin. qq. com/s？ _ _ biz = Mzg4NTg2MDU1OQ = = &mid = 2247493033&idx = 1&sn = b2555dcedef82d21c763f9abc4389fa5&source = 41#wechat_ redirect。

② 参见夏沁：《民法典登记离婚冷静期条款的解释论》，载《法学家》2020 年第 5 期。

③ 《婚姻登记条例》第 9 条。

④ 参见陈苇主编：《外国婚姻家庭法比较研究》，群众出版社 2006 年版，第 387 – 437 页。

妻的离婚模式呈明显的“倒 U 形”曲线变化，即离婚风险首先随婚姻持续时间的推移逐渐上升，到达顶点后持续下降。[①] 从离婚风险角度讲，婚姻存续初期，感情不稳定与磨合期的存在极易导致婚姻危机；但婚姻持续时间越长，个人成本投入越大，其因婚姻解体遭受的损失也越大，此时夫妻若选择离婚往往存在不可调和的矛盾且已经过深思熟虑，故上述情况应当区别于其他冲动型婚姻。本文认为，冷静期设置应当参考婚姻存续时间这一重要因素，参照 2018 年司法大数据中婚姻破裂的高发期为 2 –7 年这一标准[②]（见图 4），“倒 U 形”曲线大约在婚后第 7 年达到顶点，这也与日常生活中所说的“七年之痒”相吻合。因此建议婚龄超过 7 年的，适用 1 个月冷静期；婚龄在 1 年至 7 年间的，离婚风险较高，可参考心理咨询两个月一疗程的时间段将冷静期设置为 2 个月，以结合相关配套措施达到更好的修复功能。而对于婚龄不满一年的，夫妻尚处在磨合期，若无法对婚姻进行调适则极易产生冲动离婚，因此冷静期期限可设置为 6 个月，避免当事人“闪婚闪离”草率结束婚姻。

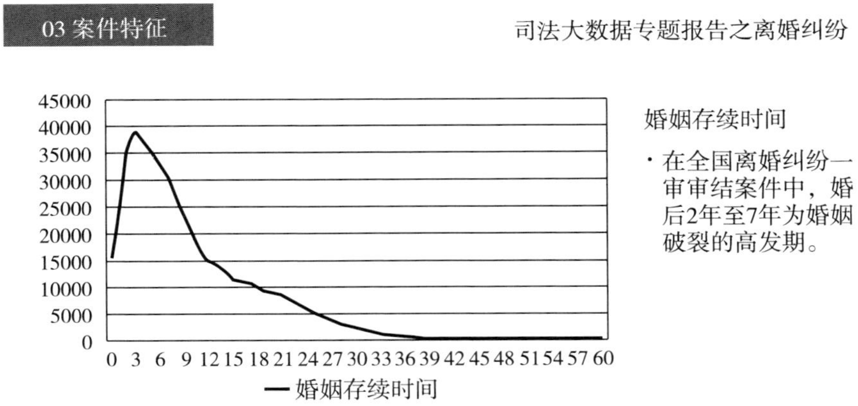


**图 4　婚姻破裂的高发期**

---

① 参见许琪、邱泽奇、李建新：《真的有“七年之痒”吗？——中国夫妻的离婚模式及其变迁趋势研究》，载《社会学研究》2015 年第 5 期。

② 婚姻存续时间在全国离婚纠纷一审审结案件中，婚后 2 年至 7 年为婚姻破裂的高发期。《司法大数据专题报告离婚纠纷》，载最高人民法院网 2018 年 3 月 23 日，https：//www. court. gov. cn/upload/file/2018/03/23/09/33/20180323093343_ 53196. pdf。

3. 根据家庭成员伦理情况进行冷静期长短的差异化设计

冷静期机制的不完善之处还在于未充分考虑到相关家庭成员的特殊需求，如夫妻一方为弱势群体，以及离婚涉及抚育子女等情形。首先，从夫妻自身角度出发，若申请登记离婚期间夫妻一方罹患重大疾病或存在离婚后一方生活将陷入生活困难的情况，弱势群体一方自应受到倾斜性保护，可延长冷静期加强婚姻关系修复以减轻对弱势方的伤害，或给予合理期限推动双方就财产分割、离婚经济帮助、家务劳动补偿、离婚损害赔偿作出合理安排。其次，关于涉及子女抚育（包括胎内子女）类婚姻。夫妻的离婚、再婚行为大概率会对子女心理、行为学业、健康、人际关系、婚恋观念等产生不良影响，甚至会增加子女自身婚姻变动的代际风险。[①] 考虑到以上与家庭伦理相关的特殊情形，应当通过延长冷静期的方式给予双方足够的时间思考婚姻结束涉及的相关问题，使夫妻双方对子女及弱势方进行妥善的处理与安排，有利于更好地保障离婚家庭中的弱势群体的利益。参考域外法之规定，大多数国家仅对未成年子女作出特殊保护，如英国规定16周岁以下的子女经一方申请冷静期可延长6个月；韩国民法规定，有需要被抚育的子女，冷静期延长至3个月。[②] 我国在之后冷静期的设置上可参考韩国冷静期延长期限，将有家庭成员特殊需求的婚姻延长至3个月。考虑到家庭成员伦理因素涉及弱势群体及子女利益保护问题，应在离婚登记程序中加以优先适用的程序性保护。即在分段适用中，上述情形应优先于婚姻时段因素，先就有无家庭成员特殊需求进行审查适用，若无上述情况再根据婚姻时段进行类型化安排。但对于存在家庭伦理情形又同时符合婚龄不超过1年的，双重影响因素的叠加，遵从“就大不就小”原则，应被6个月的更长期限吸收。(见图5)

---

① 参见夏吟兰：《对离婚率上升的社会成本分析》，载《甘肃社会科学》2008年第1期；马忆南：《离婚冷静期是对轻率离婚的限制和约束》，载《妇女研究论丛》2020年第4期。

② 参见杨立新、蒋晓华：《对民法典婚姻家庭编草案规定离婚冷静期的立法评估》，载《河南社会科学》2019年第6期。

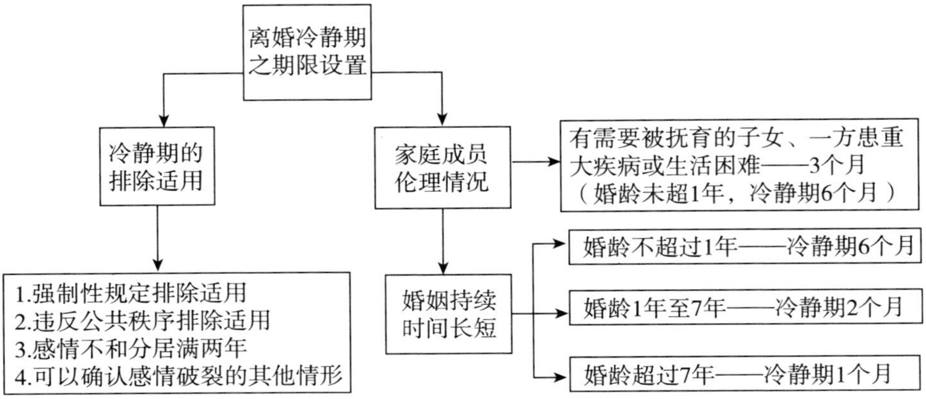


**图5　离婚冷静期之期限设置**

（三）完善公私法协同下的冷静期配套机制

在《民法典》实施的背景下，公私法规范共同治理的意义愈加凸显。仅依靠程序拖延的方式来组建离婚冷静期制度还远远不够，需要不断完善法律与相关保护机制以对该期间加以覆盖。首要任务便是完成法律体系内的衔接工作，为冷静期分层适用提供可行的适用土壤。[①] 此外，婚姻制度还涉及程序法、社会学、心理学等不同学科，亦应将法律与社科法学相结合，完善公私法协同下的冷静期配套机制，实现法律体系内外机制的互动，以避免冷静期制度成为孤立存在的"冷冻期"。

1. 法律体系内的机制完善

（1）财产申报制度的扩展适用。

离婚诉讼中的财产争议，促使繁重的调查取证工作成为家事审判的一大难题。2018年最高人民法院出台意见，规定离婚诉讼中当事人应填写《家事案件当事人财产申报表》，负有如实申报财产的义务，拒不申报或故意不如实申报应承担"不分或少分财产、训诫、记入征信系统、罚款、拘

① 参见张剑源：《离婚是否真的需要冷静——对〈民法典〉第1077条的法理讨论》，载《法学家》2022年第3期。

留等”法律后果。[①] 但因缺乏相应法律规定和司法解释，财产申报并不具备法律层面的效力和约束力。2023 年 1 月 1 日，《妇女权益保障法》开始正式施行，在第 67 条第 2 款中规定了离婚诉讼期间夫妻申报财产的义务与违反义务的法律后果。这标志着共同财产申报制度在国家法律层面上获得认可，夫妻共同财产申报令有了法律依据和效力。

不仅离婚诉讼需要启动夫妻财产申报，登记离婚同样具有适用的必要性和紧迫性。冷静期期间可能会出现恶意隐藏、变卖、毁损、挥霍夫妻共同财产或伪造夫妻共同债务的行为，若规制不足导致财产转移而引发新的财产争议诉讼，反而增加离婚成本和司法资源的消耗，因此以同等配套措施保障双方当事人的合法财产利益势在必行。在申请离婚登记时，当事人应就共同财产、个人财产以及债权债务等制作财产清单，或参照《家事案件当事人财产申报表》，由双方当事人在登记机关的见证下对财产清单进行确认签字，并将其作为冷静期适用的前置条件。冷静期内，一方当事人认为另一方有转移夫妻共同财产、伪造债务的行为，可提交排除适用冷静期之申请，由婚姻登记机关依审查结果决定冷静期是否排除适用。在登记机关无法就事实予以认定的情况下，冷静期适用前签署的财产清单亦可在诉讼离婚中起到强证明力之作用。法院以财产清单作为原始依据，经审查认定存在财产转移等行为，可链接至《妇女权益保障法》第 67 条、《民法典》第 1092 条，离婚财产分割时采用不分或少分的模式，免除当事人的后顾之忧，以辅助冷静期制度顺利实施。

（2）限定离婚冷静期适用次数。

立法简约性下离婚冷静期的适用次数问题亦未设限。实践经验表明，离婚登记中预约排号甚至限号的模式，可能会增加冷静期的适用次数，然当事人若无法在二次预约期间内预约成功，则被动视为双方撤回离婚申请，只能重新再经过一轮冷静期完成离婚，如此反复会不断增加当事人的成本。《民法典》第 1077 条还规定，期限届满后 30 日内，双方应亲自到婚姻登记机关申请发给离婚证。因而在此期间内，若一方因生病或被有关

---

① 《最高人民法院关于进一步深化家事审判方式和工作机制改革的意见（试行）》（法发〔2018〕12 号）第 44 条。

部门限制人身自由等客观原因无法到场，则被视为撤回申请，需再次经历冷静期。此情形下规则的适用显然不具有合理性。而且，冷静期不限次数的适用不免会导致强势方不断反悔，借冷静期不断增加自己谈判的筹码，严重损害到另一方的权益。故而次数不设限的离婚冷静期，可能会让真正想离婚的人面临漫长的煎熬。对此，本文认为二次及以上申请登记离婚的，原则上不再适用离婚冷静期，但是离婚当事人可以自由选择，若双方都同意选择离婚冷静期，则可以继续适用。如此，既为当事人预留选择的空间，尽到了“家长主义”的责任，又可以起到维护家庭稳定的作用。

2. 法律保护机制与外部相关机制的衔接

冷静期可以为夫妻双方提供一定的时间冷静思考婚姻，但不排除此期间内双方进行“冷处理”，或因沟通不畅、解决问题的方式不理性、不科学等进一步激化矛盾，导致冷静期的设置失去意义。纯时间意义上的留滞存在较大的局限性，还应在此机制内介入社会力量，充分发挥第三方的辅助调节作用，挽救危机婚姻、保证离婚质量，最大程度保护双方权益、降低损失。

（1）落实婚姻家庭辅导服务与家事调解机制。

参考域外立法，韩国、英国等国家均在冷静期中设置了强制配套咨询制度，如英国规定当事人应当参加信息会议，由专业人员进行心理辅导普及离婚法律知识，还设置了配套调解制度来调解纠纷。① 冷静期除“冷”外，“静”的作用不可忽视；通过内在或外在推动机制，帮助当事人在该期间内化解矛盾才是冷静期制度的重点。结合我国国情，咨询与调解可落实到《妇女权益保障法》规定的婚姻家庭辅导服务与现存的家事调解制度中。该法第63条规定“婚姻登记机关应当提供婚姻家庭辅导服务”，这不仅意味着婚姻登记机关义务的增加，也为家事调解制度的介入提供了法律依据。在离婚冷静期期间，当事人的情绪或多或少处于波动状态，婚姻家庭辅导应当成为矛盾纠纷化解的重要举措之一。

对此，可以借助居（村）委会、妇联等配套机制，因地制宜地建立婚

---

① 参见杨立新、蒋晓华：《对民法典婚姻家庭编草案规定离婚冷静期的立法评估》，载《河南社会科学》2019年第6期。

姻家庭纠纷人民调解委员会，选聘法律、心理、社会工作等领域的专家、实务工作者等担任人民调解员。一方面，须强制冷静期内的当事人参与婚姻调解，由调解员向当事人提供心理辅导和情感修复服务，并对离婚进行利弊分析，促使当事人双方冷静考虑其婚姻状态。即使最终双方仍选择离婚，心理咨询师也可以帮助当事人寻找其自身存在的问题，帮助当事人更好地进入下一个婚姻。[①] 另一方面，冷静期作为离婚协议的磋商阶段，更需家事调解员的介入促使双方当事人就离婚后的财产分割、子女抚养、债务处理等问题达成共识，以减少诉讼纠纷的发生。其中，浙江省、广州市等纷纷推出了线上婚姻家庭辅导服务平台，当事人可通过民政厅设立的平台与心理咨询师、律师等专家线上互动，免费获取婚姻家庭辅导服务，也可预约各地婚姻登记机关提供的线下婚姻家庭辅导服务，以互联网为依托的 ODR（Online Dispute Resolution，在线争端解决）线上线下联动离婚调解模式也可在全国进行推广。另外，还须特别注意有必要充分利用心理咨询辅导机制，由心理咨询师定期对未成年子女进行心理疏导，保障其心理健康。

（2）扩展家事调查员制度适用范围。

在婚姻家事案件中，家庭的私密性与案件的隐晦性给很多离婚案件的处理增加了难度，在离婚案件中设置专门的调查员亦具有重要意义。家事调查员最早起源于日本，由家事调查官负责案件事实调查和收集工作，后逐步引入我国。2016 年 4 月，最高人民法院提出“探索引入家事调查员”制度。[②] 2018 年，最高人民法院对家事调查员制度进行了细化，如家事调查员由司法行政、教育部门、妇联、共青团、社区等单位及基层群众组织推荐，家事调查报告可以作为人民法院审理案件的参考。[③] 从其职能定位来讲，家事调查员是为了落实法官对家事案件的职权探知主义，行使的是司法辅助调查职能。对于调查报告的法律效力，法律并未予以确认。但有

---

① 参见黄鸣鹤：《心理干预在离婚调解过程中的运用》，载《人民司法》2011 年第 13 期。

② 参见《最高人民法院关于开展家事审判方式和工作机制改革试点工作的意见》（法〔2016〕128 号）。

③ 参见《最高人民法院关于进一步深化家事审判方式和工作机制改革的意见（试行）》（法发〔2018〕12 号）第 15 - 27 条。

学者在样本调查中得到数据：58% 的家事调查报告被作为证据使用，39% 被作为案件审理参考。[①] 虽然还需立法的进一步确认，但大部分法院已承认其法律效力，至少可以作为参考。李喜莲教授提出，可将家事调查报告视为鉴定意见，并归属于“利用专业知识和业务技能对案件特定事实进行分析判断后的意见”，这一观点有一定可取之处。随着家事审判改革的推进，家事调查制度的发展越来越重要。

婚姻登记机关若要促使婚姻家庭辅导发挥切实效用，除要加强辅导、调解人员的专业素质外，更要全面了解当事人的个人经历、性格、教育程度、身心状况、家庭情况、夫妻关系、子女抚养情况、老人赡养情况等，这才能更有针对性地找到矛盾点、化解婚姻危机。婚姻登记机关无调查权，其审查权也有限，但链接至当地法院所组建的家事调查员制度，通过调查报告则能够更加客观地了解当事人之间的情感关系，从而更好地帮助当事人修复婚姻关系或协助双方达成合理的财产分割协议及子女抚养协议。同时，婚姻登记机关承担起冷静期分层适用的重任，必然涉及事实部分，调查权的缺失与行政效率的考量使审查往往缺乏实质性，对此可通过家事调查制度的扩展适用，补强审查制度固有的缺陷。综上，无论是调解还是审查，家事调查员制度都是节省成本、提高效率的重要一环。尽快实现家事调查员制度规范化和法律化，有利于家事调解机制与婚姻机关审查作用的发挥，以更好地实施离婚冷静期制度，为当事人双方及未成年子女的利益保驾护航。

## 三、制度拓展：冷静期内夫妻权利义务关系的变动

冷静期作为婚姻关系的危机期间，婚姻关系能否修复尚未可知，婚姻关系非正常状态下夫妻权利义务规则所依据的信赖关系也呈严重破损状态，由此将引发夫妻权利义务关系的相应变动。从立法功能与目的解释来看，冷静期的设置是为了修复婚姻关系，《民法典》第 1042、1043、1059 条所规定的禁止与他人同居、忠实义务与扶养义务等人身权益的保障应继

---

① 参见李喜莲、王晓桐：《我国家事调查员制度职能异化及其矫正》，载《湘潭大学学报（哲学社会科学版）》2022 年第 6 期。

续维持。而对于法律关系的变动，有学者提出应基于人身安全保障义务、财产保全义务与诚信义务的严格化。① 从保障当事人的安全角度考虑，婚姻登记机关主动联合基层组织干预家庭暴力具有一定合理性，但这属于婚姻登记机关作为第三方的义务扩展，与夫妻双方权利义务并无关涉。至于夫妻共同财产的保全义务与诚信义务，何种情形下均不得实施恶意侵害夫妻共同财产的行为，因此冷静期的适用并不会对《民法典》第1066条与第1092条的适用产生影响。夫妻权利义务关系变化更应着眼于“信赖关系瓦解”对财产权的影响，以此为基点探寻非常态婚姻关系下法律关系的变动情况，可减少因法律变化为当事人带来的额外负担。

### （一）冷静期内夫妻个人财产制的扩张适用

我国实行法定共同财产制，这与传统的自然伦理秩序及历史延续性文化密不可分，所依据的是利益共享、不分彼此的“家庭共同体”价值观，以及夫妻之间的协力关系。② 但离婚冷静期制度的实践使得该时期内夫妻信赖关系发生重大变化，婚姻共同体基本解构，夫妻双方进入离婚预备期。这使得基于集体本位下强调亲属利益共同性与一致性的法定财产制，与该时期的婚姻关系呈现出一定的不适配性。此时若仍然推定以夫妻共同财产为导向，极易忽略或扼杀夫妻共同体内的“个人主义价值”，陷入“法律家父主义”的陷阱。同时，当夫妻法定共同财产制的规范基础与冷静期期间婚姻关系的事实情况呈现冲突时，财产权益受到侵犯的负面效应亦会随之增加。尽管《民法典》第1066条规定了可请求法院分割财产的两类重大理由，一定程度上可防止恶意侵害他方财产行为。但该条所规制的适用范围与正常婚姻关系范畴更为契合，缘由在于当事人选择登记离婚最初之目的是以低成本消耗之方式简单快速结束婚姻关系。冷静期制度的设置本身已增加了时间成本，若因制度自身所带来的风险而增加当事人卷入诉讼的金钱与时间成本，会使得冷静期制度的适用效果大打折扣，同时

---

① 参见张力：《〈民法典〉离婚冷静期条款的适用原理：内涵与外延》，载《法治研究》2022年第1期。

② 参见冉克平：《夫妻财产制度的双重结构及其体系化释论》，载《中国法学》2020年第6期。

也会增加诉讼纠纷的侵扰，造成对司法资源的过度消耗。故，从法定共同财产制所依赖的信赖关系的解体以及适用冷静期所产生的叠加成本而言，应否继续适用法定共同财产制殊值全面考量。

对于夫妻财产的认定，有观点认为，夫妻关系之间的“协力”贯穿整个婚姻生活。只要婚姻关系还在，便可认定夫妻之间存在“协力”关系，而不必考虑双方情感状况、家务劳动分配以及各自对家庭贡献大小等因素。① 此种单纯以时间为考量因素的“婚后所得共同财产制”，已不适应当前的社会状况与法律制度。通过梳理立法史可以发现：我国从1950年实行夫妻财产一般共同制（女方婚前财产排除在外）；到1980年确立婚后所得共同制，但婚前个人财产经一定时间可转化为夫妻共同财产；再到2001年，废除了婚前财产向共同财产的转化，并以列举之方式明晰夫妻个人财产与共同财产的范围，扩大了个人财产的范围。② 在整个立法变化的过程中，法定共同财产制是基石，但同时随着个人自由主义的兴起与个人权利意识的觉醒，夫妻共同财产的范围逐步缩减，对个人财产的保护逐步加强。“婚后”这一因素并非决定性标准，虽然以此时间为标准婚后一般推定为共同财产，但仍要考虑相对方对财产的贡献与协力程度，与婚姻中的个人努力无关的资本取得则不在分享之列。③ 如《婚姻法司法解释（三）》第5条规定，放弃协力理论而采用孳息从原物规则，确认孳息与自然增值为个人财产；第7条规定，父母在婚姻存续期间赠与子女财产，以产权登记推定为个人财产。《民法典》第1163条所规定的婚前财产、人身损害赔偿、遗嘱或赠与合同中确定只归一方的财产，其共同属性均为另一方“贡献因素”缺乏。前文已论证冷静期期间推定共同财产制适用条件缺乏，而在冷静期期间，夫妻向登记机关提起离婚申请，已至离婚准备状态，经

---

① 参见最高人民法院民法典贯彻实施工作领导小组主编：《中华人民共和国民法典婚姻家庭编继承编理解与适用》，人民法院出版社2020年版，第158页。

② 参见马新彦：《民法典家事财产法制的教育功能——以社会主义核心价值观为价值理念的研究》，载《当代法学》2020年第1期。

③ 参见姜大伟：《夫妻一方所持股票期权归属认定的法理证成及其规责》，载《华侨大学学报（哲学社会科学版）》2018年第4期；冉克平：《夫妻财产制度的双重结构及其体系化释论》，载《中国法学》2020年第6期。

济、财产上的联系通常也产生中断，一方所得财产收益，他方实难有贡献。[①] 比较“冷静期期间的财产收益”与上述认定为个人财产的情形，“贡献因素缺乏”这一相似性也使其更加契合“维护夫妻特有财产”的规范目的，进而为冷静期期间财产收益扩充到个人财产制适用提供了正当性来源。《民法典》第 1063 条第 5 项中的“其他应当归一方的财产”作为开放性立法，正是为了解决实践中出现的新问题或制度带来的新的不良衍生效应，将离婚冷静期期间的财产收益扩张解释至该项中，更符合实际的婚姻状况与当事人的基本意志。即使冷静期期间当事人选择恢复婚姻关系，法定财产制也会随婚姻关系的恢复而回归原位，维系婚姻关系的稳定与家庭共同体的立法意旨不会因此而受到影响，亦不会产生不公平之法效果。综上，冷静期所产生的财产扩张解释至个人财产，这与当事人信赖关系的瓦解的事实相适应，还可同步提高法律配置效率，节省冷静期期间恶意侵害财产权益所引发的诉讼成本，相比法定财产制下规范基础的丧失与诉讼成本的增加，更能经受结果取向的检验，取得“帕累托最优”之效果。

### （二）冷静期内夫妻债务认定的严格化

冷静期内夫妻财产制度还涉及债务的承担问题。《民法典》第 1064 条较为完整地规定了夫妻共同债务的认定方式。那么，冷静期内债务承担是否会因夫妻关系的异化而产生规则变动？当事人要作出共同意思表示之情形，于冷静期内无适用之特殊需求。而对于日常生活需要，以及超出日常生活所需的几种情形负债，在夫妻丧失利益一致性的期间内则需要谨慎认定。尤其是日常家事代理权作为一项“允许一定范围内得互相代理对外进行经济往来的权利”，拥有着拘束非举债方的强大效力。[②] 而“家庭日常生活”作为非确定性概念又较为抽象，黄薇提出该范围可参考国家统计局的八大分类，即“食品、衣着、家庭设备用品及维修服务、医疗保健、交通

---

① 参见马忆南：《婚姻法修改中几个争议问题的探讨》，载《中国法学》2001 年第 1 期。

② 参见李洪祥：《论日常家事代理权视角下的夫妻共同债务构成》，载《当代法学》2020 年第 5 期；王轶、包丁裕睿：《夫妻共同债务的认定与清偿规则实证研究》，载《华东政法大学学报》2021 年第 1 期。

通信、文娱教育及服务、居住、其他商品和服务”。[①] 但关于日常家事代理的适用范围仍然存在争议，如不动产及特殊动产的买卖、股权转让的商事行为能否纳入家事代理，是否超出生活需要？此外，以“日常生活需要”为名的金钱借贷在金额上也因家庭差异化难以确定具体标准。若将日常家事理解为衣食住行等琐碎事项，会导致交易金额太小使得共同债务的认定没有司法价值；若认定日常家事范围太大，则易导致共同债务的泛化，这也导致日常代理引发的夫妻共同债务纠纷在认定中存在困难。[②]

对比域外立法，《德国民法典》第1357条规定，“适当家务所需”可行使家事代理权，同时设置了分居的除外适用规则。另外，该规定不适用金钱借贷，因为它不属于直接满足家计需要的交易（如日用品采购）。[③]《法国民法典》在第220条中，将适用范围限定于“以维持家庭日常生活与教育子女为目的”的合同，同时排除了投资活动、大额债务以及分期付款、借贷。[④] 未作除外规定的我国立法，在实践中赋予法官过高的自由裁量权易造成日常家事代理权的宽泛适用。对此，贺剑提出，基于目的性限缩，分居期间已无日常家事代理便利之必要，应排除适用。[⑤] 姚桐提出几种特殊情形的日常家事认定，医疗费用应依据消费主体而区别承担责任，消费贷款不应认定为日常债务。[⑥] 刘征峰提出，反向排除的范围应包括：不动产交易和与自身经济水平不符的大额交易行为、金融投资行为、形成权以及人身专属性的法律行为。[⑦] 史浩明认为，不动产的处分、分期付款

---

① 参见黄薇主编：《中华人民共和国民法典婚姻家庭编释义》，法律出版社2020年版，第70页。

② 参见姚桐：《论〈民法典〉第1064条“家庭日常生活需要”范围的确定》，载《大连理工大学学报（社会科学版）》2023年第2期。

③ 参见叶名怡：《〈婚姻法解释（二）〉第24条废除论——基于相关统计数据的实证分析》，载《法学》2017年第6期。

④ 参见肖峰编著：《民法典婚姻家庭编条文精释与案例实务》，法律出版社2020年版，第131页。

⑤ 参见贺剑：《〈民法典〉第1060条（日常家事代理）评注》，载《南京大学学报（哲学·人文科学·社会科学）》2021年第4期；冉克平：《论因“家庭日常生活需要”引起的夫妻共同债务》，载《江汉论坛》2018年第7期。

⑥ 参见姚桐：《论〈民法典〉第1064条“家庭日常生活需要”范围的确定》，载《大连理工大学学报（社会科学版）》2023年第2期。

⑦ 参见刘征峰：《日常家事代理权》，载薛宁兰、谢鸿飞主编：《民法典评注·婚姻家庭编》，中国法制出版社2020年版，第155－157页。

购买的价值较大的财产、处理夫妻关系另一方与人身相关联的事务，不宜适用日常家事代理权。[①] 诸多学者认为，日常家事代理权应当在一定程度上进行限缩与排除，但其排除范围以及如何界定在当下仍然存在争议。关于“分居期间或提起离婚诉讼期间”日常家事代理权是否排除的问题，因该期间夫妻仍有抚养未成年子女、赡养老人和有条件的相互扶助义务，日常家事代理权尚存在适用空间。而关于特定期间日常家事代理权的范围，即使当下日常家事代理权未作除外限制，但避免认定宽泛加重夫妻债务的承担而对日常家事代理权限制，已成为国际上的主流做法。分居期间双方没有离婚的意思表示，起诉也只是一方有离婚的意思表示，而冷静期期间双方均有离婚的意思表示。举轻以明重，分居期间的日常家事代理权需要进行限制，冷静期内基本信赖关系的破裂使得夫妻共同体逐渐瓦解，日常家事代理权下对非举债方意志的推定则更应当受到限制。

在当前日常家事代理权的除外限制仍然模糊的情况下，再对冷静期期间的日常家事代理权进行排除适用具有较大的困难，或许可以尝试正向保留的做法。法国法中家事代理下的紧急举债权——“配偶一方的医疗费、子女的教育费和医疗费可直接被认为属于日常家事代理范畴”[②]，对该类特殊性权益在冷静期中予以借鉴或许是一条可行的路径，即对家庭成员的医疗费、子女的抚养教育费、老人赡养费等基于赡养、扶养、抚养等义务产生的关涉重大人身利益的代理权予以保留，推定为共同债务，其余情形进行目的性的限缩而排除适用。但夫妻共同债务的认定还关涉交易安全与外部第三人的利益，外部关系应作为主要视角，内部关系为衍生辅助。[③] 因我国并未设置财产登记制度，交易第三人对夫妻双方的婚姻状态、是否处于离婚诉讼或冷静期阶段也尚未知，因此在日常生活需要负债的情形下，应认定为夫妻共同债务，以保障交易第三人的权益。而基于夫妻内部财产关系，则可对日常生活需要进行“限缩”，“紧急举债权”之外的债务，赋

---

① 参见史浩明：《论夫妻日常家事代理权》，载《政治与法律》2005 年第 3 期。

② 参见叶名怡：《〈婚姻法解释（二）〉第 24 条废除论——基于相关统计数据的实证分析》，载《法学》2017 年第 6 期。

③ 参见彭诚信：《〈民法典〉夫妻债务规则的应然理解与未来课题》，载《政法论丛》2020 年第 6 期。

予无过错方追偿请求权，以实现拘束冷静期内的家事代理权与交易第三人权益保障的平衡。最后，对于“共同生活、共同生产经营、共同意思”下超出日常生活需要的个人名义负债，所涉负债数额更大。正如有法院指出，“在离婚前夕或夫妻感情不和时，将借款或经营所得用于夫妻共同生活的可能性甚微”[①]，且建立在极为亲密的夫妻关系基础之上才能认定为共同债务。因此，若有独立收入来源的配偶一方抗辩对举债人的经营或投资行为完全不知情，应对是否属于夫妻共同债务进行更为谨慎的认定。

### （三）冷静期内婚内侵权责任的强化与单方侵权之债的限额处理

1. 婚内夫妻侵权责任

婚内侵权责任是指婚姻关系存续期间，配偶一方因过错侵害另一方合法民事权益，应承担的侵权责任。[②] 我国《民法典》第 1091 条规定了离婚损害赔偿制度，但未对婚内侵权责任进行规定。有学者认为，基于婚内侵权责任不利于家庭和睦[③]、离婚损害赔偿制度的设立否定了婚内侵权责任的可能性[④]、夫妻共同财产制的实行使得婚内侵权责任无实际意义[⑤]等理由，不应设立婚内侵权责任。尽管以上观点具有一定立足点，但在冷静期制度之下，婚内侵权责任的适用有其必要。其一，离婚冷静期适用期间不排除双方关系恶化，甚至侵权行为的发生。而基于冷静期内婚姻关系的非常态化，肯定婚内侵权责任有利于发挥法律的震慑作用，减少冷静期期间的暴力事件。其二，离婚损害赔偿制度仅限《民法典》第 1091 条规定的四种情形（重婚、与他人同居、家庭暴力、虐待遗弃），只能在离婚诉讼时提起。而婚内侵权责任的合法权益包含甚广，可以对当事人人身财产进行更大范围的保护，并提供一种即时性的救济。其三，对于夫妻财产制的考量，正常婚姻存续期间婚内损害赔偿制度易造成“左口袋进，右口袋

---

① 浙江省高级人民法院（2018）浙民再 513 号民事判决书；四川省高级人民法院（2018）川民申 2157 号民事裁定书。

② 参见肖鹏：《婚内侵权责任探析》，载《中华女子学院学报》2012 年第 2 期。

③ 参见于东辉：《离婚损害赔偿制度研究》，人民法院出版社 2006 年版，第 105 – 106 页。

④ 参见王金堂：《论婚内损害赔偿受阻的法律症结及其解决思路》，载《青海社会科学》2010 年第 3 期。

⑤ 参见于东辉：《离婚损害赔偿制度研究》，载《政法论丛》2002 年第 3 期。

出”的尴尬局面。前文已论证了采用扩张解释之方法，冷静期期间所产生的财产权益可归为夫妻个人财产，夫妻个人财产应当得到相应保护。即使不考虑冷静期期间的特殊权利义务关系变动，基于夫妻共有制而反对婚内侵权的观点也忽略了夫妻约定财产制的情形。其四，即便在夫妻共同财产制关系中，也存在诸如婚前财产、医疗费、遗嘱或赠与合同中确定只归一方的财产等专有财产，这为婚内侵权责任的建立提供了物质条件。[①] 综上，冷静期制度虽主要目的是修复婚姻，但仍应将当事人的人身权益置于首位，应在保障双方均不会因此制度而受到损害的前提下适用，故婚内侵权制度的建立具有重要意义，对于冷静期机制的实行也可起到更好的保障作用。

2. 夫妻一方侵权之债

冷静期的设置无法避免此期间一方当事人发生侵权行为，而在婚姻关系异化的情况下配偶是否应当承担共同的侵权赔偿责任？婚姻关系正常存续期间，夫妻一方侵权行为所生债务的定性问题现行法未作规定。学界主要存在以下几种观点：一是个人债务论，因为侵权的民事责任具有制裁性，是对加害人的一种惩罚，不应株连其配偶。[②] 二是共同债务论，实行一般共同财产制的，均应列入夫妻共同债务范围。[③] 三是个人债务推定论，认为一方侵权之债应当推定为行为人的个人债务，除非该债的形成与夫妻家庭生活有关或者家庭因该行为享有利益。[④] 四是共同债务推定论，即推定侵权行为与夫妻共同利益有关，非过错方可举证推翻该推定。[⑤] 五是区分论，一方实施侵权行为，若是为了家庭利益或者事实上使家庭受益的，

---

① 参见郗伟明：《论婚内一般侵权责任制度的建立——兼评离婚损害赔偿制度》，载《南京大学学报（哲学·人文科学·社会科学版）》2010 年第 3 期。

② 参见王跃龙：《无偿保证所生之债务不应认定为夫妻共同债务》，载《法学》2008 年第 10 期。

③ 参见蒋月：《域外民法典中的夫妻债务制度比较研究——兼议对我国相应立法的启示》，载《现代法学》2017 年第 5 期。

④ 参见陆俊芳：《夫妻一方对外形成侵权之债的认定与处理》，载《人民法院报》2015 年 5 月 13 日，第 7 版。

⑤ 参见缪宇：《美国夫妻共同债务制度研究——以美国采行夫妻共同财产制州为中心》，载《法学家》2018 年第 2 期。

应当认定为夫妻共同债务，否则应当认定为个人债务。[①] 对于以上几种观点，侵权与身份关系的交叉，使得争论的核心更偏向于利益衡量问题，是优先保护受害人，还是优先保护无过错方的配偶？

从侵权行为分析，侵权责任以过错为原则，配偶不是加害人，以身份关系要求承担连带责任较为严苛。但出于受害人保护至上的理念以及“夫妻共同体风险与利益一致”理念[②]，受害人的损失应当优先得到填补。美国法下，原则上夫妻共同债务的债权人可就债务人的个人财产和夫妻共同财产受偿，配偶无须以个人财产负连带责任，仅在共同财产份额内对侵权引发的债务承担赔偿责任，值得借鉴。[③] 而同样落回到离婚冷静期期间，夫妻关系解体边缘，一方对他人实施侵权行为，另一方还要承担责任，这显然有悖于正常的社会理念，也容易滋生一方恶意促使另一方分担侵权之债的不良行为。考虑到此因素的影响，无论是正常婚姻关系期间依照受害人保障优先原则承担共同债务责任，还是推定承担共同债务，冷静期期间均应加强对非过错方的权益保护。笔者建议，对非侵权方配偶之责任进行减等或限额处理，除就共同财产中的份额承担有限责任外，还应赋予非过错方追偿权。如此既能保障受害人的利益，又能保障非侵权配偶方被恶意分担侵权之债，更加有利于维护受害人权益保障与非侵权配偶方财产权益的保障。

### （四）冷静期内婚内强奸成立的可能性及损害赔偿义务的扩大化

有学者提出，冷静期期间同居义务可能会相对弱化，所产生的直接结果就是同居义务不能再作为一方迫使对方履行同居义务而可能构成的犯罪与侵权的免除理由。[④] 亦有学者提出，冷静期期间同居义务并不当然中止，

---

① 参见冉克平：《夫妻团体债务的认定及清偿》，载《中国法学》2017 年第 5 期。

② 参见叶名怡：《民法典视野下夫妻一方侵权之债的清偿》，载《法商研究》2021 年第 1 期。

③ 参见缪宇：《美国夫妻共同债务制度研究——以美国采行夫妻共同财产制州为中心》，载《法学家》2018 年第 2 期。

④ 参见张力：《〈民法典〉离婚冷静期条款的适用原理：内涵与外延》，载《法治研究》2022 年第 1 期。

但若一方持反对意见，则同居义务应予中止。[①] 对此，应首先明确我国法律制度中并未设置同居义务，对于“同居义务”的讨论最终指向的是婚姻存续期间的性自主权及是否成立婚内强奸问题。早年间学界对于婚内是否构成强奸行为有一些探讨。否定论者认为，夫妻间具有性的权利和性的义务，不存在强奸的问题。婚姻关系存续与否是刚性的，亦不存在非正常阶段。[②] 肯定论中周永坤教授提出，夫妻间不存在“强意义”上的积极性权利[③]，冀祥德教授提出“耦合权利义务说”[④]，认为婚姻存续期间违背妇女意志构成强奸。笔者认为，合法婚姻关系存续期间，夫妻享有特定的权利和义务，若认定构成强奸罪，可能破坏公序良俗，使个别女性滥用法律条款，不利于维持社会稳定。[⑤] 婚姻关系的特殊性应作为衡量强奸构成与否的重要考量因素，但婚姻关系非常态化下（如离婚诉讼期间、离婚冷静期期间、分居期间等），婚姻关系基本破裂，当事人的自由权利意志应得到充分保护，强奸罪不应再在非常态婚姻关系下排除。司法实践中亦多采此观点，即夫妻正常关系存续期间一般不认定为强奸罪[⑥]，一旦婚姻关系进入离婚诉讼程序[⑦]或本身属于没有夫妻之实[⑧]的非正常关系，不能推定妻子对性行为的同意允诺，构成强奸，此谓冷静期期间的特殊变化。而即便认为正常婚姻关系下成立强奸罪，婚姻关系状况也应当成为重要参考，刑法层面可以给予轻刑化或缓刑处理，更多考虑从民法损害赔偿范围层面予以补给。但在离婚冷静期之类的非正常婚姻关系存续期内，应更倾向于当事人的自主意志保护，对比而言，轻刑化考量可以减小，而民法损害赔偿的

---

① 参见姜大伟：《离婚冷静期：由经验到逻辑——〈民法典〉第1077条评析》，载《华侨大学学报（哲学社会科学版）》2020年第4期。

② 参见刘宪权：《婚内定“强奸”不妥》，载《法学》2000年第3期；石梅堂：《丈夫“强奸”妻子不能构成强奸罪》，载《法学》2000年第3期。

③ 参见周永坤：《婚内强奸罪的法理学分析》，载《法学》2000年第10期。

④ 参见冀祥德：《婚内强奸入罪正当化分析》，载《妇女研究论丛》2014年第5期。

⑤ 参见王海波、赵小雨：《婚内强迫性行为是否构成强奸罪》，载最高人民检察院网2021年12月28日，https：//www. spp. gov. cn/spp/llyj/202 112/t20211228_ 539982. shtml。

⑥ 参见中华人民共和国最高人民法院刑事审判第一庭编：《刑事审判参考》，法律出版社1999年版，第23页；广东省广州市中级人民法院（2019）粤01刑初280号刑事判决书。

⑦ 参见江苏省连云港市中级人民法院（2020）苏07刑申33号驳回申诉通知书；河北省南宫市人民法院（2020）冀0581刑初18号刑事判决书。

⑧ 参见上海市浦东新区人民法院（2011）浦刑初字第685号刑事判决书。

救济较正常婚姻关系下应当加大。

（五）冷静期内夫妻相互继承权与遗产共有制度的中止

对于离婚冷静期与继承制度相关联，所产生的重要问题则是冷静期间夫妻相互继承权是否受到影响，以及冷静期内一方继承所得财产是否视为共同财产的问题。夫妻继承权是指夫妻双方互相具有继承对方遗产的权利，而当离婚冷静期内夫妻关系属于“准离婚”状态时，其相互继承遗产的权利是否中止？有观点认为，2001年《婚姻法》规定了夫妻有相互继承遗产的权利，夫妻别居或冷静期内婚姻关系仍然存在，故在法理上夫妻仍互有继承权，不应通过立法额外排除一方当事人的继承权利。① 但是，法律并非刻板的因循守旧，夫妻相互继承权的确立基础是双方亲密的信赖关系，正常婚姻关系下自可推定夫妻双方继承其财产。但“离婚冷静期”的设置作为离婚的前置程序具有固定性，并非当事人的自愿选择，各方对于排除对方继承权亦具有积极追求的意向。2022年3月，中华遗嘱库发布的白皮书数据显示，离婚冷静期实施一年以来，前来咨询遗嘱订立的人数增多，广泛出现了“离婚不成先立遗嘱”的现象。②“个人设立遗嘱排除对方的继承权”现象的增加与其说是公民法治意识的进步，倒不如说是法律沉默推定对当事人意愿的违背，促使当事人被动承担制度增加所带来的额外负担。基于此，虽然冷静期期间的相互继承权具有适用的规范，但婚姻正常存续期间的夫妻间相互继承与冷静期内夫妻相互继承缺乏类比性，适用原有规范将违反规范之目的——推定夫妻双方具有继承权的基础关系已被破坏，基于规范目的的实现应当进行目的性的限缩，即相互继承权冷静期期间夫妻间的相互继承权应基于信赖关系的丧失而予以中止，在冷静期撤回登记离婚时再自行恢复。

继承权中的第二个问题则是，冷静期内一方因继承或赠与所得财产，配偶一方是否能将其作为共同财产分割？《民法典》第1062条规定，婚姻

① 参见孟德花：《别居与离婚制度研究》，中国人民公安大学出版社2009年版，第82页。

② 参见《中华遗嘱库白皮书（2022年度）》，载中华遗嘱库2023年3月21日，https：//www.will.org.cn/details/1724.html。

关系存续期间，继承或受赠的财产除在遗嘱或赠与合同中确定只归一方外，均应认定为共同财产。立法机关认为，共同财产制下更多关注的是家庭、夫妻共同生活共同体，认为继承受赠财产同工资收入、知识产权权益一样，都是满足婚姻共同体存在的必要财产，应归夫妻共同所有。[①] 但该条在立法编纂时就曾产生争议，根据我国继承法的规定，女婿、儿媳不在法定继承人范围之内，该条规定实质上扩大了法定继承人的范围，对继承编的协调性造成了破坏。此外，就对域外法的观察而言，无论是大陆法系还是英美法系、无论是法定共同财产制还是分别财产制，从尊重赠与人真实意思表示及保护老年人合法权益的角度考虑，均规定夫妻一方继承或受赠财产属于个人特有财产。[②] 婚姻关系正常情况下遗产共有制尚且会违背被继承人意思自治，冷静期期间背离被继承人、赠与人的真实意愿只会更甚。[③] 与之类似的“父母出资购房赠与”的意思推定，从2003年推定为对夫妻双方的赠与，到2011年，《婚姻法司法解释（三）》推定为对自己一方子女的赠与，这说明婚姻共同体程度正在降低，夫妻间财产权属越来越清晰。被继承人的主观意思应得到充分重视。[④] 而至于配偶在赡养扶养老人过程中的付出，可参照遗产酌给权进行补充保护，亦不会产生不公平之法效果。因此，从保护被继承人主观意思角度考量，笔者认为仍应将冷静期期间一方继承所得财产于夫妻共有财产制中进行目的性限缩。同时，可借鉴域外法之相关规定，“以继承、遗赠或赠与方式转移或获得的财产，除非赠与人规定其为共同财产属于夫妻单独财产，否则应属于夫妻一方单独财产”[⑤]，建立如下规则：冷静期内，夫妻一方继承遗赠的财产原则上应认定为继承人、受赠人的个人财产，但配偶一方对财产取得作出贡献的，

---

① 参见黄薇主编：《中华人民共和国民法典婚姻家庭编释义》，法律出版社2020年版，第82页。

② 参见最高人民法院民法典贯彻实施工作领导小组主编：《中华人民共和国民法典婚姻家庭编继承编理解与适用》，人民法院出版社2020年版，第151页。

③ 参见裴桦：《夫妻共同财产制研究》，法律出版社2009年版，第196页。

④ 参见姚桐：《论〈民法典〉第1064条“家庭日常生活需要”范围的确定》，载《大连理工大学学报（社会科学版）》2023年第2期。

⑤ 参见肖峰：《民法典婚姻家庭编条文精释与案例实务》，法律出版社2020年版，第131页。

继承人、受赠人应当给予其必要的补偿。若被继承人、赠与人指明财产归夫妻双方共同所有的，为夫妻共同财产。

综上，就离婚冷静期内夫妻权利义务关系变动，应当以“维护冷静期制度精神即修复婚姻关系”为准则，在人身关系与财产关系上进行区分对待。人身关系层面确定的义务以婚姻关系成立作为依据，义务设置属于底线原则，冷静期期间的扶养、忠实义务等保障关涉当事人的重大人身权益，应当继续维持。而财产关系依据的并非单纯的时间因素，当财产共有所依据的婚姻期间产生的高度信赖关系受到破坏时，财产制、债务、侵权以及继承问题所引发的财产关系，也应随信赖关系的变动发生一定的变化。总而言之，冷静期制度的实施不应过于单薄，除在制度设计与配套实施上应加以完善之外，亦应关注夫妻权利义务关系的变动，以人身权益保障为首位，在财产制度中亦应防止当事人恶意利用冷静期的空白期间损害另一方的权益。

## 四、结语

婚姻不仅具有私人性，也承载了家庭生活的公共性，离婚冷静期制度的设立，正是通过国家行政力量的约束，对夫妻关系进行危机干预以妥善处理婚姻家庭问题的一种手段。该制度对于避免轻率离婚、平衡登记离婚与诉讼离婚间的差距，以及促进婚姻家庭和谐稳定等具有重要价值，体现了立法对婚姻家庭的人文关怀。但其作为新生制度仍呈现“粗线条”模式，为避免冷静期制度孤立存在，应当将其内嵌于整个民法制度体系中，合理解决与其他制度的关联问题，同时须平衡其与离婚自由间的冲突、解决“一刀切”以及反复叠加适用等问题，通过建立弹性化适用机制及采取相关配套措施，以形成更完善的离婚体制机制，发挥冷静期应有的制度功效。

# 公序良俗在情人遗赠纠纷中的适用*

## ——基于私法与基本权利冲突理论的二元视角

刘耀东**

**摘　要**　遗赠是否违背公序良俗，应以遗赠本身为审查对象，而不能以遗赠以外之事实为断。情人遗赠行为是否违背公序良俗，尤其应考察当事人一方遗赠的动机是否将性奉献与经济上的对待给付联结起来，抑或存在其他更值得尊重的动机。但在私法视角下，情人遗赠的效力，总是呈现出完全有效或完全无效的形态。而在基本权利冲突与权衡的视角下，各基本权利相互较量各自在具体个案中的分量，此种权衡和较量之结果体现在法律行为效力上，即既非完全有效亦非完全无效，而是在两者间存在多种可能性，因而更能适应个案中的具体情况，也更具灵活性。

**关键词**　公序良俗　遗赠　基本权利　遗嘱自由

## 一、问题的提出

遗嘱自由原则是当今世界各主要法系继承法的一项基本原则，但由于

* 本文发表于《交大法学》2024 年第 1 期。本文受国家社科基金一般项目“民法典继承编与其他各编的制度协调和规则契合研究”（项目号：18BFX111）的资助。

** 刘耀东，辽宁师范大学法学院副教授，研究方向：民法、家庭法。

遗嘱自由的任意性较大，其在任何国家或地区均受到一定程度的限制。综观各国或地区立法，对于遗嘱自由的限制是多方面的，有赋予遗嘱人之近亲属以“特留份”“必留份”“必继份”等，也有规定不得剥夺“缺乏劳动能力又无生活来源的继承人的必要遗产份额”，还有《民法典》总则编中的“不得违背公序良俗”等。尽管世界各国或地区对遗嘱自由所采取的限制和做法不同，但其共同之处即在于：不论何时何地，只要遗嘱的内容违反法律或公序良俗，该遗嘱都要被认定为无效。2001年被誉为我国公序良俗第一案的“泸州二奶案”便涉及法律行为（遗嘱）是否因背俗而无效的认定与判断。该案判决公布后立即引发了社会的广泛关注以及学术界的热议。随着我国民法学界对于公序良俗原则研究的不断深入，大多数学者均对该案之判决结果持否定态度。[①] 虽然公序良俗作为一个法律概念已为《民法典》明文规定，且分别以基本原则和作为概括条款的具体规则的形式呈现，但对于公序良俗的内涵仍存在争议，其司法适用也仍存在各种乱象。[②] 继“泸州二奶案”之后，2019年的“深圳保姆案”[③] 再次将公序良俗原则在情人遗赠中的适用问题推到聚光灯下，引发社会各界热议。

该案终审裁判与“泸州二奶案”如出一辙，法院基于遗赠人与受遗赠人之间存在同居行为之事实而直接适用公序良俗一般条款认定案涉遗嘱全部、绝对无效。值得一提的是，该案一审裁判认为虽然遗赠人与受遗赠人之间的同居行为有违公序良俗，但并不足以依此认定案涉遗嘱亦违背公序良俗而当然无效。实际上，此类案件背后涉及遗嘱人的意思自治、遗嘱自

---

① 参见于飞：《公序良俗原则研究——以基本原则的具体化为中心》，北京大学出版社2006年版，第213页；黄江东：《公序良俗原则的规范功能》，载《法律适用》2002年第3期；曹明睿：《泸州遗赠案的另一种解读——兼与范愉先生商榷》，载《判决研究》2002年第2期；朱庆育：《法律适用中的概念使用与法律论证——以泸州遗赠案为分析对象》，载郑永流主编：《法哲学与法社会学论丛》总第11期，北京大学出版社2007年版，第255－277页；余净植：《旧案重提：“泸州遗赠案”两种分析路径之省思》，载《法学论坛》2008年第4期；李想：《论宪法视角下公序良俗原则的适用——以“遗赠非法同居人案”为例》，载《中国法律评论》2022年第5期；李岩：《公序良俗原则的司法乱象与本相——兼论公序良俗原则适用的类型化》，载《法学》2015年第11期。

② 关于公序良俗原则司法适用各种乱象的样态可参见李岩：《公序良俗原则的司法乱象与本相——兼论公序良俗原则适用的类型化》，载《法学》2015年第11期。

③ 参见广东省深圳市中级人民法院（2019）粤03民终21725号民事判决书。

由（自由权）与合法婚姻当事人的法定继承权之间的冲突与价值权衡难题，这就需要法院在尊重遗嘱人的遗嘱自由和保护合法婚姻家庭之间进行选择与权衡。在诸如情人遗赠等类似案件中适用公序良俗一般条款时，应当从超出现行法规范之上的法律价值体系中去理解，这种法律价值体系尤其存在于宪法基本权利价值体系中。[①] 换言之，在适用公序良俗一般条款认定民事法律行为无效时，自超出现行法规范之上的更高法律价值体系观之，涉及对私法自治（行为自由）这一宪法基本权利的限制。而根据宪法基本权利冲突理论，限制某一基本权利必须基于保护另一基本权利抑或基于纯粹地维护社会公共利益。亦即，在适用公序良俗一般条款认定遗嘱效力时，可将公序良俗反向还原为个人遗嘱自由（行为自由权）与继承人继承权或合法婚姻家庭保护两种宪法基本权利之间的冲突，进而通过比例原则、利益衡量得出裁判结论。故本文将从私法上法律行为是否违背公序良俗本身的认定与判断以及公序良俗反向回归宪法基本权利价值体系的二元视角，重新审视情人遗赠案的裁判逻辑，以期对公序良俗一般条款的司法适用有所裨益。

## 二、私法视角下情人遗赠效力的认定

遗嘱人基于遗嘱自由原则可任意处分其遗产。原则上，只要遗嘱人自认为合理，即可通过遗嘱任意处分其财产，即使其处理结果在客观上看起来不那么公平合理。但《民法典》第 153 条第 2 款规定的“违背公序良俗的民事法律行为无效”，自应适用于《民法典》继承编，特别是作为单方法律行为之遗嘱。因此，遗嘱内容不得违背公序良俗，否则无效。司法实践中，多数裁判均基于遗赠人与受遗赠人之间存在不正当关系或同居事实而直接认定遗赠无效。如有法院认为，遗嘱人于夫妻关系存续期间，与受遗赠人长期保持不正当关系，有违夫妻忠实义务。遗嘱人基于此种关系订立遗嘱将财产给予受遗赠人的行为，既违反了法律规定的夫妻忠实义务，也违背了基本的社会道德规范，该民事法律行为因违反公序良俗应属无

① 参见王泽鉴：《民法总则》，北京大学出版社 2009 年版，第 231 页。

效。[①] 又如，有法院认为，遗赠人于婚姻关系存续期间与受遗赠人发生婚外情并同居生活，对婚姻不忠行为不仅破坏了合法婚姻、伤害了家庭，而且违背社会基本价值取向及道德观念，自社会公众认知及接受角度应给予否定性评价。遗赠人通过遗赠方式将房产份额赠与婚外第三者，虽表达形式体现了个人意愿及意思自治，但个人处分权的行使应建立在社会公共秩序与善良风俗的框架内，行权的合法性判断应以法律规定及公序良俗作为共同标准。基于婚外同居关系意欲作出补偿进而确立的遗赠协议，违反社会基本道德观念，亦违反社会公德和社会公共利益，应属无效。[②]

### （一）遗赠是否违背公序良俗应以遗嘱本身为评价对象

实际上，在判断遗嘱内容是否违背公序良俗时，应依遗嘱这一法律行为本身是否存在背俗之情事为断，而不能依遗嘱以外的生活事实是否背俗为断。有学者认为："在判断法律行为是否违反善良风俗时，人们倘使不以法律行为为准而是以行为人是否具有道德上的可责性作为判断的基础，是十分危险的。如果人们仅考虑行为人道德上的可指责性，则法官的判决将沦为对当事人道德情操的判断。然而，法官的使命却不在于判断当事人的道德情操。"[③] 德国联邦最高法院在一则"情人遗嘱案（被继承人在剥夺其妻子继承权的情况下立他的情妇为单独继承人）"中即指出："在民法典第138条的框架下，关键的问题并不在于对某一个人的行为进行评判，并对某种不道德的行为进行制裁，而仅仅在于判断某项法律行为本身是否违反了善良风俗……"[④] 由于是否违反善良风俗的判断涉及的对象是法律行为本身，因此，即使当事人的行为是应该受到指责的，但其从事的法律行

---

① 参见北京市高级人民法院（2022）京民申3020号民事裁定书。

② 参见北京市朝阳区人民法院（2015）朝民初字第19569号民事判决书。类似裁判还有山东省烟台市中级人民法院（2021）鲁06民终2050号民事判决书；贵州省遵义市中级人民法院（2021）黔03民终3505号民事判决书；辽宁省锦州市中级人民法院（2021）辽07民终1681号民事判决书。

③ 参见［德］维尔纳·弗卢梅：《法律行为论》，迟颖译，法律出版社2013年版，第444页。

④ 参见［德］迪特尔·梅迪库斯：《德国民法总论》，邵建东译，法律出版社2001年版，第514－515页。

为却可能是有效的。换言之，违反善良风俗针对的是法律行为的无效，而不是法律行为之外的日常生活事实行为，故日常生活事实行为背俗并不影响法律行为的效力，只要法律行为本身不违反善良风俗，其效力就不应该被否定。此亦为德国及我国台湾地区实务所接受，如我国台湾地区 1994 年台上字第 1530 号判决认为："民法"第 72 条所谓法律行为有悖于公序良俗无效，乃指法律行为本身违反社会一般利益及道德观念而言。而法律行为是否违反公序良俗，则应就法律行为的内容以及当事人的动机、目的及其他相关因素综合判断。

或许是受上述德国学说及司法判例影响，司法实践中也不乏持此观点的裁判出现，如在"崔某等与张某法定继承纠纷案"中，上诉人（遗嘱人之子女）主张被上诉人（遗嘱人之保姆，即受遗赠人）与遗嘱人系非法同居关系，案涉遗嘱的内容和目的违反法律规定和公序良俗，属于无效民事法律行为。对此，法院认为案涉遗嘱系遗嘱人生前处分其财产的意思表示，遗嘱本身对于财产的处分并未违反法律规定及公序良俗。①

### （二）遗赠是否违背公序良俗应注重审查遗赠人的动机

通常而言，动机潜藏于行为人内心，不易为他人察知，故原则上不影响法律行为之效力，纵使动机不法或违背公序良俗。但诚如学者所言："虽然不能以法官检查当事人的行为是否违反善良风俗的方式来考量当事人的动机，但是，在具体案例中，却确实不能忽略当事人思想观念（Gesinnung）之可责性，这是因为，只有当人们考虑主观因素时，才能恰当理解法律行为的内容。"② 如果全然不考虑行为人之动机，则在动机违背公序良俗的情况下，法律行为依然有效。如此，不但令行为人违背公序良俗之意图得以实现，而且也使得法院沦为执行行为人背俗意图的工具。③ 故在判断情人遗赠是否违背公序良俗时，重要的是，应从法律行为的内容、动机和目的中得出的整体特征来判断法律行为是否与法律和风俗中的基本价

---

① 参见北京市第三中级人民法院（2021）京 03 民终 19315 号民事判决书。

② 参见［德］维尔纳·弗卢梅：《法律行为论》，迟颖译，法律出版社 2013 年版，第 434－435 页。

③ 参见戴孟勇：《法律行为与公序良俗》，载《法学家》2020 年第 1 期。

值不符。[①] 因此，倘若被继承人的动机完全是为了奖励受益人委身于自己或为继续维持这种性关系，该处分就会被视为违反善良风俗。[②] 对此，德国联邦最高法院确立了如下规则：如果情人获得财产给予只是因为要对其“性”的奉献给予酬报或者只是为了继续维持性关系，即可从动机上推定为违反善良风俗。“也就是说，谴责的关键不在于婚外（伴侣）关系本身，而在于把性奉献与经济上的对待给付联结在一起……据此，对于那些所谓‘情妇遗嘱’应当加以考察，看一个男人把其情妇确定为继承人是否仅仅是或主要是因为想对其在性交往上的‘奉献意愿’给予酬报或奖励，抑或是否‘对他来说首先或起决定作用的除了这些关系之外还有其他的、值得尊重的动机’。”[③] 联邦最高法院在上述“情人遗嘱案”中即指出：“如果被继承人立其情妇为继承人‘旨在酬谢其满足自己的性欲或旨在决定或加强这种两性关系的继续’，那么这种行为通常被认为是违反善良风俗的。相反，如果被继承人具有其他动机，即如旨在给其情妇提供生活保障，则这种行为通常就是有效的。”[④] 但现今司法判例也不再推定性关系是行为人给予对方财产的主导性原因。而由于财产给予人的真实动机往往是无法证明的，因此在今天，几乎所有的财产给予行为，不论其动机是否与性有关，都属有效。[⑤] 遗嘱是否违背公序良俗，应审查的对象已非遗嘱内容本身，而是订立遗嘱的动机，应避免过度道德化；当且仅当遗嘱具有让受益人维持不正当性关系等目的时，始应否认其效力。[⑥]

在日本最高裁判所判决的一则案例中，在遗嘱人死亡之前的七年时间

---

① 参见［德］汉斯·布洛克斯、［德］沃尔夫·迪特里希·瓦尔克：《德国民法总论》，张艳译，中国人民大学出版社2019年版，第157页。

② 参见［德］雷纳·弗兰克、［德］托比亚斯·海尔姆斯：《德国继承法》（第6版），王葆莳、林佳业译，中国政法大学出版社2015年版，第37页。

③ 参见［德］迪特尔·施瓦布：《民法导论》，郑冲译，法律出版社2006年版，第489－490页。

④ 参见［德］迪特尔·梅迪库斯：《德国民法总论》，邵建东译，法律出版社2001年版，第516页。

⑤ 参见［德］迪特尔·梅迪库斯：《德国民法总论》，邵建东译，法律出版社2001年版，第527页。

⑥ 参见徐涤宇、张家勇主编：《〈中华人民共和国民法典〉评注》，中国人民大学出版社2022年版，第1195页。

里，其与第三者以半同居的方式保持着不伦关系，并且该不伦关系早已为家属所知。而遗嘱人生前与其妻子之间的夫妻关系早已名存实亡，他们各自生活。在遗嘱订立前后，遗嘱人与第三者之间的亲密度并没有发生特别的增减。遗嘱人死亡前一年零两个月制作完成该案遗嘱，将全部遗产分成三份，分别遗赠给妻子、已出嫁的女儿和该第三者。最终，最高裁判所认为，该案遗嘱的目的并非继续维持不伦关系，而是专门保全依赖遗嘱人生计的第三者的生活。而且，遗嘱内容并未威胁到其他继承人的生活基础。故不能认为该案遗嘱违反《日本民法》第90条规定而无效。[①]

基于上述观点重新审视“深圳保姆案”中的遗嘱是否有违公序良俗，诚值怀疑！刘某与杨某虽长期婚外同居，但系日常生活事实行为，纵使该行为具有道德上的可苛责性，违反了婚姻法上禁止有配偶者与他人同居之规定，但也仅仅是同居这一生活事实行为有违公序良俗，并不意味着遗嘱（法律行为）违背公序良俗。遗嘱是否违背公序良俗原则而无效，应就遗嘱本身的内容进行审查。而就该案遗嘱内容而言，遗赠人刘某作为完全民事行为能力人且意思表示真实。如上文所述，在判断法律行为是否有违公序良俗时，除应依法律行为本身是否存在背俗之情事为断，尚需审查遗赠人之动机，以确定遗嘱是否违反善良风俗。该案遗赠人刘某分别在先后两份遗嘱书中明确表达了其对杨某遗赠财产之目的是“报答杨某十几年对自己的关心和照顾，为解杨某的后顾之忧”。此种为报答、酬谢“第三者”对其生活上的关心照料以及为免除其后顾之忧而提供生活保障之遗赠动机并不违背公序良俗，且值得尊重。

## 三、基本权利冲突视角下情人遗赠效力的认定

宪法中的基本权利条款确立了客观价值秩序，这个价值体系作为宪法上的基本决定适用于法的所有领域。这个价值体系当然也影响民事法律，民事法律的任何规定都不得与这一价值体系产生矛盾。作为宪法学界通说的基本权利间接第三人效力的理由即在于，基本权利并不单单是个人针对

---

① 最高裁第一小法廷遺言無効確認等請求事件判決，昭61（オ）946号（昭和61年11月20日）。

国家的防御权，而是构成一种客观价值秩序。这种价值秩序作为宪法的基本决定，适用于所有的法律领域，同样也适用于私法。因此，所有的民事法律规定必须按照宪法的精神予以解释。基本权利的目的不是一味地尽可能减少对基本权的干预，而是作为基础性决定来均衡具有同等地位的自由。一个人的自由必须和另一个人的自由协调一致。① 在私法中，基本权利得以"一般条款"为媒介影响审判，一般条款进而也就成为基本权利进入民事法律的"入侵通道"。② 私法中的诚实信用原则不论如何展开，依然只是私法内部法释义学的具体化、精细化，③ 其所有的推理仍可回归私法的原点即意思自治。而公序良俗一般条款或法律、法规的强制性规定对民事法律行为效力的影响则全然不同，二者作为公法与私法之间的管道或桥梁，则旨在调和意思自治原则与其他法律原则间之冲突，而处理原则间冲突之方法与纯粹私法内以意思自治为圭臬的方法判然有别。

### （一）基本权利导入民法作为民事法律行为效力的判断基准

依照基本权利间接适用说，因民事审判权属于国家行为，故受制于基本权利规范。进而，民事法官须基于保护或实现基本权利之理念认定民事法律行为的效力。但也有学者指出，民事审判权受制于基本权利并非因为审判权是权力行为、其本身受制于基本权利的国家活动。法官受制于基本权利并不是因为他作出判决、行使公权力。法官只是在"作为判决基准的规范要求法官在审判时考虑基本权利"这一限度内受制于基本权利。应以审判行为在法律确定的内容上如何受制于基本权利规范为基准，而不是以审判行为本身为基准作出判断。"法官应当审查应适用的实体民法规定是否以一般条款为媒介的间接适用受基本权利的影响。这是宪法要求的。这

---

① 参见［德］福尔克尔·埃平、［德］塞巴斯蒂安·伦茨、［德］菲利普·莱德克：《基本权利》（第 8 版），张冬阳译，北京大学出版社 2023 年版，第 163 页。

② ［日］小山刚：《基本权利保护的法理》，吴东镐、崔东日译，中国政法大学出版社 2021 年版，第 238 页。

③ 参见［德］卡拉里斯：《债务合同法的变化即债务合同法的"具体化"趋势》，张双根译，载《中外法学》2001 年第 1 期。

体现了民事法官受制于基本权利的趣旨。”① 人们适用私法规定解决私法上的纠纷。即便在法院限制基本权利意义上得到保障的私人地位……并在解释一般条款时引用基本权利进行论证，法院适用的依然是私法。② 换言之，我们无法事先判断民事审判权是否受制于基本权利，而应根据个案和具体适用的私法规定进行判断。基本权利作为客观规范在私法中发挥作用，主要是通过这个法域内直接占统治地位的法律规定。而受基本权价值标准影响的私法规范，即包含强制法构成广义上的公共秩序的一部分，亦即出于公益对于个人之间法律关系的构建产生约束力的、私人意思被剥夺的原则。除此之外，就是概括条款即借助民法以外的，甚至法律之外的标准如“善良风俗”判断人的行为。基本权利的价值秩序具有特殊意义，其对私法关系的作用是间接的，该间接效力通过一般条款辐射到民法之上进而对私法关系产生影响。③ 因此，概括条款很准确地被描述为基本权利在民法的“渗入点”。④ 更加正确的观点应是，以基本权利禁止侵犯和要求保护的基本功能作为立足点，法官在对“善良风俗”的概念进行具体化时亦应顾及此两项功能。⑤

因此，基于基本权利理论的视角，民事裁判者就民事法律行为的效力进行判断，尤其是借助于公序良俗概括条款认定民事法律行为无效时，必须结合具体个案和具体适用的民事法律规范，引入基本权利理论作为考量因素，进行广义的、跨法域的体系解释。

---

① Vgl. BverfGE 7，198（205）. 转引自［日］小山刚：《基本权利保护的法理》，吴东镐、崔东日译，中国政法大学出版社 2021 年版，第 208 页。

② Vgl. BverfGE 42，143（148）；BverfGE 7，198（205f.）. 转引自［日］小山刚：《基本权利保护的法理》，吴东镐、崔东日译，中国政法大学出版社 2021 年版，第 208 页。

③ 如在“刘某诉铁道部第二十工程局二处第八工程公司、罗某某工伤赔偿案”中，法院认为，第八工程公司与其职工罗某某签订承包合同，约定施工中发生的工伤事故由罗某某承担，把应由企业承担的风险责任推给承担风险责任能力有限的自然人，不利于对劳动者的保护，有违我国宪法和社会主义公德，属无效民事行为，在罗某某不能全面承担劳动责任时，第八工程公司依法应承担连带责任［参见四川省眉山县人民法院（1999）眉民初字第 9－10 号民事判决书］。该案判决即将宪法中的劳动权这一基本权利通过 1986 年《民法通则》第 58 条第 1 款第 5 项之“公序良俗”概括条款间接作用于民事法律行为效力。

④ 参见［德］福尔克尔·埃平、［德］塞巴斯蒂安·伦茨、［德］菲利普·莱德克：《基本权利》（第 8 版），张冬阳译，北京大学出版社 2023 年版，第 165 页。

⑤ 参见［德］赫尔穆特·科勒：《德国民法总论》，刘洋译，北京大学出版社 2022 年版，第 332 页。

另外，应予注意的是，并非所有的基本权利均可作用于私法关系。实际上，诸如选举权、被选举权、诉讼权等政治权利和程序性基本权利是不可能适用于私法关系的。这些基本权利主要以国家为义务对象，是个人从国家获取利益或要求国家为或不为一定行为的基本权利。反之，诸如言论自由、人身自由等自由权、平等权，以及与民事权利内涵相同的人格权、财产权和继承权等基本权利，均可适用于私法领域。不论是人格权还是财产权抑或继承权，都是先经由民法发展，逐渐成熟后由于特定的社会发展原因上升为基本权利，并丰富了基本权利清单。在解释适用时，如果这些权利受到公权力的侵害，无疑应适用基本权利的解释方法，借助基本权利的防御功能对抗国家权力；而如果仅仅是私人之间的民事纠纷，且私法上已经提供了足够的规范，自无引用宪法基本权利条款之必要性。[①] 换言之，只有当这些可适用于私法领域的基本权利受到侵害、限制或为维护公共利益而有限制之必要且私法上并未提供具体规范而欲借助概括条款裁判时，始可引入基本权利理论以否定或部分否定民事法律行为之效力。

### （二）基本权利冲突理论在私法中的投射

私人生活以自治（自我决定）为圭臬，法不禁止即自由，有序社会的形成依赖于积极的民事法律行为，而民事法律行为的核心要义即在于践行意思自治——契约自由。契约自由与言论自由、人身自由及信仰自由均为宪法自由权之题中之义。宪法虽未规定契约自由为基本权利，但理论与实践均将其作为基本权利进行保护。[②] 将公序良俗具体化，固应考虑基本权利的评价，然亦不可或忘，基本权利中之人格权的自由形成，给予法律行为之形成自由，也为“宪法”所承认。[③] 如在德国法中，合同自由是《德国基本法》第2条第1款规定的一般行为自由的表现形式。合同自由的目标是建立个人在法律生活中自主决定的私人自治，其中原则上依照个人意

① 参见张红：《基本权利与私法》，法律出版社2010年版，第86－87页。

② 如日本学者山本敬三认为，私域自治、契约自由归根结底是可以追溯到宪法第13条的基本自由，不允许国家随意地侵害此种基本权利。参见［日］山本敬三：《民法讲义Ⅰ总则》（第3版），解亘译，北京大学出版社2012年版，第213页。

③ 参见黄立：《民法总则》，中国政法大学出版社2002年版，第337页。

愿缔结合同的权利是其最重要的内容。[①] 当事人之间签订的合同本身就是当事人行使国家应予尊重的自由之结果。合同当事人为基本权利主体，这一事实即强调了契约自由这一基本权利。人们依照自我意志建构法律关系属于一般行为自由，宪法保障个人自律，并将其作为法律生活中的个人的自我决定。即便是在合同之外的领域中，也要面对两个私法主体相互对峙，而这两个私法主体都能够援引基本权利这一无法忽略的事实。[②] 民法规定必须与基本权利表达出来的原则保持一致，这主要适用于包含了强制规范、限制私法自治的私法规定。私法自治基于自我决定的原则，也就是以自由自主决定条件确实存在为前提。如果合同一方过于强势，能够事实上单方面决定合同条件，那么对于另一方来说就不能视为自我决定。在双方不存在势力均衡的情况下，利用合同法工具就很难实现利益的公正均衡。如果在这种情形下存在基本权利保护的地位，那么国家规定必须充分干预，以提供基本权利保护。即使立法者没有为特定生活领域或者为特定合同形式出台强制合同法规范，也不意味着对合同实践放任自流。相反，民法概括性条款作为过度禁止进行干预，具体化和适用这些概括性条款时，要注意基本权。[③] 如果基本权利已经为具体法律规范所保护，则适用该具体法律规范即保护基本权利；如果基本权利尚未为具体强制性规范所保护，则这些基本权利就属于形式上游离于法律之外的道德，需要透过民法中的公序良俗条款将其导入民法而得到民法的保护，从而实现国家基本权利的保护义务。[④] 对于后者而言，侵害基本权利的民事法律行为之所以无效，是因为其触犯了法律行为背俗无效的规则。

民法中的不确定法律概念和概括条款构成基本权利不可缺失的“引入大门”，而且还不限于此，如《德国民法典》第 138 条第 1 款规定中的“善良风俗”概念。何种情况构成违反善良风俗，何种情形视为违反善良

---

① 参见［德］福尔克尔·埃平、［德］塞巴斯蒂安·伦茨、［德］菲利普·莱德克：《基本权利》（第 8 版），张冬阳译，北京大学出版社 2023 年版，第 273 页。

② 参见［日］小山刚：《基本权利保护的法理》，吴东镐、崔东日译，中国政法大学出版社 2021 年版，第 247 – 248 页。

③ 参见［德］福尔克尔·埃平、［德］塞巴斯蒂安·伦茨、［德］菲利普·莱德克：《基本权利》（第 8 版），张冬阳译，北京大学出版社 2023 年版，第 168 页。

④ 参见张红：《基本权利与私法》，法律出版社 2010 年版，第 131 页。

风俗，从而使法律行为无效，对这些问题的回答要考虑基本权利的标准。两个同等强度的双方通过自由协商一致形成的合同规定，通常没有宪法疑问。而在劳动法和租赁法等规范下，当双方有明显的权力差别，存在依赖关系，则要特别注意基本权利的意义。在这种情形下，要以基本权利判断标准对所谓的自由协商的协议进行审查。① 基本权利具有防御性，国家不得擅自侵害契约自由；国家又负有保护基本权利之义务，故当公民的基本权利遭受法律行为（契约自由）的侵害时，国家应跨过契约自由来保护被侵害的基本权利。如此，对于侵害基本权利之民事法律行为的效力判断实际上变成了两类基本权利之间的冲突与权衡。民事法官成为基本权利冲突的裁判者，其必须在个案中就此基本权利冲突作出判断。对一种基本权利的保护就是对另一种基本权利的限制，就情人遗赠的效力而言，即涉及遗赠人的遗嘱自由与法定继承人（配偶、子女等）继承权两基本权利之间的冲突。此时，民事法官作为公权力行使的代表又应遵循比例原则，在对一方当事人基本权利限制之基础上进行裁判。基于比例原则的要求，民事法官不得动辄以法律行为侵害基本权利为由而否定其效力，而应遵循妥当性、必要性和损益相称性作出综合判断。

根据宪法基本权利冲突理论，限制某一私法主体的基本权利必须存在法律上正当性的理由，该正当性理由要么是出于维护另一基本权利，要么是出于维护公共利益的要求。前者即“真正的基本权利冲突”，系同为基本权利主体的私人侵害其他私人的基本权利法益，相互冲突的均为基本权利。在此情形下，对一方私法主体基本权利的限制即构成对另一方私法主体基本权利的保护。对于请求保护者（受害人）而言，国家保护义务的履行意味着对其基本权利法益的保护，但对于其他私人（侵权人）而言，它却表现为一种自由的限制。② 例如，生命健康保护与业主的营业自由、人格权保护与表达自由等。山本敬三教授正是从宪法基本权的视角提出对公序良俗的重构，他认为，《日本民法》第 90 条关于公序良俗之规定，是限

① 参见［德］福尔克尔·埃平、［德］塞巴斯蒂安·伦茨、［德］菲利普·莱德克：《基本权利》（第 8 版），张冬阳译，北京大学出版社 2023 年版，第 164 页。

② 参见［日］小山刚：《基本权利保护的法理》，吴东镐、崔东日译，中国政法大学出版社 2021 年版，第 62 – 63 页。

制契约自由、私域自治的规定，但私域自治、契约自由归根结底是可以追溯到《日本宪法》第13条的基本自由，不允许国家随意侵害此种基本权利。因此，就要求对公序良俗内容的解释不得构成对私域自治、契约自由的不当介入。而使这种对私域自治、契约自由的介入得以正当化的理由，可以有两条：一为对基本权利的保护，即国家负有保护个人的基本权利不受他人侵害的义务。为履行该保护义务，对加害人一方的基本权利（即契约自由）的制约得以正当化。二为对基本权利的支援，即便个人的基本权利并未遭受侵害，为使其基本权利能够更好地实现而采取各种措施。对此，法官能够做的仅限于以法令为线索，为所采用的政策更好实行提供帮助。[①] 而处理真正的基本权利冲突，司法机关应遵循比例原则和禁止保护不足原则之要求。[②] 后者则被称为"基本权利的公益限制"，即私法主体的基本权利（行为自由）与社会公共利益之间产生冲突，为维护或实现公共利益而对私主体的法律行为自由进行限制。因此，民事法律行为违背公序良俗而无效，在宪法基本权利冲突的视角下可表述为：民事主体在私法领域内之行为自由，因保护他方当事人的基本权利或为维护公共利益而受到限制所产生的私法效果。情人遗赠是否违背公序良俗而无效，显然属于真正的基本权利冲突，而与公共利益的维护无涉。

### （三）公序良俗反向还原宪法基本权保护

公序良俗原则的核心功能在于发挥转介作用，即将民法之外的规范引入民法之中。公序良俗原则犹如一根双头虹管，一头插入法律价值层面，一头插入社会伦理层面，使民法典可以不断吸收这两个层面的营养，从而在不修改民法典的情况下实质性地更新自己的规则。[③] 而公序良俗中插入法律价值层面的则是其中的"公共秩序"，插入社会伦理层面的则是"善良风俗"。换言之，公共秩序是现行法（法律、行政法规）中强制性规范

---

① 参见［日］山本敬三：《民法讲义Ⅰ总则》（第3版），解亘译，北京大学出版社2012年版，第213－214页。

② 参见陈征：《论部门法保护基本权利的义务及其待解决的问题》，载《中国法律评论》2019年第1期。

③ 参见陈甦主编：《民法总则评注》（上册），法律出版社2017年版，第58页。

所构建的法秩序的补充，将法律、行政法规之外的强制性规定引入民法以作为判定民事法律行为效力的依据，故强制法构成广义上的公共秩序的一部分；[①] 而善良风俗则是法律之外的标准，即社会一般道德或社会最低伦理标准。如德国学者所言，对于社会戒令在个案中作出何种要求的判断，首先要从特定时间点民众思想文化发展所达到的且在宪法中沉淀下来的价值理念整体上考虑。[②] 确切地说，私人能够侵害的并不是基本权利，而是存在于其背后的基本权利法益。法院本应当考量一方当事人的基本权利法益，如果法院并没有这么做，忽略掉其他当事人对该当事人基本权利的侵害，其结果，判决将造成对该当事人基本权利法益的侵害（如判决情人遗赠违背公序良俗而绝对无效即完全排除遗赠人的遗嘱自由，侵害了遗赠人的基本权利——笔者注）。在这种情形下，法官不能忽略相关私人的侵害，而应当把关联私法规定解释成符合宪法上基本权利保障的趣旨。[③]

另外，公序良俗原则与公序良俗概括条款也使比例原则得以适用于私法之中。比例原则作为利益冲突的权衡工具，其在私法中是以方法规范的形式得以普遍适用，作为方法规范的比例原则，其运用全凭权衡命令。而权衡命令多以默示形式内含于概括条款、价值概念及成文化的基本原则，如我国《民法典》中所规定的公序良俗原则与公序良俗概括条款。[④] 以下通过基本权利冲突的权衡对情人遗赠的法律效力进行探讨。

1. 遗赠人之遗嘱自由与配偶继承权的权衡

情人遗赠案涉及我国《民法典》继承编规则与总则编公序良俗原则（具体而言为公序良俗概括条款）之间的冲突。如上文所述，在适用公序良俗原则限制甚至剥夺法律行为自由或者对公序良俗进行价值填充时，要注意基本权利。或言之，何种情形下构成违反公序良俗，从而使得民事法律行为无效，对这些问题的回答要考虑基本权利标准。故对于二者之间的

---

① 狭义上的公共秩序即由法律、行政法规中的强制性和禁止性规范所构成的法秩序。

② 参见［德］福尔克尔·埃平、［德］塞巴斯蒂安·伦茨、［德］菲利普·莱德克：《基本权利》（第8版），张冬阳译，北京大学出版社2023年版，第165页。

③ 参见［日］小山刚：《基本权利保护的法理》，吴东镐、崔东日译，中国政法大学出版社2021年版，第239页。

④ 参见张兰兰：《作为权衡方法的比例原则》，载《法制与社会发展》2022年第3期。

冲突可以反向还原为遗赠人遗嘱自由与配偶继承权两基本权利之间的冲突。对于基本权利之间冲突的权衡，我们不妨借鉴阿列克西的碰撞法则和权衡法则，即法院应根据案件的具体情况，确定相冲突的原则之一相对于另一个原则的条件式优先关系。在某些条件下，基本权利有着更重的分量，因而具有优先性；而在其他条件下，情形则可能恰恰相反。基本权利的优先性暗示了它的法效果具有强制性。满足优先条件就会产生优先原则的法效果。即在某些条件下某一基本权利优先于另一基本权利，这些条件事实上就有效地构成了一项规则，该规则赋予具有优先性的基本权利以法效果。[①] 而且，根据碰撞法则，同一体系的基本权利之间的优先关系不是绝对不变的，而是相对的或有条件的。换言之，基本权利之间的优先关系取决于具体个案中的影响条件或因素。而基本权利之间的权衡蕴含着比例原则，比例原则中的适切性和必要性这两个子原则不涉及权衡，而是对基本权利侵害的避免，涉及帕累托最优。相反，狭义上的比例原则涉及的是法律上可能性的最佳化，这是一个权衡的领域。权衡法则的核心被阿列克西概括为：一个基本权利的不满足程度或受损害程度越高，另一基本权利被满足的重要性就必须越大。[②] 根据权衡法则，权衡分为三步：第一步是确认一个基本权利的受损害程度；第二步即确认相对立的基本权利被满足的重要性程度；第三步则是确认相对立的基本权利被满足的重要性能否证成对另一基本权利的损害或不满足。[③]

遗赠人通过遗嘱将其遗产赠与婚外第三者，这是基于遗嘱自由行使私有财产权的体现。此在我国《民法典》继承编背景下本无可厚非，在不违反法律、行政法规强制性规定等例外情形下，遗嘱人本就可以通过遗嘱任意排除法定继承人的继承权，此时对遗嘱人行为自由的保护优先于继承人之继承权。但遗嘱人将遗产遗赠给与其存在不正当关系的第三者之情形

---

① 参见［德］罗伯特·阿列克西：《法：作为理性的制度化》，雷磊编译，中国法制出版社2012年版，第135页。

② 参见［德］罗伯特·阿列克西：《法：作为理性的制度化》，雷磊编译，中国法制出版社2012年版，第150页。

③ 参见［德］罗伯特·阿列克西：《法：作为理性的制度化》，雷磊编译，中国法制出版社2012年版，第150页。

下，便涉及遗赠可能存在违背公序良俗之情事，此时遗嘱人之遗嘱自由便应当受到一定程度的限制，而对遗嘱人遗嘱自由的限制程度则应视其遗嘱违背公序良俗的程度或对配偶继承权的损害程度成比例。首先，根据适切性原则，对基本权利的限制必须有助于达成意欲实现的目的。对遗嘱人遗嘱自由的限制，无疑有助于达到对配偶继承权和合法婚姻家庭保护的目的。因此，限制遗嘱人的遗嘱自由即以违背公序良俗为由认定遗嘱无效可以通过适切性的审查。其次，必要性原则要求当存在多个可达成目的的手段或方式时，应当选择对基本权利损害（副作用）最小的手段，即禁止用大炮打麻雀。很显然，认定情人遗赠违背公序良俗而绝对无效并非对遗嘱自由损害最小的手段。在具体个案中，对于合法婚姻家庭利益以及配偶继承权的保护，并不一定要求完全限制遗嘱人之遗嘱自由或彻底否定遗嘱的效力。有时在保证配偶法定继承份额的限度内部分否定遗赠效力即可实现对配偶合法权益的保护。换言之，配偶的法定应继份发挥着“调节器”的作用：当配偶有过错时，可根据其过错程度相应地酌减其继承份额；反之，当配偶无过错时，令遗赠在其继承份额之范围内部分无效。故完全剥夺或限制遗嘱人的遗嘱自由即令遗嘱完全无效，无疑对配偶继承权益有保护过度之嫌。同时，法律行为绝对无效之外，尚存在部分无效、效力待定、相对无效等亦可同样实现该保护目的的手段。显然，令遗赠绝对无效无法通过必要性原则的审查。最后，根据均衡性原则要求，对基本权利的限制应与其所达成的目的之间合乎比例。具体而言，对遗赠人遗嘱自由的限制应与配偶继承权以及合法婚姻家庭的保护目的之间成比例。阿列克西所言的权衡法则恰恰体现在狭义的比例原则当中，因为这里涉及的是法律上可能性的最佳化。法律行为是否违背公序良俗本身是一个权衡的过程，其判断的核心并非具体个案涉及伦理价值秩序与否，而是该伦理因素于个案中的比重能否胜过或超过对方，即个案中伦理因素的比重能否胜过或超过维持法律行为的效力即维持行为自由或意思自决所占的比重，或言之，维护婚姻家庭与配偶法定继承权的比重能否超过对遗赠人遗嘱自由的保护。简言之，法官应进行有学者所谓的“超越论证”,[①] 或于两者之间构建“优位关系”。

2. 权衡的法律效果选择

根据阿列克西的权衡法则，对一个基本权利侵害程度越高，另一个基本权利被满足的重要性就要越大，否则便不符合比例原则，因而也不可能是法律上的最优。情人遗赠违背公序良俗完全无效无疑是对遗嘱人遗嘱自由最严重的侵害，这就需要配偶继承权和合法婚姻家庭受保护的重要性程度越大。而如前文所述，在多数情人遗赠纠纷案中，配偶继承权较之遗嘱自由需被保护的重要性程度并不具有明显优先性。或言之，可通过配偶继承份额的调整或可接受性以使二者之间的比重合乎比例。而两相冲突的基本权利权衡的结果于私法上的反映即在遗赠完全无效（遗嘱自由限制最重）和完全有效（遗嘱自由不受限制）之间，尚存在其他选项，如部分无效、效力待定、相对无效等柔化绝对无效的结果。[②] 理论上也有学者持同样见解，认为在对婚外第三者给予最大程度保护（即认定遗赠全部有效）与不给予婚外第三者任何保护（即认定遗赠绝对无效）两个极端之间，尚有给予其不同程度保护的其他选项,[③] 即并非“一刀切”式的全有或全无，而是根据个案具体情况的部分无效。故配偶依然可主张一定的继承份额，但该继承份额不能完全剥夺遗嘱人的遗嘱自由。同样，婚外第三者亦可基于部分有效的遗嘱而主张受遗赠权取得部分财产。[④] 司法实践中也有裁判认为，遗赠人将遗产遗赠给与其有同居关系之第三者的行为虽系其真实意思表示，但内容和目的违反了法律规定和公序良俗，损害了社会公德，破坏了公共秩序，应属无效民事法律行为。但同时，法院基于第三者在遗赠人晚年对其进行了护理和照顾的事实，依据《继承法》有关规定，判决其

---

① 参见于飞：《〈民法典〉公序良俗概括条款司法适用的谦抑性》，载《中国法律评论》2022 年第 4 期。

② 参见章程：《从基本权理论看法律行为之阻却生效要件——一个跨法域释义学的尝试》，载《法学研究》2019 年第 2 期。

③ 参见余净植：《旧案重提：“泸州遗赠案”两种分析路径之省思》，载《法学论坛》2008 年第 4 期。

④ 参见李想：《论宪法视角下公序良俗原则的适用——以“遗赠非法同居人案”为例》，载《中国法律评论》2022 年第 5 期。

与其他继承人平均分配遗赠人的遗产。[①] 该判决虽然认定遗赠无效，但在某种程度上兼顾了法定继承人之继承权与受遗赠人的受遗赠权。

## 四、结论

基于我国《民法典》第 153 条第 2 款的公序良俗概括条款认定情人遗赠的效力时，由于公序良俗概括条款属于具体规则，因而以完全有效或完全无效的方式适用。如果规则是有效的，就必须接受该规则所提供的解决办法，[②] 即规则是确定性的命令。但就情人遗赠纠纷而言，如果认定遗嘱违背公序良俗则遗赠绝对无效；反之，如果认定遗嘱不违背公序良俗则遗赠即完全有效，亦即规则是以全有或全无的方式适用，在完全有效和完全无效之外不存在第三种效力形态或中间状态。而在宪法基本权利冲突与权衡的视角下，各基本权利需要较量它们在具体个案中的分量，并以此决定最终的适用。基本权利之间的权衡无法像规则的适用一样“全有或全无”地确定适用，权衡是法律上可能性的最佳化，最佳化即意味着相冲突的基本权利在个案中都要求在可能的范围内得到最大的实现和满足，权衡的目的也正是使处于紧张状态的各基本权利在个案中获得理想的平衡，最终达到整体的最佳化。这就意味着，相互冲突的基本权利都可能在一定程度上得以实现或部分地被满足。这种相冲突的基本权利权衡之结果在私法上的体现或言之对遗嘱效力的影响既非完全有效亦非完全无效，而是在完全有效与完全无效之间存在多种可能性，即存在多种中间效力状态。因此，基于宪法基本权利冲突与权衡的视角，情人遗赠纠纷的裁判结果较之于单纯私法视野中的公序良俗概括条款的适用结果存在更多的可能性，因而也更能适应个案中的具体情形，更具灵活性，但也因此增加了司法者的论证说理负担。

---

① 参见广东省高级人民法院（2018）粤民申 13188 号民事裁定书。

② 参见［美］罗纳德·德沃金：《认真对待权利》，信春鹰、吴玉章译，中国大百科全书出版社 1998 年版，第 43 页。

## 第三专题

# 遗嘱继承与遗嘱信托的理论与实践

# 我国放弃继承规则的司法适用困境及其立法完善

陈　法*

**摘　要**　我国《民法典》和《最高人民法院关于适用〈中华人民共和国民法典〉继承编的解释（一）》就放弃继承规则于放弃继承权主体、意思表示作出形式和期间、法律效果等方面作出规定。其中，该规则对放弃继承的效力进行了有条件的限定，即导致不能履行法定义务的放弃继承行为不具有法律效力。但在遗产债权人以放弃继承权人为被告的遗产债务清偿纠纷案件中，我国理论界和实务界对“法定义务”内涵的认识尚存分歧，导致类案裁判尺度不一。从放弃继承规则的立法完善路径考察，建议细化放弃继承意思表示的具体期间与对象、明晰放弃继承的限制条件、补充全体继承人放弃继承后的遗产管理规则。

**关键词**　放弃继承规则　法定义务　遗产管理规则

* 陈法，重庆市第一中级人民法院法官助理，重庆大学法学院民商法博士研究生，中国法学会婚姻法学研究会会员，研究方向：婚姻家庭法学。

## 一、问题的提出：三方（继承人、遗产债权人、继承人的债权人）利益衡平以及法律适用分歧

放弃继承亦即抛弃继承，指继承开始后，继承人所为的消灭继承效力的单方法律行为，其自始不取得被继承人财产上之权利，亦不负担被继承人之债务。① 全体继承人均放弃继承时，如何处理被继承人遗留的债务清偿问题，不仅涉及继承人的利益，也涉及遗产债权人的利益和继承人的债权人的利益。现代继承法确立的继承人自愿接受继承与放弃继承之规则，其立法宗旨“不仅仅是尊重和保障继承人的意思自治，还在于平衡继承人、遗产债权人以及继承人的债权人的利益”。② 目前，我国《民法典》与《最高人民法院关于适用〈中华人民共和国民法典〉继承编的解释（一）》（以下简称《继承编解释（一）》）有关放弃继承规则的规定，主要延续了我国1985年《继承法》及其司法解释的相关内容，从放弃继承权主体、意思表示作出的形式和期间、法律效果等方面作出规定。

日常生活中，因我国放弃继承的意思表示作出期间是继承开始后、遗产分割前的概括期间，具体期间可长可短，继承人如迟延表示其是否选择接受继承，甚至在遗产分割前才表示放弃继承，可能导致无法及时确定遗产管理人，因而无人及时清理遗产、制作遗产清单和管理遗产，进而可能导致遗产减损或被不当处理，最终影响遗产债权人之债权实现。为避免出现以上情况，《继承编解释（一）》第32条对放弃继承的效力进行了有条件的限制，即导致不能履行法定义务的放弃继承行为不具有法律效力。但因对“法定义务”的内涵未予明列，目前我国理论界和实务界对“法定义务”内涵的理解存在分歧。对全体继承人均放弃继承后的遗产管理人，虽然《民法典》第1145条已规定由法定机构（被继承人生前住所地的民政部门或村民委员会）担任，但现实生活中不乏遗产债权人仍然以放弃继承权人为被告提起遗产债务清偿纠纷的诉讼，要求其承担遗产债务清偿责

---

① 参见林秀雄：《继承法讲义》，台北，元照出版公司2012年版，第188页。

② 陈苇主编：《外国继承法比较与中国民法典继承编制定研究》，北京大学出版社2011年版，第86页。

任。这类案件如何处理，在司法实务中尚未形成一致意见，类案处理的裁判尺度不一有损司法公信力。以下笔者以全体继承人均放弃继承之遗产债务清偿纠纷案件处理为视角，研究我国放弃继承规则的司法适用困境及其立法完善问题。

## 二、考察与评析：我国放弃继承规则及其司法适用的认识分歧

### （一）规则考察

关于我国现行的放弃继承规则，《民法典》及其司法解释从以下四个方面进行了规定：（1）放弃继承的权利与遗产债务的清偿责任。继承开始后继承人依法享有自愿放弃继承的权利，放弃继承的意思表示应当在遗产处理前以书面形式作出，此后其对被继承人的遗产债务可不负清偿责任。①（2）继承人均放弃继承后，由法定机构担任遗产管理人，即由被继承人生前住所地的民政部门或村民委员会担任遗产管理人。②（3）放弃继承的意思表示作出期间，被限制在“继承开始后、遗产分割前”作出。③（4）放弃继承效力的限制条件，因放弃继承导致不能履行法定义务的不具有法律效力。④在《继承编解释（一）》第32条实施之后，2022年5月，最高人民法院民一庭“关于婚姻家事类案件相关的48个实务问答”第20个问答指出，该“法定义务”的内涵应当包括偿还被继承人生前所欠的一切债务

① 《民法典》第1124条第1款规定：“继承开始后，继承人放弃继承的，应当在遗产处理前，以书面形式作出放弃继承的表示；没有表示的，视为接受继承。”第1161条第2款规定：“继承人放弃继承的，对被继承人依法应当缴纳的税款和债务可以不负清偿责任。”

② 《民法典》第1145条规定，“……没有继承人或者继承人均放弃继承的，由被继承人生前住所地的民政部门或者村民委员会担任遗产管理人”。

③ 《继承编解释（一）》第35条规定：“继承人放弃继承的意思表示，应当在继承开始后、遗产分割前作出。遗产分割后表示放弃的不再是继承权，而是所有权。”

④ 《继承编解释（一）》第32条规定：“继承人因放弃继承权，致其不能履行法定义务的，放弃继承权的行为无效。”

(含法定义务之债与约定义务之债)。[①] 即该“实务问答”对“法定义务”作了扩张解释，放弃继承的行为凡导致遗产债务（无论是法定义务之债，还是约定义务之债）无人承担清偿责任的，一律无效。

### (二) 司法适用认识分歧之考察

针对债权人追索被继承人生前债务纠纷的诉讼案件，考察我国《民法典》实施后近两年的有关司法判决文书，当全体继承人或唯一继承人放弃继承而影响被继承人的生前债务清偿时，目前裁判者对放弃继承规则的法律适用认识尚未统一，主要有以下不同的观点：

第一种观点认为，放弃继承的行为凡导致遗产债务无人在遗产范围内承担清偿责任的，一律无效。此类裁判文书的主要观点如下：如被继承人生前所欠民间借贷债务，放弃继承权行为导致无人负责清偿的，属于不能履行法定义务故无效，该继承人仍应在继承遗产的范围内承担还款责任[②]；又如，对被继承人生前所欠金融借款合同债务，唯一继承人放弃继承后不利于查明遗产状况和对遗产进行处理，而要求继承人在遗产范围内承担被继承人的债务清偿责任，不涉及继承人的个人财产范围，继承人是否放弃继承并未额外加重其责任。为平等保护当事人的合法权利，继承人放弃继承行为无效，其应在遗产范围内承担清偿遗产债务的责任。[③]

第二种观点认为，应有条件地认定放弃继承行为的效力。即认定放弃继承行为是否无效，应当区分“法定义务”与约定义务。此类裁判文书的主要观点如下：《继承编解释（一）》第32条规定的法定义务，主要指夫妻间的扶养义务、子女对父母的赡养义务、父母对未成年子女的抚养义务，负有法定义务的继承人在不履行上述义务的情况下放弃继承权的行为

---

① 2022年5月6日发布的最高人民法院民一庭“关于婚姻家事类案件相关的48个实务问答”中规定：“债权人追索被继承人生前债务的案件，如法定继承人明确表示放弃继承的，法院如何判决？答：为保护债权人的合法权益，人民法院应当认定放弃继承无效，通知继承人参加诉讼，并依法判决继承人以被继承人的实际财产价值为限清偿债务。”《最高院民一庭：关于婚姻家事类案件相关的48个实务问答》，载微信公众号“最高人民法院司法案例研究院”2022年5月6日，https://mp.weixin.qq.com/s/zM-lVy6y8AfpHOetF4bNUw。

② 参见湖南省张家界市永定区人民法院（2021）湘0802民初1983号民事判决书。

③ 参见辽宁省大连市中级人民法院（2022）辽02民终569号民事判决书。

无效。但如果是基于契约行为而产生的约定义务，并非法定义务，应当承认其自由处分自己的权益，该放弃继承的行为有效。[①]

第三种观点认为，既有条件地认定放弃继承行为有效，也认定放弃继承人有对被继承人遗产管理的权利，其应当负责协助清偿遗产债务。此类裁判文书认为，放弃继承权是立法赋予的法定权利，否认继承人放弃继承的效力限于不能履行法定义务，仅指抚养、扶养、纳税等义务。继承人放弃继承后，不能再要求其清偿被继承人生前所欠民间借贷债务，其放弃继承行为有效。但继承人在法律上有对被继承人遗产管理的权利，故在处理遗产以清偿本案债务时，其应有配合、协助的责任，即其放弃继承后仍应管理遗产，以被继承人的遗产协助清偿遗产债务。[②]

### （三）认识分歧之评析

笔者认为，首先，《民法典》继承编赋予继承人自愿放弃继承的法定权利应当受到承认和保护，但放弃继承的意思表示作出期间须受较短法定期间之限制。同时，我国立法已经明确遗产债务清偿的责任财产范围，不能因放弃继承对遗产债权人的利益产生不利影响，对遗产债权人向人民法院提出否认放弃继承效力而实行强制继承的请求予以支持。其次，对于放弃继承行为的效力可以采取有条件的否定，对继承人而言，不能履行“法定义务”的内涵应当限于私法领域家庭成员的“赡养、抚养、扶养”三种法定义务，而不宜扩张到私法领域的约定义务和公法领域的法定纳税义务。最后，应当明确在法定机构出任遗产管理人之前，继承人应当担任遗产管理人，承担在遗产实际价值范围内清偿被继承人生前债务的职责。主要理由如下：

1. 放弃继承应予尊重，强制继承应予慎重

基于社会的发展进步，现代继承法已经摒弃了古代继承法基于身份继承为主的强制继承和无限责任继承，而是专行财产继承且采取自愿继承和

① 参见广西壮族自治区防城港市中级人民法院（2022）桂06民终276号民事判决书。

② 参见广西壮族自治区南宁市青秀区人民法院（2021）桂0103民初6776号民事判决书。

有限责任继承。[①] 在我国，自 1985 年《继承法》起至《民法典》继承编均采取自愿继承和有限责任继承。[②] 基于意思自治原则，《民法典》继承编明确规定继承人之自愿接受继承与放弃继承的规则，即继承人在继承开始后、遗产处理前享有自愿选择接受继承与放弃继承的民事权利，放弃继承的意思表示一经书面形式向遗产管理人或其他继承人作出，即可生效[③]，故继承人放弃继承的权利依法应当予以承认和保护。但是，继承开始后需要及时处理以下事项：选任遗产管理人，及时通知继承人参加继承、通知或公告遗产债权人申报债权、清点遗产和制作遗产清单、妥善管理遗产、处理被继承人的债权债务等，故对放弃继承的意思表示作出期间须有法定较短期间的限制。目前我国对该期间规定为“继承开始后、遗产分割前”，因遗产分割时间具有一定的人为操作性，故此期间是不确定的、可长可短的，不利于前述继承开始后需要处理事项的及时处理，因而可能损害遗产债权人利益和继承人的债权人利益。再从遗产债务清偿的责任财产考察来看，基于限定继承原则[④]，即使全体继承人均放弃继承，被继承人的遗产仍然也是清偿被继承人生前所欠债务的责任财产，故对遗产债权人而言，放弃继承对于遗产的实际价值并不会减损，所以人民法院对其提出否认放弃继承的效力而实行强制继承的请求，不应予以支持。[⑤]

2. 放弃继承的限制条件“法定义务”的内涵应予明晰

首先，必须明确此处因放弃继承导致不能履行“法定义务”的债权人，只是继承人的债权人，而不是被继承人的债权人。盖因自然人的民事权利“始于出生，终于死亡”，被继承人死亡后不能作为放弃继承权的主体，也不会发生因其放弃继承导致不能履行“法定义务”的债权人。其

---

① 参见杨立新：《中国民法典释评·继承编》，中国人民大学出版社 2020 年版，第 258 – 260 页。

② 参见 1985 年《继承法》第 25、33 条和《民法典》第 1124 条第 1 款、第 1161 条第 1 款。

③ 参见《民法典》第 1124 条第 1 款和《继承编解释（一）》第 33 条。

④ 《民法典》第 1161 条规定，“继承人以所得遗产实际价值为限清偿被继承人依法应当缴纳的税款和债务……”。

⑤ 由于《民法典》第 1161 条第 2 款规定，继承人放弃继承后对于遗产债权人的债务不负清偿责任，故本文后续需要探讨的是继承人放弃继承后是否应当担任遗产管理人，以履行遗产债务的清偿职责的问题，详见后述。

次，应当明确此处是“法定义务”，而非包含约定义务的“法律义务”。目前，就“法定义务”的具体内涵，我国学者和法律实务工作者在理论上，有的解释为“法定义务”是指以下三种类型的债务：一是继承人对被继承人所欠的法定抚养义务之债，即继承人“有责任有能力尽法定的抚养义务而不尽形成的债务”；二是“被继承人为继承人个人事务”（上大学、结婚、买房等）所欠之债；三是继承人为“支付被继承人的丧葬费的法定义务”之债。[①] 有的认为，“法定义务”主要指夫妻间的扶养义务、子女对父母的赡养义务、父母对未成年子女的抚养义务。法定义务与约定义务应当有所区分，法定义务并非因契约行为等而产生的约定义务，不能作扩大解释。[②] 正由于我国现行放弃继承规则的立法及司法解释未对“法定义务”的内涵明确规定，因而导致了理论上的认识不一，进而导致法律适用的观点也出现分歧。笔者认为，就继承人的债务而言，依据产生的原因不同，可分为法定义务之债与约定义务之债，其中前者又可分为公法领域的法定义务之债（如纳税之债）与私法领域的法定义务之债（如赡养、抚养、扶养之债），它们均是基于法律规定而产生的；后者如合同之债等，它们是基于双方当事人的约定或特定事实行为产生的。继承人所欠的债务，无论是法定之债还是约定之债，基于民法的自己责任原则，它们的责任财产都应当只是该继承人（债务人）自己的固有财产，而不是将来可能接受继承而获得的期待利益财产（待继承的遗产）。因此，即便继承人自愿放弃继承导致不能履行其所欠的个人债务，原则上应当承认其放弃继承的效力。

但是，正如学者所言，现代法律的中心已经转移到弱者，已经转向保护弱者。现代民法“推进了对弱小人的苦难的关照”，“法律必须主动去干预”，以保护处于弱势的人。[③] 笔者认为，我国《继承编解释（一）》正是为保护家庭中需要扶养的弱者利益，对于继承人放弃继承的效力规定了限

---

① 参见最高人民法院民法典贯彻实施工作领导小组主编：《中华人民共和国民法典婚姻家庭编继承编理解与适用》，人民法院出版社2020年版，第515页。

② 参见最高人民法院民事审判第一庭编著：《最高人民法院民法典继承编司法解释（一）理解与适用》，人民法院出版社2022年版，第320－321页。

③ 参见［日］星野英一：《私法中的人》，王闯译，载梁慧星主编：《为权利而斗争——梁慧星先生主编之现代世界法学名著集》，中国法制出版社2000年版，第368－376页。

制条件（即放弃继承导致其不能履行“法定义务”的，放弃继承权的行为无效）。但“法定义务”的内涵，应当仅限定为私法领域家庭成员的“赡养、抚养、扶养”的法定义务，而不包括私法上的约定义务以及公法上纳税的法定义务。究其原因，试分析如下：其一，诚然，继承人的债权人其债权实现的责任财产只是该继承人（债务人）自己的固有财产。但现代继承法作为以身份关系为基础的财产法，它应当优先保护家庭中需要扶养的弱者利益，故对放弃继承行为影响继承人履行对家庭成员扶养[①]之法定义务的，应当以国家公权力进行干预予以适当限制。必须明确，现代继承法坚持发挥遗产扶养功能的原则是保障实现家庭扶养职能的现实需要。[②] 在我国，目前家庭仍然担负着人口再生产的职能，“养老育幼”是家庭最重要的职能之一，被继承人死亡后，继承人继承所得遗产是其履行家庭职能的保障。[③] 正如我国法律实务界人士所言，“目前社会保障囿于其覆盖面与水准尚无法完全取代家庭负担起养老育幼的职责”[④]，故为保护家庭中受扶养的弱者利益，符合现代继承法“注重发挥遗产的扶养功能”之立法理念[⑤]，我国否定继承人放弃继承效力的限制条件，应当仅限定为导致不能履行家庭成员的“赡养、抚养、扶养”之法定义务。其二，从我国有关税款之债的清偿和税款征收的立法看，依《民法典》的规定，即使清偿被继承人的税款和债务，也应当为家庭中需要扶养的人保留必要的遗产。[⑥] 我国《税收征收管理法》对涉及税收的保全措施和强制执行措施的财产范围明文规定了限制条件，即将“个人及其所扶养家属维持生活必需的住房和

---

① 目前，我国《民法典》继承编中的“扶养”是采取广义的扶养概念。广义的扶养内涵，包括婚姻家庭立法规定的家庭成员间的“赡养、抚养、扶养”。参见我国《民法典》第 1127 条第 3、4 款；第 1130 条第 3、4 款；第 1131 条。

② 参见最高人民法院民事审判第一庭编著：《最高人民法院民法典继承编司法解释（一）理解与适用》，人民法院出版社 2022 年版，第 316 页。

③ 参见陈苇等：《中国继承法理论与实践研究》，中国人民公安大学出版社 2019 年版，第 8 页。

④ 江必新主编：《民法典重点修改及新条文解读》（下册），中国法制出版社 2020 年版，第 950 页。

⑤ 参见陈苇主编：《外国继承法比较与中国民法典继承编制定研究》，北京大学出版社 2011 年版，第 37 页。

⑥ 《民法典》第 1159 条规定：“分割遗产，应当清偿被继承人依法应当缴纳的税款和债务；但是，应当为缺乏劳动能力又没有生活来源的继承人保留必要的遗产。”

用品”排除在外。[①] 前述清偿税款之债和税款征收的立法均体现了“应当保留家庭生活必需费用的规则”[②]，闪耀着现代法律的人文关怀，有利于保障实现家庭的扶养职能。其三，从域外立法看，我国有学者指出，对于破产债务的清偿顺序，在破产清偿债务时，目前许多发达国家已经把税款改为一般破产债权，即公法上的税款之债与私法上的普通债务被列为同一清偿顺序。这主要考虑到“税收债权往往数额较大，一旦列为优先权，将使得其他破产债权难以得到清偿和分配，故从保护一般债权人利益出发，而将之列为一般破产债权”。[③] 这体现了保护处于相对弱势的一般债权人之利益的理念。综上，我国对于放弃继承导致继承人不能履行家庭成员“赡养、抚养、扶养”之法定义务的，立法应当适当干预而否认其效力；但继承人所欠的约定之债及公法的法定义务之债（如纳税之债）则不宜纳入对放弃继承效力限制的范围。质言之，放弃继承影响继承人的债权人利益时，对其效力应当采取有条件的否定。

从现实生活中看，放弃继承行为对继承人的债权人的影响可以分为两种情况：一是继承人承担有“赡养、抚养、扶养”之“法定义务”，如果继承人放弃继承而导致不能履行该法定义务，应当认定为无效，以其继承取得的遗产来保障实现家庭的扶养职能，彰显保护家庭中弱者利益的立法宗旨；二是对继承人的“约定义务”（如借贷合同的约定义务）和公法义务之债如纳税之债的债权人，此类债权人的责任财产只是继承人自己原有的固有财产，而不是继承人将来可能接受继承的期待利益遗产，故继承人放弃继承并没有损害这些债权人的利益，不能认定该放弃继承行为无效。这样可彰显现代民法的意思自治原则和自己责任原则。换言之，对于放弃继承行为的效力应当采取有条件的否定，首先区分法定义务之债与约定义务之债，其次将不能履行“法定义务”的内涵仅限于“赡养、抚养、扶养”的法定义务，而不宜扩张到约定义务和公法义务（如缴纳税款之债），

---

① 《税收征收管理法》第38条第3款规定：“个人及其所扶养家属维持生活必需的住房和用品，不在税收保全措施的范围之内。”第40条第3款规定：“个人及其所扶养家属维持生活必需的住房和用品，不在强制执行措施的范围之内。”

② 陈苇：《我国遗产债务清偿顺序的立法构建》，载《法学》2012年第8期。

③ 李永军：《破产法律制度》，中国法制出版社2000年版，第204页。

最后以继承人能否履行“赡养、抚养、扶养”之法定义务认定放弃继承是否有效，既符合为保障弱者利益之公权力适当干预之法理，也符合我国社会保障现状和家庭扶养职能的实际需要。

3. 法定机构出任遗产管理人之前，继承人担任遗产管理人确有必要

如前文所述，依《民法典》规定，当全体继承人都放弃继承时，他们对于被继承人的债务可以不负清偿责任。此情形下，依法应当由法定机构（被继承人生前住所地的民政部门或者村民委员会）担任遗产管理人。[①] 并且，《民法典》第1147条明确规定，遗产管理人的职责包括处理被继承人的债权债务。然而，我国现实生活中全体继承人均放弃继承时，民政部门或者村民委员会往往不能及时安排遗产管理人，这导致遗产债务的清偿因无人主持而引发诉讼。从我国实际出发，一般情况下继承人是清理和管理遗产的最适当人选，为加强可操作性和提高遗产管理的效率，全部继承人均放弃继承时，应当及时推选继承人担任遗产管理人或共同担任遗产管理人；如推选不成，继承人或利害关系人可申请人民法院指定遗产管理人。这样有利于及时清偿遗产债务，保障遗产债权人之债权的实现。

综上，笔者认为，我国现行放弃继承规则彰显着意思自治原则和自己责任原则；其立法目的，既要尊重和保障继承人的意思自治，又要平等保护继承人、遗产债权人以及继承人的债权人三方的利益。并且为保护家庭中弱者的利益，对于放弃继承的效力，《继承编解释（一）》规定有条件地予以限制，仅对继承人放弃继承而导致其不能履行法定义务的，否定其效力。此对放弃继承效力的适当限制，具有合理性。由于对“法定义务”的内涵无明确规定，目前我国理论界和司法实务界对其认识有分歧，但现在已有一些著作和裁判文书均主张应当限定为继承人所负家庭成员间“赡养、抚养、扶养”之法定义务，而不包括借款合同等约定义务。由于继承人原有的固有财产才是继承人的债权人之责任财产，而待继承的遗产属于期待利益，并不是继承人的债权人之责任财产；并且为保护弱者利益，一些大陆法系国家的破产法已经将公法上的纳税债务与私法上的普通债务列为同一清偿顺序，故不宜将“法定义务”的内涵扩张至约定义务以及公法

---

① 参见《民法典》第1161条第2款和第1145条。

义务的税款之债。如前文所述，目前我国司法实务中已有判决文书认为，全部继承人都放弃继承时，继承人仍有担任遗产管理人的权利，应当承担协助遗产债务的清偿职责，以保障遗产债权人之债权的实现。这符合我国继承人一般都是遗产占有人的实际情况，有利于及时清偿遗产债务，保障实现遗产债权人的利益。此司法实践经验可为我国立法完善提供有益的思路。

## 三、应对与完善：我国放弃继承规则的细化与补充

我国《民法典》赋予继承人放弃继承的权利，由其自愿选择是否放弃继承、是否愿意取得遗产的所有权，彰显了现代继承法之个体人格独立、意思自治与自己责任的立法理念。正如学者所言："所有权无非在是扩展到物之上的我的人格的外缘而已。"① 但是相对于比较法上有关放弃继承的较为细化、可操作性强的规则，我国现行放弃继承规则较为粗略且有部分可操作性不强。在我国，全体继承人放弃继承后，通知遗产债权人申报权利、清理遗产、制作遗产清单和妥善管理遗产等需要及时处理的事项往往无人处理，严重影响遗产债权人利益的实现，从而引发不少遗产债务清偿纠纷的案件。前述我国放弃继承规则在理论上和司法适用中存在的认识分歧，导致类案裁判尺度不一，影响司法公信力，这表明有必要从立法层面对我国现有放弃继承规则予以细化、补充。

### （一）细化放弃继承意思表示作出的具体期间与对象

在现代社会，基于意思自治原则和自己责任原则，许多国家均规定继承人享有在法定期限内自愿选择接受继承（含概括继承、限定继承）与放弃继承的权利②。我国《民法典》也不例外，既保障继承人享有自愿选择

---

① ［德］鲁道夫·冯·耶林：《为权利而斗争》，胡宝海译，载梁慧星主编：《为权利而斗争——梁慧星先生主编之现代世界法学名著集》，中国法制出版社2000年版，第22页。

② 参见《法国民法典》第771－772条，载《法国民法典》，罗结珍译，北京大学出版社2010年版；本文引用的《法国民法典》条文均来自此书。《德国民法典》第1943－1946条，载《德国民法典》（第4版），陈卫佐译注，法律出版社2015年版；本文引用的《德国民法典》条文均来自此书。《日本民法典》第915、920、922－924条，载《日本民法典》，刘士国、牟宪魁、杨瑞贺译，中国法制出版社2018年版；本文引用的《日本民法典》条文均来自此书。

接受继承与放弃继承的权利，又确保放弃继承权利须在法定的期限内行使，以期平等地保护继承人和遗产债权人各方的利益。

关于放弃继承意思表示的具体期间，我国对放弃继承的意思表示作出期间限于“继承开始后、遗产分割前”，此期间是一个可长可短的不确定的概括期间，不利于及时稳定继承关系和清偿遗产债务，可能损害遗产债权人的利益。从域外立法看，有些国家则对放弃继承意思表示的作出期间规定了明确的具体期间，一般限于6个星期至6个月。例如，德国为6个星期（但继承人在国外居住的为6个月）、日本为3个月、法国为4个月，但日本法、法国法均规定有特殊情况的可申请法院予以延长。① 在我国，从维护继承关系稳定、保障相关遗产的继承人和债权人利益的角度出发，学者的立法建议稿大多主张我国立法应明确规定作出接受和放弃继承的意思表示的具体期间为2个月，如继承人在国外的可以为6个月。② 有学者认为，毕竟财产之利用于权属明确时最具效率，为减少继承溯及力的影响和确保遗产的及时归属，放弃继承意思表示的作出期限须在合理范围内明确化和具体化③，对该观点笔者也予以赞同。但我国法律界也有意见认为，对放弃继承意思表示的作出期间，我国继承人仅以所分得遗产为限对被继承人的债务承担责任，是否限定期限对继承人没有太大影响，且在我国不少地方存在这种习俗，即长辈过世后不会立即分割遗产，往往会等到该长辈的配偶亦过世后，晚辈继承人才一并分割长辈们的遗产。此外，被继承人死亡后，继承人往往处于悲痛之中，要求继承人在短期内作出是否接受继承的意思表示未必恰当。④ 然而，根据我国学者近年就中国民众对放弃继承意思表示时间限制的实证调查看，大多数被调查民众都认为放弃继承意思表示的作出应该有一定期间限制，且部分民众认为该期限可以设置为

---

① 参见《德国民法典》第1944条、《日本民法典》第915条、《法国民法典》第771条。

② 参见项目主持人王利明：《中国民法典学者建议稿及立法理由·人格权编·婚姻家庭编·继承编》，法律出版社2005年版，第493页；课题组负责人梁慧星：《中国民法典草案建议稿附理由：继承编》，法律出版社2013年版，第164页；陈苇主编：《外国继承法比较与中国民法典继承编制定研究》，北京大学出版社2011年版，第140页。

③ 参见郭明瑞、房绍坤、关涛：《继承法研究》，中国人民大学出版社2003年版，第35－36页。

④ 参见黄薇主编：《中华人民共和国民法典继承编释义》，法律出版社2020年版，第22页。

继承开始后2个月内。这样既可以让继承人有一定的时间去考虑是否放弃继承权，又可以督促继承人积极行使权利，使得遗产的归属早日明确下来。[①] 笔者认为，为平等保护继承人和遗产债权人各方的利益，即使实行限定继承，也需要及时确定遗产管理人，由其履职发布继承开始的通知和申报遗产的债权债务公告，这样才能明确遗产的范围、制作准确的遗产清单和妥善管理遗产，进而处理被继承人的债权债务。所以，对放弃继承的意思表示应当设立法定的具体期间限制。至于遗产分割，其与遗产继承是两种不同的法律关系，接受继承或放弃继承都不意味着需要立即分割遗产而是可以维持共有状态（即不会影响民众的前述遗产分割习俗），故我国立法应当明确规定继承人应当在法定的具体期限内作出放弃继承的意思表示。对于选择放弃继承的期间，针对我国《民法典》第1124条之“继承开始后、遗产处理前”的概括性规定之不足，综合考量遗产债务清偿、遗产管理以及遗产分配后社会资源的利用率等因素，为尽快稳定继承关系，保障遗产债权的顺利实现，建议增补放弃继承意思表示期间的细化规定如下：

> 继承开始后，继承人放弃继承的，应当自知道或者应当知道自己为继承人起六十日内，以书面形式作出放弃继承的意思表示。如继承人在国外，作出该意思表示的期间为一百八十日。有特殊情况的，可以向法院申请延长此期间，但不得超过一年。

关于作出放弃继承意思表示的对象，《继承编解释（一）》第33条规定继承人应当向遗产管理人或其他继承人以书面形式表示放弃继承，但如果继承人均放弃继承，没有其他继承人或者法定机构之遗产管理人尚未确定时，放弃继承的意思表示应当向谁作出，立法未予规定。根据我国现行限定继承原则，以遗产的实际价值清偿遗产债务的情况下，为既能保护继承人自愿行使放弃继承的权利，又能及时稳定继承关系，以有利于保护遗产债权人的利益，需要确保放弃继承后，遗产管理与遗产债务清偿任务顺

① 陈苇主编：《中国遗产处理制度系统化构建研究》，中国人民公安大学出版社2019年版，第196页。

利进行，建议补充规定：

前述以书面形式作出放弃继承的意思表示，应向继承人、遗产债权人或者人民法院作出；没有作出的，视为接受继承。

继承人、遗产债权人等利害关系人，有权申请人民法院催告继承人作出是否接受继承的意思表示。催告期间，由人民法院根据情况决定，但不得少于六十日。

### （二）明晰放弃继承效力的限制条件

关于放弃继承效力的限制条件，从我国实际出发，为发挥遗产的扶养功能，保障家庭成员间“抚养、扶养、赡养”之法定义务的履行，需要避免对不能履行“法定义务”的内涵在理论上和司法适用中的认识分歧，建议细化规定“法定义务”的内涵如下：

继承人放弃继承导致不能履行的“法定义务”，是指《民法典》婚姻家庭编规定的家庭成员间“抚养、赡养和扶养”的义务。

### （三）补充全体继承人放弃继承后的遗产管理规则

关于放弃继承后的遗产管理，如前文所述，我国《民法典》继承编已设立遗产管理人制度，包括继承人均放弃继承后由被继承人生前住所地的民政部门或村民委员会担任遗产管理人。从域外立法看，《日本民法典》第940条规定继承人在放弃继承后至其他继承人管理遗产前，其须以对自己财产相同的注意义务管理遗产；《德国民法典》第1959条规定继承人在放弃继承前，对于遗产像无因管理人一样享有权利和负有义务。笔者认为，为保障放弃继承之后续继承关系的稳定以及遗产债权人的利益，建议在我国《民法典》现有立法基础上，结合我国实际，汲取域外立法经验，补充规定继承人均放弃继承后的遗产管理规则如下：

继承人放弃继承后，在被继承人生前住所地的民政部门或村民委员会没有安排遗产管理人的工作人员之前，唯一继承人必须担任遗产管理人；全体共同继承人应当及时推选遗产管理人或者共同担任遗产管理人。

对遗产管理人的确定有争议的，继承人或利害关系人可以依《民法典》第1146条规定，向人民法院申请指定遗产管理人。

放弃继承权人担任遗产管理人的，应当根据《民法典》第1147、1148、1149条的规定，依法履行遗产管理人的职责、承担遗产管理人的责任，并享有遗产管理人的报酬请求权。

综上所述，我国现代继承立法应当以平等保护继承人、遗产债权人和继承人的债权人三方利益的理念为指导，根据意思自治原则和自己责任原则，在赋予继承人自愿选择接受继承或放弃继承的权利之同时，通过对放弃继承意思表示作出的具体期间与对象、放弃继承效力的限制条件、放弃继承后的遗产管理规则进行细化、补充，实现保护三方利益的衡平兼顾，同时保护家庭中的弱者利益，从而有利于实现家庭成员的生存权和发展权，促进家庭和谐幸福，保障社会经济发展与交易安全。

# 代书遗嘱与打印遗嘱"时空一致性"裁判规则的融合适用*

吴国平**

**摘　要**　根据我国《民法典》的规定，代书遗嘱和打印遗嘱除了应符合法律规定的实质要件外，还应当符合法律规定的形式要件。人民法院创造性地总结出代书遗嘱和打印遗嘱"时空一致性"的裁判规则，并在司法实践中加以运用，这对正确审理继承案件、保护当事人权益起到积极的作用。但目前各地人民法院对"时空一致性"裁判规则的理解与把握尺度不一，在一、二审法院中也产生了"同案不同判"的情况。我们应当将"时空一致性"裁判规则与《民法典》规定的遗嘱形式要件规则加以融合，适时出台规范性文件，将"时空一致性"规则融入形式要件，坚持以"强制性规则"为普遍适用、"补强规则"为特殊适用，并通过配套出台相关文件、规则指引，编制继承案件规范化审理指南和指导性案例，加强业务研讨与学习培训，逐步解决目前办案过程中存在的困惑。

**关键词**　遗嘱形式要件　时空一致性　强制性规则　补强规则　融合

---

* 本文发表于《福建江夏学院学报》2023年第5期，受北京公明财富传承管理咨询有限公司的资助。

** 吴国平，福建江夏学院学术委员会主任委员、家事法研究院院长、法学院教授，中国法学会婚姻家庭法学研究会常务理事，研究方向：民法学、婚姻家庭法学、继承法学。

代书遗嘱是我国《继承法》中确认并在《民法典》中得以保留的遗嘱形式之一，打印遗嘱则是我国《民法典》新增的一种遗嘱形式，它们通常适用于遗嘱人由于不会书写或者不能书写等原因而无法直接制作遗嘱的情形。随着《民法典》的实施，打印遗嘱在实践中的适用以及产生的纠纷也日益增多。有资料表明，截至2022年年初，全国各地人民法院审结公布并为元典智库收录的涉及“打印遗嘱”的遗嘱继承纠纷有2120起（含典型案例2起，普通案例2118起）。案件的争议焦点均为打印遗嘱的效力问题，双方当事人争议最多的是涉案遗嘱应为打印遗嘱还是代书遗嘱？① 可见，代书遗嘱和打印遗嘱在实践中最容易引起争议。

众所周知，订立遗嘱须满足法律规定的条件才具有法律效力。在司法实践中，人民法院在审查和认定代书遗嘱或者打印遗嘱的法律效力时，除了审查其是否符合法律规定的实质要件外，也非常重视对其形式要件的审查，具体包括形式要件是否完备和见证过程是否符合法定要求。目前由于法律上对“时空一致性”规则的内容与适用没有直接作出规定，不少律师或者遗嘱人因忽略了代书遗嘱、打印遗嘱“时空一致性”的要求，使得所立代书遗嘱或者打印遗嘱因存在瑕疵而被人民法院认定为无效遗嘱。但也有一些人民法院对于不符合“时空一致性”要求的代书遗嘱或者打印遗嘱，在综合分析认定案件事实后，却认定有效。无论如何，遗嘱的形式要件对遗嘱的效力起着至关重要的作用。特别是“时空一致性”是不是代书遗嘱、打印遗嘱的必要规则？对于不符合“时空一致性”要求的代书遗嘱或者打印遗嘱的效力认定规则应如何适用与融合，从而化解目前存在的“同案不同判”的尴尬窘境，这是值得我们研究与思考的问题。本文拟对“时空一致性”裁判规则与遗嘱规则的适用与融合问题作初步探讨，旨在抛砖引玉。

---

① 参见张丹丹：《［民法典］“打印遗嘱”案例的大数据分析报告》，载知乎网2022年2月28日，https：//zhuanlan. zhihu. com/p/473561733。

## 一、代书遗嘱与打印遗嘱的形式要件概述

### （一）代书遗嘱、打印遗嘱的内涵及其异同

1. 代书遗嘱与打印遗嘱的内涵

代书遗嘱是指由他人代笔书写而做成的遗嘱，[①] 即由遗嘱人口述而由他人代替遗嘱人书写遗嘱内容的一种遗嘱形式。[②] 这是我国《继承法》乃至《民法典》专门为不识字或者因某种原因不能书写遗嘱的遗嘱人设立的一种遗嘱方式，并在生活中得以广泛运用。由于《民法典》将打印遗嘱与代书遗嘱并列规定，均作为独立的一种遗嘱形式，因此，代书遗嘱中的“代书”应理解为“用笔书写”，并将“用笔书写”作为代书遗嘱的唯一表现形式。打印遗嘱是《民法典》规定的一种新的遗嘱形式，它是指用电脑打字将遗嘱内容书写完整后，用打印机将书写好的内容打印出来的遗嘱。[③] 与传统手写方式相比，打印遗嘱具有更加快捷、方便、美观、正式的优势。在我国《民法典》出台之前，打印遗嘱就已出现并存在争议，人们对遗嘱人自行打印的遗嘱是自书遗嘱还是代书遗嘱问题的认识就不统一。一种观点认为应当属于自书遗嘱，但如何证明是遗嘱人自己打印还是他人打印在实务操作上却是一个难题。因为订立遗嘱是一种私密行为，即便遗嘱是遗嘱人自行打印的，遗嘱人自己可能也很难加以证明。另一种观点认为由遗嘱人自己亲笔书写，并用机器打印方式制作的这种遗嘱是不为我国法律所承认的，不能构成自书遗嘱。[④] 从司法实践来看，涉及打印遗嘱的继承纠纷案件由来已久。但由于《民法典》出台前，我国法律上对于打印遗嘱及其效力等问题没有规定，法院系统内部对此问题认识不一致，其裁判结果差异也比较大。大多数人民法院是根据打印遗嘱的制作人的不

---

① 参见吴国平主编：《台湾地区继承制度概论》，九州出版社2014年版，第148页。

② 参见最高人民法院民法典贯彻实施工作领导小组主编：《中华人民共和国民法典婚姻家庭编继承编理解与适用》，人民法院出版社2020年版，第564页。

③ 参见最高人民法院民法典贯彻实施工作领导小组主编：《中华人民共和国民法典婚姻家庭编继承编理解与适用》，人民法院出版社2020年版，第568页。

④ 参见施玉珏：《〈民法典〉之遗嘱的形式篇》，载上海申骏律师事务所2020年10月13日，http：//www. sunjunlaw. com/sdian_ mb. php？ article = 1367。

同来分别确定遗嘱的性质和效力：如果有证据证明遗嘱是由遗嘱人本人在电脑上书写并打印出来，则将其作为自书遗嘱对待，按照自书遗嘱的法律要件来审查遗嘱的效力；如果有证据证明遗嘱是由他人在电脑上书写并打印出来，则将其作为代书遗嘱对待，按照代书遗嘱的法律要件来审查遗嘱的效力。[①]《民法典》的出台基本厘清了这些争议，将打印遗嘱作为一种独立的遗嘱形式，但仍然还有一些问题需要探讨与研究。

2. 代书遗嘱与打印遗嘱的异同

代书遗嘱与打印遗嘱的共同点主要有：（1）它们都是一种法定的遗嘱形式。（2）它们都须符合遗嘱“时空一致性”的要求。（3）它们均应当有2个以上见证人在场见证，并由遗嘱人、见证人在遗嘱上签名，注明年、月、日。但它们也有明显区别，体现在：（1）遗嘱制作主体不同。代书遗嘱是由遗嘱人口述而由他人代书完成。而打印遗嘱可以由遗嘱人自己制作和打印，也可以由见证人制作和打印，《民法典》并不要求电脑制作和打印的行为必须由遗嘱人本人亲自完成。[②]（2）遗嘱制作方式不同。代书遗嘱须由代书人用笔书写遗嘱的方式来制作遗嘱。而打印遗嘱可以采用电脑打字方式书写，并用打印机打印制作完成。（3）遗嘱见证要求不同。对于代书遗嘱，《民法典》并不要求见证人和代书人须在遗嘱的每一页上都签名。而对于打印遗嘱，《民法典》第1136条规定遗嘱人和见证人须在遗嘱每一页都签名。因此，在遗嘱效力的认定上，需要特别注意这两种遗嘱的不同要求。

### （二）代书遗嘱和打印遗嘱形式要件的法定要求

遗嘱属于要式法律行为，遗嘱形式须符合法律的要求。除了遗嘱实质要件外，根据我国《民法典》第1135条和第1136条的规定，[③] 代书遗嘱

---

① 参见最高人民法院民法典贯彻实施工作领导小组主编：《中华人民共和国民法典婚姻家庭编继承编理解与适用》，人民法院出版社2020年版，第569页。

② 参见最高人民法院民法典贯彻实施工作领导小组主编：《中华人民共和国民法典婚姻家庭编继承编理解与适用》，人民法院出版社2020年版，第569页。

③ 《民法典》第1135条规定：“代书遗嘱应当有两个以上见证人在场见证，由其中一人代书，并由遗嘱人、代书人和其他见证人签名，注明年、月、日。”第1136条规定：“打印遗嘱应当有两个以上见证人在场见证。遗嘱人和见证人应当在遗嘱每一页签名，注明年、月、日。”

应当有2个以上的见证人在场见证，并由其中1个见证人负责代书，遗嘱书写完成后，由遗嘱人、代书人和其他见证人在遗嘱上各自签名，注明年、月、日。

1. 代书遗嘱的形式要件

代书遗嘱的形式要件可以归纳为：第一，有2名以上的见证人同时在场见证；第二，由遗嘱人口授遗嘱内容，由其中1名见证人负责用笔代为书写遗嘱；第三，遗嘱人、代书人和见证人在遗嘱上签名，注明年、月、日。需要指出的是，代书人在代书时只能采用亲笔书写的方式，[①] 而不能运用录像或者打字等其他方式。同时，由于《民法典》没有要求代书人和见证人须在遗嘱的每一页上签名，在遗嘱有多页的情况下，未签名的遗嘱页仍然存在被篡改的风险，为防止日后产生争议，笔者认为代书遗嘱如果存在多页的情况，遗嘱人、代书人和见证人均应当在遗嘱的每一页上签名，并注明落款时间（年、月、日）。

2. 打印遗嘱的形式要件

打印遗嘱的形式要件与代书遗嘱大体相同，也都要求遗嘱人、代书人、见证人须在同一场所参与完成订立遗嘱的全过程，其形式要件为：（1）采用电脑打字方式书写，并用打印机打印制作完成；（2）遗嘱人本人在打印遗嘱的每一页上签名，并注明落款时间（年、月、日）；（3）有2名以上的见证人同时在场见证；（4）全体见证人均在打印遗嘱的每一页上签名，并注明年、月、日。从中我们可以看出，《民法典》对打印遗嘱的要件要求更加严格，除了具备代书遗嘱的形式要件外，打印遗嘱还须采用电脑打字方式书写，并用打印机打印制作完成；遗嘱人和见证人须在遗嘱每一页上都签名。由此可见，一份内容完整、形式合格的打印遗嘱，其每一页上均须有遗嘱人本人、2名以上见证人的签名以及3份以上的年、月、日标注。

---

① 参见黄薇主编：《中华人民共和国民法典继承编释义》，法律出版社2020年版，第81页。

3. 对见证人的要求

担任遗嘱见证人需要符合法律规定的条件。根据《民法典》第1140条①的规定，第一，具有见证人资格。见证人须为完全民事行为能力人并具有见证能力，即见证遗嘱真实性的能力。第二，与遗产继承无利害关系。继承人、受遗赠人不能作为见证人。第三，与继承人或者受遗赠人无利害关系。第四，见证人的数量应达到2人以上。第五，符合法定资格与数量要求的见证人须在场见证。《民法典》第1135条和第1136条均明确要求“见证人在场见证”，即见证人须全程在场参与订立遗嘱的过程，不能用远程视频监控、事后签名或者非同时见证（非同时在场见证）等形式来代替在场见证。② 同时，在实务操作上，每一位见证人都必须明确自己参与见证的目的、任务与要求，确保遗嘱真实有效。

## 二、“时空一致性”裁判规则内容与遗嘱效力认定要求

### （一）“时空一致性”的内涵

如前文所述，根据《民法典》第1135条和第1136条对见证人须在场见证的要求可以看出，无论是代书遗嘱还是打印遗嘱，在操作上（即从遗嘱开始制作起，到遗嘱制作完毕）均要求遗嘱人、代书人、见证人须在同一场所参与完成订立遗嘱的全过程。换言之，代书遗嘱和打印遗嘱的制作与完成都要确保符合“时空一致性”。所谓“时空一致性”，强调的是时间一致性和空间一致性，它是指遗嘱的订立与遗嘱的见证产生于同一时间和空间。

### （二）“时空一致性”裁判规则的内容

“时空一致性”规则是由时间一致性裁判规则和空间一致性裁判规则两个部分构成的，其内容是：第一，时间的一致性。要求同时在场、同一

---

① 我国《民法典》第1140条规定：“下列人员不能作为遗嘱见证人：（一）无民事行为能力人、限制民事行为能力人以及其他不具有见证能力的人；（二）继承人、受遗赠人；（三）与继承人、受遗赠人有利害关系的人。”

② 参见黄薇主编：《中华人民共和国民法典继承编释义》，法律出版社2020年版，第81页。

过程、同步性，即遗嘱人、代书人、见证人须同时在场参与订立遗嘱的同一过程，自始至终在时间上同步。第二，空间的一致性。要求同一地点、同一场所、同一性，即遗嘱人、代书人、见证人须同时出现在同一地点（现场），在同一个场所参与订立遗嘱的同一过程，自始至终在空间上同一。换言之，该规则既要求遗嘱人口述、代书人代书、见证人见证同时发生，连贯完成，又要求遗嘱人、代书人、见证人在空间上处在同一场合，即边口述、边听写（打字打印）、边见证，不能让见证人在不同的时间进行遗嘱见证，更不能让两个见证人分开去见证遗嘱的订立过程，强调时间的一致性与空间的一致性缺一不可。总之，"时空一致性"裁判规则要求当事人在订立代书遗嘱、打印遗嘱时，须同时满足上述要求，这样的遗嘱才具备法律效力，否则存在被认定为无效的风险。

### （三）代书遗嘱、打印遗嘱的效力认定

一份合法有效的遗嘱是确保继承开始时能够发生法律效力的基础与前提。遗嘱是从遗嘱人死亡（即继承开始）时开始生效的。在实践中，当事人为遗嘱效力产生纠纷而诉诸人民法院时，人民法院判断一份遗嘱是否具有法律效力，一般是从在订立遗嘱时遗嘱人是否具有民事行为能力、其意思表示是否真实、遗嘱内容是否合法、遗嘱形式是否符合法律规定、见证人是否具有见证的主体资格以及是否具有"时空一致性"等因素进行综合判断。因此，人民法院在办案过程中，凡是涉及代书遗嘱、打印遗嘱效力（形式要件）审查时，都离不开"时空一致性"效力规则的运用，这已成为一种司法惯例。而代书遗嘱、打印遗嘱的"时空一致性"要求与形式要件等要素，是认定遗嘱法律效力的重要内容，它对于确保遗产能够按照遗嘱人的生前意愿顺利传承具有重要意义。

## 三、代书遗嘱和打印遗嘱效力"时空一致性"裁判规则的运用检视

### （一）"时空一致性"裁判规则的由来

从目前所掌握的资料看，我国法律和司法解释等相关规范性文件对"时空一致性"裁判规则并没有明文规定，该规则是由人民法院在审判实

践中创制而应运而生的。

1.《民法典》中并没有规定"时空一致性"裁判规则

我国《民法典》第1135条和第1136条对代书遗嘱和打印遗嘱这两类遗嘱的形式要件作出了明确规定，包括遗嘱人、见证人、签名和落款时间等必备要素，但《民法典》并没有也不可能直接规定"时空一致性"裁判规则。

2. 现行规范性文件和著作中并没有"时空一致性"规则的规定与阐述

目前，国家立法机关、最高人民法院还未以明文方式对"时空一致性"裁判规则进行规定，也未对相关内涵进行过权威的界定。换言之，目前我国立法和司法解释上并没有"时空一致性"的明确要求。而有关继承法方面的专著和教材也没有涉及这一内容，故该规则的由来目前并无权威性文献资料可供核对与佐证。

3. "时空一致性"规则是人民法院在审理继承案件中创制并实际运用的规则

在Alpha案例库以"时空一致性"为关键词查询到的最早一例判决是2014年"原告周某某与被告唐某某义务帮工人受害责任纠纷一审民事判决书"。湖南省邵东县人民法院根据"时空一致性"裁判规则认定原告的整个砍树行为是一个不可割裂的整体行为，虽然受伤时所砍之树并非被告家的，但仍然可认定原告是在为被告砍树中所受的伤害，被告仍应承担义务帮工人的赔偿责任。[①] 人民法院运用"时空一致性"规则裁判案件的情况，还可以从人民法院的诸多继承案件或者判决书里找到证明材料。在司法实践中，无论是《民法典》实施前还是实施后，当法官在审理继承案件时，除了审查遗嘱的形式要件外，往往还要对代书遗嘱、打印遗嘱的形成过程进行严格的审查，即对代书遗嘱、打印遗嘱是否符合法律规定的形式要件，其订立过程是否符合"时空一致性"裁判规则进行审查。特别是在认定代书遗嘱或打印遗嘱无效时往往会适用"时空一致性裁判规则"，目的也是确保遗嘱的真实性与有效性。例如：在天津市第三中级人民法院审理的上诉人李某1与被上诉人李某2、李某3、李某4、李某5、李某6遗嘱

① 参见湖南省邵东县人民法院（2014）邵东民初字第2067号民事判决书。

继承纠纷一案［（2021）津03民终7406号］中，案涉的打印遗嘱虽然在形式上符合法律规定，但由于两位见证人出庭时陈述相互矛盾，没有达到“时空一致性”的要求，因而被认定为无效遗嘱。该案经天津市第三中级人民法院二审终审并作出民事判决。在该案中，上诉人提交的案涉遗嘱效力的认定是本案的争议焦点之一。该法院认为，“关于上诉人提交的遗嘱效力问题，根据见证人陈述，该遗嘱系见证律师提前打印并带至被继承人处向其宣读后，由被继承人李某7签字、见证人盖章。上诉人及见证律师均主张该遗嘱系代书遗嘱，但该遗嘱系见证律师先行打印形成。依据规定，代书遗嘱系由遗嘱人口述而由一位见证人代替遗嘱人书写遗嘱内容的一种遗嘱形式。在订立代书遗嘱的过程中，要求遗嘱人口述和代书人代书、见证人见证的时空一致性，保证遗嘱内容系遗嘱人的真实意思表示。所谓的时空一致性，包括两个方面的要求：一是指时间上的同步性，二是指空间即地点上的同一性……打印遗嘱要求见证人全程参与遗嘱的订立过程，即在书写遗嘱时其应在场，全程见证遗嘱人在电脑上书写遗嘱，在打印遗嘱时其也应该在场，全程见证电脑中的遗嘱被打印机打印出来。打印遗嘱亦需要满足上述时空一致性的要求。而本案根据两位见证律师的陈述，李某7上述遗嘱的订立过程，并不符合上述时空一致性的要求，且两位见证人的陈述存在矛盾，且陈述与实际遗嘱的内容、形式存在不相符之处，故一审法院综合被继承人李某7生前的身体状况等情形，认定上诉人提交的遗嘱无效，并无不当，本院予以维持。上诉人该项上诉主张，于法无据，本院不予采信”。[①]

那么，法官为何会如此重视这一问题呢？原因就在于：一方面，根据我国《民法典》第1135条和第1136条的规定精神，在制作代书遗嘱和打印遗嘱时，须有2个以上具备资格条件的见证人在场见证。这个“在场见证”的要求就意味着2个见证人均必须同时在现场且全程参与订立遗嘱的完整过程，而不能以事后签名来代替在场见证，[②] 即在场见证也必须是不

① 天津市第三中级人民法院（2021）津03民终7406号民事判决书。

② 参见黄薇主编：《中华人民共和国民法典继承编释义》，法律出版社2020年版，第81－84页。

间断、无断裂的全过程。另一方面，由于代书遗嘱特别是打印遗嘱的内容均是遗嘱人借用其他手段或媒介来完成的，更容易被他人伪造或篡改。因此，法官都很重视着重审查其“时空一致性”的问题，在判决书中经常根据是否符合“时空一致性”的要求而对遗嘱的法律效力作出最后的裁判，逐渐在司法实践中形成了这一裁判规则而被广泛运用。这是法官创造性地根据法律规定的精神而总结出来的裁判规则，是司法智慧的结晶。

### （二）“时空一致性”裁判规则在司法实践运用中存在的问题

在 Alpha 案例库中以“时空一致性”加“遗嘱”为关键词进行检索，笔者获得 92 份有效裁判文书（截止时间 2022 年 12 月 16 日）。经过梳理，发现目前法院在认定代书遗嘱或打印遗嘱无效时往往会适用“时空一致性”裁判规则，但目前对代书遗嘱和打印遗嘱效力“时空一致性”裁判规则的运用存在以下两个问题：

1. 对“时空一致性”裁判规则宽严把握程度不一

各地人民法院在审理继承案件时，对“时空一致性”裁判规则的把握程度大体可以分为严格把握、整体把握和不着重适用“时空一致性”裁判规则而侧重考察遗嘱人真实意愿三种模式。严格把握与整体把握“时空一致性”裁判规则的比例约为 3:1。

（1）严格把握“时空一致性”裁判规则。主张应严格把握“时空一致性”裁判规则的法官，在审理有关继承案件时坚持“遗嘱行为的当场发生”与“见证人的全程参与”的司法立场，其主要裁判观点如下：

第一，关于代书遗嘱效力的审查。一是认为代书遗嘱应当如实体现遗嘱人的真实意思表示，遗嘱人、代书人和见证人均须同时在场，遵循遗嘱人当场口述、代书人当场书写（打印）、见证人当场见证的“时空一致性”原则形成记录，并由遗嘱人、代书人与其他见证人签名。例如，在方某 1、方某 2 与方某 3、冯某某等共有物分割纠纷案中，法院认为从方某 1、方某 2 提供的视频录像中可以看出，订立遗嘱过程中，代书人陈述事先拟好的遗嘱内容，征询张某某意见，张某某全程仅点头示意，显然不符合立遗嘱人当场陈述的要件。现无证据显示张某某在生前有通过其他方式作出过与遗嘱内容相一致的意思表示，难以认定该代书遗嘱的效力，因此对方某 1、方某 2 的诉讼请求，一审法院不予支持。该案经二审法院审理后，驳回上诉，维持原判。[①] 二是认为代书遗嘱的真实性与合法性在于见证人在场见证的过程与遗嘱人订立遗嘱形成的“时空一致性”，即在同一时空见证遗嘱订立的完整过程并由遗嘱人、代书人和见证人分别签名。[②]

第二，关于打印遗嘱效力的审查。打印遗嘱的完成应分为两个步骤，见证人须参与订立遗嘱的全过程，并见证遗嘱制作的整套程序，这样的打印遗嘱才符合遗嘱的形式要件。因此，要求见证人全程参与以下两个步骤：一是在书写遗嘱时见证人须在场并全程见证遗嘱人在电脑上书写遗嘱；二是在打印遗嘱时见证人也须在场并全程见证电脑书写的遗嘱被打印机打印出来。[③] 换言之，见证人应全程在场见证从遗嘱在电脑上书写制作开始，到遗嘱从打印机中打印出来，最后由遗嘱人、代书人、见证人均在遗嘱中签字、注明年月日完成的完整过程。例如，在刘某 1、江某诉被告刘某 2、刘某 3 遗嘱继承纠纷案中，上海市虹口区人民法院认为该案中两名见证人未见证遗嘱制作过程，仅见证了刘某 4 签字过程，未达到见证遗嘱的“时空一致性”的要求，故该份遗嘱无效。刘某 4 名下的房产，应当由刘某 1、刘某 2、刘某 3 三人平均继承，按份共有。[④]

（2）整体把握“时空一致性”裁判规则。主张整体把握“时空一致性”模式的法官，在审查继承案件时倾向于将案件的过程进行一个整体判断，只要案件事实整体符合“时空一致性”即可，并不强调相关人员须全程参与和当场完成遗嘱过程。其主要裁判观点如下：

第一，关于代书遗嘱效力的审查。一是认为“时空一致性”应理解为遗嘱制作整体流程的一致性而不要求全程均须在同一个时空内完成。换言之，代书人不一定要亲自完成遗嘱的打印制作。如果遗嘱是由代书人委托给第三人打印完成，仍应认定该代书行为符合法律规定、代书人以代书人的名义在遗嘱上的签名符合遗嘱的形式要件。例如，在阮某与元某、傅某遗嘱继承纠纷一案中，福建省南平市中级人民法院经审理认为，傅某、元

① 参见上海市第二中级人民法院（2020）沪 02 民终 7092 号民事判决书。
② 参见上海市第二中级人民法院（2019）沪 02 民终 8762 号民事判决书。
③ 参见湖南省常德市中级人民法院（2020）湘 07 民终 2485 号民事判决书。
④ 参见上海市虹口区人民法院（2021）沪 0109 民初 13137 号民事判决书。

某所立遗嘱系见证人颜某听取傅某、元某的意见而草拟，由颜某本人外出指示律师事务所的内勤打印，内勤人员未亲身聆听傅某、元某陈述遗愿，其打印遗嘱仅是在颜某律师的指示下完成，一审确定颜某律师为代书人，合法有据。傅某、元某对于打印内容予以认可并签名捺印，其表达遗愿以及签字的过程均由颜某、上某两位律师在场进行见证，故案涉遗嘱系代书遗嘱，具有法律效力，一审法院的认定，符合法律规定。最后作出“驳回上诉，维持原判”的终审判决。[①] 二是认为如果见证人因打印遗嘱而短暂离开现场，但遗嘱整个制作过程均由见证人全程见证（即整个过程是连续的、前后未中断）的，仍应认定为符合“时空一致性”。例如，在程某 1、程某 2 诉程某 3 继承纠纷案中，四川省青神县人民法院经审理认为，“从郑某、邵某平来到周某住所，郑某完成遗嘱手稿，向周某宣读手稿遗嘱内容，得到周某确认，郑某到文印店打印手稿遗嘱内容，返回周某住所，再将打印好的遗嘱内容逐一向周某宣读，再次得到周某确认，直到周某、郑某、邵某平完成签名捺印。在这约两小时的时间内，周某、郑某、邵某平一直没有脱离立遗嘱、办理代书遗嘱、见证立遗嘱这一主题，虽然郑某因打印遗嘱短暂外出，但周某所立遗嘱均是在家里完成，郑某、邵某平在周某家里见证了整个立遗嘱过程，这个过程是连续性的，没有中断，符合时空一致性”。后该人民法院作出一审民事判决：“周某所立遗嘱符合法律规定的代书遗嘱法定形式……周某所立遗嘱为有效遗嘱，确认其效力。”[②]

第二，关于打印遗嘱效力的审查。在严某诉袁某 1、第三人袁某 2 遗嘱继承纠纷一案中，上海市金山区人民法院经审理认为，因该案的遗产在《民法典》施行前尚未处理完毕，故适用《民法典》打印遗嘱的相关规定，“关于时空一致性。本院认为，在场见证的‘在场’不必然包括遗嘱文本的制作过程，也不必然包括遗嘱人口述遗嘱内容的经过，但必须包括遗嘱人在明确知晓文本内容基础上以签名及注明年月日的方式来表达其设立遗嘱意愿的经过；在场见证的‘见证’内容，则包括遗嘱人是否系自主表达其立遗嘱的意愿、遗嘱人是否确认遗嘱内容确系其处分遗产的意思、遗嘱

---

① 参见福建省南平市中级人民法院（2019）闽 07 民终 968 号民事判决书。

② 四川省眉山市中级人民法院（2020）川 14 民终 674 号民事判决书。

人是否在遗嘱上签名并注明年月日……本案的遗嘱符合时空一致性规则”。①

（3）不着重考察“时空一致性”裁判规则而侧重探究遗嘱人真实意愿。持此种模式的人民法院在审查有关案件时认为遗嘱效力的核心并不在于遗嘱如何形成，而在于遗嘱人对要订立的遗嘱内容是否完全理解并确认，其主要裁判观点如下：

第一，关于代书遗嘱效力的审查。在孙某1、孙某2诉连某遗嘱继承纠纷一案中，上海市浦东新区人民法院经审理认为，该遗嘱虽是见证律师根据其与被继承人谈话的内容整理打印，并非当场书写打印完成，但在遗嘱签字确认时见证律师向被继承人宣读了该遗嘱内容，宣读后又征求被继承人意见后被继承人才在该遗嘱上签名，且被继承人签名的遗嘱内容与见证律师宣读的遗嘱内容完全一致，因此，可以确认该遗嘱系被继承人的真实意思表示，且未违反法律、法规的规定，依法有效。该案理应按遗嘱继承办理。②

第二，关于打印遗嘱效力的审查。在张某1等与顾某2遗嘱继承纠纷一案中，北京市顺义区人民法院和北京市第三中级人民法院经审理均认为，“结合孙某、两位遗嘱见证人、顾某1的陈述及录像，可以认定遗嘱由孙某代为书写后交由村委会工作人员打印出来，其后孙某宣读遗嘱内容，由各方签字、捺手印，虽两名见证人未见证遗嘱在电脑上书写及打印的过程，但见证了孙某书写、宣读、各方签字等过程，因此案涉遗嘱的订立程序符合法律规定，系被继承人顾某3的真实意思表示”。后因当事人申请再审，此案经北京市高级人民法院再审后，以（2022）京民申7019号民事裁定书裁定驳回。在该案中，法院判决书表达了在见证人即使未见证遗嘱的制作过程，但其见证了遗嘱人书写、宣读遗嘱及各方签字的情况下，依然可认定遗嘱的订立程序符合法律规定的司法态度；③ 在常某1与常某3等遗嘱继承纠纷一案中，北京市第三中级人民法院经审理认为，审

① 上海市金山区人民法院（2021）沪0116民初11140号民事判决书。
② 参见上海市浦东新区人民法院（2020）沪0115民初73732号民事判决书。
③ 参见北京市第三中级人民法院（2022）京03民终4209号民事判决书。

查打印遗嘱是否有效的核心并不在于遗嘱如何形成，而在于遗嘱人对已打印好的遗嘱内容是否完全理解并确认，且见证人是否在场全程见证遗嘱人确认遗嘱的过程。在上述两个条件同时满足的情况下，打印遗嘱应认定有效。①

从目前司法实践来看，人民法院在审理遗嘱继承案件时，都非常重视结合“时空一致性”裁判规则对遗嘱形式要件进行审查，已有不少法院在判决书中直接将是否符合“时空一致性”要求作为认定代书遗嘱、打印遗嘱效力的依据。但在实际操作中，对“时空一致性”裁判规则的适用存在不同的理解与把握，体现在：坚持严格把握“时空一致性”裁判规则的法官对代书遗嘱和打印遗嘱的制作过程的审查极为严格，只要出现见证人未同步见证的情形，遗嘱即被认定为无效；坚持整体把握“时空一致性”裁判规则的法官则认为“时空一致性”规则不应扩大到遗嘱的制作打印过程，或者认为时空整体上的一致性也符合“时空一致性”规则；而也有部分法官是从遗嘱人的真意出发进行裁判要旨的分析，而不直接引用“时空一致性”的规则进行论断。

2. 同一案件在不同审级人民法院“同案不同判”现象比较突出

通过分析，笔者发现以上对“时空一致性”规则把握不一的现象，在同一案件的一、二审中也不同程度地存在，从而产生不同的裁判结果。在前述收集的92起案例中，被二审改判、再审改判或者指令再审案件数量为6起，改判率达11.76%，特别具有典型性和代表性。限于篇幅，举例对照如表1所示：

① 参见北京市第三中级人民法院（2021）京03民终11544号民事判决书。

表 1　一、二审法院裁判（改判）结果对照

| 案号 | 一审情况 | | 二审情况 | |
|---|---|---|---|---|
| | 裁判结果 | 裁判理由 | 裁判结果 | 裁判理由 |
| （2018）黔 27 民终 1413 号 | 遗嘱无效 | 被告孟某（遗嘱人兰某某配偶）出具的代书遗嘱系打印件，并非标注的代书人吴某某代书（亲笔书写），且在该遗嘱标注的代书人送打印店打印过程中二位见证人蒙某、徐某并未全程参与核对打印内容，二位见证人并未注明见证的日期。该份代书遗嘱不符合法律规定的形式，不宜认定有效。 | 遗嘱有效 | 打印或手写都是书写的一种形式，只要代书人根据遗嘱人的真实意思表示书写，都符合代书的要件。该代书遗嘱经代书人根据遗嘱人的口述打印好，遗嘱人无异议后亲笔签字确认，并注明了年、月、日，同时二位见证人和一位代书人均亲笔签名，并注明了具体时间，故该份遗嘱的内容合法，真实有效，对其效力依法予以确认。 |
| （2021）吉 07 民终 929 号 | 遗嘱无效 | 遗嘱见证人在场见证，也应符合代书遗嘱中关于订立代书遗嘱的时空一致性的要求。吕某、王某二人并没有参与订立遗嘱的全过程，当天是吕某拿出一份打印好的遗嘱，在王某见证下，由吕某宣读后，由马某丙签字、捺手印。这种见证并不是《民法典》继承编所规定的见证，不满足打印遗嘱的有效条件。 | 遗嘱有效 | 《民法典》第 1136 条规定不要求电脑制作和打印的行为必须由遗嘱人本人完成，但需要两个以上见证人全程参与。遗嘱人马某丙立遗嘱时，两名见证人吕某、王某均在场见证，遗嘱人和见证人在遗嘱上签名捺印，注明年、月、日，且有录音录像佐证。该电子数据画面中，马某丙意识清醒，在吕某宣读打印遗嘱内容后，在遗嘱上签字捺手印且知道补正遗漏车库一事，能够确定所订立的遗嘱是其真实意思表示，该遗嘱符合《民法典》第 1136 条打印遗嘱法定要件。 |

在上述 6 起案件的 12 份判决中，如果从裁判规则模式上根据严格把握、整体把握和不着重考察时空一致性规则而侧重探究遗嘱人真意三大类进行归纳，其比例为 6:1:5。而最终被改判的绝大多数情况系严格的形式主义与探究遗嘱人真意两种裁判思路冲突所致，造成“同案不同判”的裁判

结果。

从司法实践来看，无论是《民法典》颁布之前，还是《民法典》实施之后，"时空一致性"裁判规则皆为北京、上海、江苏、湖南、湖北、四川、贵州、福建等地一些法院所认可并适用，该规则的适用已经具有一定的实践基础。

### （三）"时空一致性"裁判规则适用宽严不一的原因分析

1. 法律层面依据缺失

如前文所述，我国法律和司法解释层面对"时空一致性"裁判规则内容与适用问题均未作出规定，"时空一致性"裁判规则如何融入法律规定的代书遗嘱、打印遗嘱的形式要件中，目前在法律层面或者司法解释层面难以找到明确的依据，这在客观上就会产生法官办案"于法无据"的问题。

2. 认识层面存在分歧

从理论上看，对形式有瑕疵的遗嘱能否认定为有效遗嘱，人们的认识并不一致，大体上有无效说、可撤销说和有效说——遗嘱形式强制的缓和之分。无效说的基本观点是，只有依照法定形式设立的遗嘱才能有效，存在形式瑕疵的遗嘱无效。[①] 这来源于继承法理论通说。该通说认为，遗嘱乃要式法律行为，非依法定方式订立者无效。[②] 国外一些国家的继承立法也是持这种立法态度的。《法国民法典》（第1001条）、《瑞士民法典》（第520条、第521条）、《奥地利民法典》（第601条）均有相应的规定。我国民法学者梁慧星教授主张，遗嘱是要式法律行为，遗嘱人只能按照法定形式制作遗嘱，如有违反，则不能发生效力。[③] 王利明教授在对《最高人民法院关于贯彻执行〈中华人民共和国继承法〉若干问题的意见》第35

① 参见刘耀东：《民法典编纂视野下遗嘱形式要件的完善与形式瑕疵遗嘱的效力》，载《上海政法学院学报（法治论丛）》2019年第5期。

② 参见史尚宽：《继承法论》，中国政法大学出版社2000年版，第398页；刘耀东：《继承法修改中的疑难问题研究》，法律出版社2014年版，第170页。

③ 参见梁慧星主编：《中国民法典草案建议稿附理由：侵权行为编·继承编》，法律出版社2004年版，第185页。

条[①]作出解释时曾经主张相反解释，认为在《继承法》实施后所订立的遗嘱，即使“内容合法，又有充分证据证明确为遗嘱人真实意思表示”，只要该遗嘱形式上有欠缺（瑕疵），也不应承认该遗嘱为有效遗嘱。[②] 因此，无效说更倾向于遗嘱须严格按照法律规定的形式制作，否则不能发生效力。可撤销说的基本观点是，对于欠缺形式要件的遗嘱，认定为可撤销的遗嘱为宜，对遗嘱形式的要求不宜过分严格；如果凡是不符合法律规定形式要件的遗嘱一律认定为无效遗嘱，则遗嘱人的意思自由（自治）就无法得到保障。[③] 而所谓有效说，即“遗嘱形式强制的缓和”，是指为了最大限度地确保遗嘱人的真意表示能够得到实现，对于形式上稍有瑕疵的遗嘱，如有证据能够证明遗嘱确为遗嘱人的真实意思表示。则应当淡化遗嘱的严格形式要求，从而认定遗嘱有效。[④] 国外也有国家法律对遗嘱形式要件欠缺的后果作了区分，对于欠缺核心形式要件的遗嘱规定为绝对无效，而对于欠缺一般形式要件的遗嘱则规定为可撤销（相对无效）。例如《意大利民法典》第606条规定：“自书遗嘱因非亲笔书写或者未签名而无效……对于欠缺其他形式要件的遗嘱，可以根据任一利害关系人的请求撤销……”美国也出现了简化遗嘱程序的趋势。多数州的判例都主张完全由遗嘱人手写并签名的遗嘱，即使没有见证人且不符合遗嘱的其他一般要件，也是有效的遗嘱。[⑤] 我国也有一些学者认为遗嘱形式强制的做法虽然有利于确保遗嘱内容体现遗嘱人的真实意思，但“一刀切”的方式过于绝对。由于种种原因，不少当事人制作的遗嘱虽然也反映了其真实意思，但形式上往往不够规范，导致瑕疵遗嘱大量存在，如果都认定为无效，就有可能违背遗嘱人的真实意思和遗嘱形式强制的初衷。例如魏小军博士主张有必要对遗嘱形式强制作适度的缓和，即“形式上略有欠缺的遗嘱，如在

---

① 参见《最高人民法院关于贯彻执行〈中华人民共和国继承法〉若干问题的意见》第35条规定：“继承法实施前订立的，形式上稍有欠缺的遗嘱，如内容合法，又有充分证据证明确为遗嘱人真实意思表示的，可以认定遗嘱有效。”

② 王利明主编：《中国民法典学者建议稿及立法理由：人格权编·婚姻家庭编·继承编》，法律出版社2005年版，第552页。

③ 刘耀东：《继承法修改中的疑难问题研究》，法律出版社2014年版，第189页。

④ 刘耀东：《继承法修改中的疑难问题研究》，法律出版社2014年版，第189页。

⑤ 刘耀东：《继承法修改中的疑难问题研究》，法律出版社2014年版，第189－190页。

无合理怀疑的情形下证明确为遗嘱人真实意思表示，不因该形式上的欠缺而影响遗嘱的效力”。[①] 杨立新教授主持起草的《〈中华人民共和国继承法〉修正草案建议稿》第34条[②]就规定了遗嘱相对无效的具体事由，目的在于尽量缓和遗嘱形式欠缺（瑕疵）对遗嘱效力所产生的消极影响。上述几种不同意见直接导致司法实践中出现不同的理解与把握，从而对案件裁判结果产生不同的影响。例如，刘某、马某甲等继承纠纷案中，二审法院（吉林省松原市中级人民法院）就坚持“时空一致性”的要求，主张可以不要求电脑制作和打印的行为必须由遗嘱人本人完成，但需要两个以上见证人全程参与，而全程参与的最终目的是使遗嘱体现遗嘱人真实意思表示。但也可能会产生打印遗嘱“时空一致性要求”是不是增设生效要件，有无法律依据的争议。[③]

3. 理论研究相对滞后

“时空一致性”裁判规则在操作上能够最大程度地还原遗嘱人订立遗嘱过程中的真实意愿，对确保遗嘱的真实性、有效性和人民法院公平公正地处理好遗产继承案件具有重要意义。但在理论层面，由于“时空一致性”问题是代书遗嘱、打印遗嘱效力方面的一个很小的具体问题，学术界目前似乎也没有什么争议，而专家学者们的研究精力更多放在形式瑕疵遗嘱的效力上。代书遗嘱、打印遗嘱的形式要件中是否可以包含“时空一致性”的要求，这一问题在客观上没有引起专家学者们太多的关注，理论研究相对滞后于司法实践。

## 四、“时空一致性”裁判规则与遗嘱规则融合路径

笔者认为，可以将“时空一致性”裁判规则与《民法典》规定的遗嘱形式要件规则加以融合，尽快从以下几个方面入手来逐步解决目前存在的

---

① 魏小军：《遗嘱有效要件研究》，中国法制出版社2010年版，第171－172页。

② 杨立新、杨震：《〈中华人民共和国继承法〉修正草案建议稿》，载《河南财经政法大学学报》2012年第5期。第34条：“遗嘱中没有注明年、月、日的，只有存在其他遗嘱且不能确定设定先后时，或不能判断遗嘱能力时，才可认定遗嘱无效。”“遗嘱证书没有标明页数、见证人对口头遗嘱、电子数据遗嘱没有记录、没有保管公钥、没有在每一页签字的，只有在对遗嘱内容的确定和真实性判断产生实质影响时，才可认定遗嘱无效。”

③ 参见吉林省松原市中级人民法院（2021）吉07民终929号民事判决书。

问题：

### （一）规制（则）模式：出台规范性文件，将“时空一致性”规则融入形式要件

如前文所述，“时空一致性”裁判规则在司法实践中的运用已具有一定的普遍性、代表性与合理性，且由来已久，产生出一批典型案例与成功经验，已成为一种司法惯例。但这一裁判规则还没有得到法律或者司法解释等规范性文件的确认与解释，这就直接导致人民法院对待“时空一致性”效力规则运用的不同模式与“同案不同判”情况的产生，也使得这一规则的理解与执行缺乏统一的依据与标准。笔者认为，“时空一致性”应当成为代书遗嘱、打印遗嘱的必要规则，并融入其形式要件中。在未来的司法解释中，在现有代书遗嘱3个形式要件和打印遗嘱4个形式要件基础上可各直接增加一项内容，即应符合“时空一致性”要求。建议由最高人民法院组织力量，对“时空一致性”裁判规则（包括“时空一致性”裁判规则与认定遗嘱要件规则的协调与适用）进行系统整体梳理，明确“时空一致性”的内涵、构成要素（判断标准）、裁判规则与遗嘱形式要件融和方式、适用情形、例外情形等内容，并通过制定“继承编解释（二）”等司法解释或者问题解答、答复等其他专项规范性文件的方式公开发布，同时配套对应的指导案例作为示范参考。

### （二）规则适用（定位）：“强制性规则”为普遍适用，“补强规则”为特殊适用

在通过规范性文件将“时空一致性”裁判规则纳入代书遗嘱、打印遗嘱形式要件时，还应当明确该规则的性质与定位，坚持“强制性规则”为普遍适用，“补强规则”为特殊适用，以适应司法实践调整复杂继承关系的需要。

从理论上看，首先，我国《民法典》第1135条和第1136条均对见证人明确提出在场见证的要求。从文义解释的角度来理解，“在场”就是在现场、当场的意思，它显然应当包括从行为的开始到行为的结束整个过程。无论订立遗嘱过程有多少个环节，见证人都应当是自始至终在场见

证。时间上的同步性和空间上的同一性本身也充分体现了“在场”的特性。因此，“时空一致性”是遗嘱形式要件的应有之义。其次，目前我国《民法典》有关代书遗嘱、打印遗嘱形式要件的规定本身就属于“强制性规则”，如果违反了《民法典》规定的形式要件，则遗嘱人所立遗嘱就无法产生法律效力。这是法律规则效力的直接体现。“时空一致性”裁判规则与遗嘱形式要件的性质一致，将“时空一致性”作为“强制性规则”，可以与遗嘱形式要件融为一体，“共同发力”，也符合《民法典》规范遗嘱形式、确保遗嘱人内心意志实现的立法本意。

从实践中看，这也符合我国目前司法实践的实际状况。从现有案例来看，无论是严格把握还是整体把握“时空一致性”裁判规则的法官，都倾向于认定“时空一致性”裁判规则属于强制性规则。当法官在判决遗嘱无效时，一般都会在判决书中指出该遗嘱违反了“时空一致性”裁判规则，因此导致该遗嘱无效。因而，将“时空一致性”裁判规则作为“强制性规则”而普遍适用，有利于统一司法裁判尺度，明确司法标准，给法官依法审理继承案件提供依据。

但我们还应当注意，由于有的案件情况比较复杂与特殊，也产生了特殊情况下该规则能否作为“补强规则”来适用的问题。例如，当事人聘请律师帮助订立遗嘱的情况比较普遍，代写或者打印并见证遗嘱由此也成为律师常见业务之一。而律师的法律服务通常不是即刻甚至当天可以完成的。当事人委托律师帮助订立遗嘱，有的是当事人自己来到律师事务所或者遗嘱库委托律师操作，有的是先委托遗嘱人的继承人与律师进行咨询洽谈，而后再由律师与遗嘱人对接。在当事人意思表达清晰、提交材料齐备的情况下，有的当场（天）就可以完成遗嘱内容的陈述表达、遗嘱文本起草、遗嘱见证、遗嘱制作完成、签字、填写日期并同步录音录像、存档保管等一系列“规定动作”与程序。但也有一些情况下，当事人所提供的材料不符合要求或者不完备，或者第一次接洽后当事人想法又有变化等，有时还需要律师与其多次沟通，其间见证人也可能有变化等，这些都使该流程无法在一天之内或者一次性连贯完成。另外，律师可能是当场记录并起草遗嘱文本，也可能是简单记录后另择时间起草或者带回家里起草，或者是先录音后起草甚至是委托律师助理起草，待前期工作完成，律师通知遗嘱人到律所或者律师与律师助理上门完成现场的遗嘱订立流程。有时前期洽谈和起草遗嘱时是主办律师一个人接待与操作，到了电脑打印遗嘱或者现场宣读、审阅确认时才请律师助理进行见证。有的律所管理比较严格，在遗嘱文本完成后，还要对该文本进行严格审核并经过内部风控程序核验后才能出具。如此，承办律师也无法在当天即完成遗嘱制作并交付当事人。那么，在这些情况下完成的遗嘱用“时空一致性”裁判规则去衡量其效力，就会受到质疑。但如果将“时空一致性”裁判规则予以延伸解释，即将“当场见证”中的“当场”延伸至“整个遗嘱服务流程”，而非限定性地解释为“必须要当天或当时完成”，就可以解决实践中遇到的这一难题。具体而言，就是应当允许律所、公证处、遗嘱库等专业机构/人员在为当事人提供订立遗嘱专业服务时，可以根据遗嘱人的真实意愿分阶段或者分工完成，核心与重点还在于如何确保遗嘱真正体现遗嘱人的真实意志。我们应当秉持的司法立场应当是坚持严格形式主义，在此基础上引入缓和形式主义，授权法官在遇见具体情形时根据《民法典》的立法精神和补强规则，结合案件的实际情况对遗嘱人真实意愿进行全面考察与综合分析，从而正确认定遗嘱的效力并作出最终裁判，以解决目前的争论与困惑。

# 论遗嘱信托之制度完善

陈　汉*

**摘　要**　遗嘱信托是《民法典》新认可的泛继承方式。从直接的规范内容来看，《信托法》对遗嘱信托略有规范，而《民法典》仅用了一个宣示性条款予以规定，因此整体而言是非常简陋的，需要从体系的角度及解释论的角度予以补足，避免此项制度成为一条具文。从体系角度而言，不能主要以《信托法》的立法价值与逻辑去解读遗嘱信托。遗嘱信托以遗嘱为文本载体，以遗产的规划安排为核心目的，因此需要从继承法的整体立法价值角度去考察遗嘱信托。遗嘱信托的本质，是继承，并且是一种相对复杂的继承安排。遗嘱信托的效力，也应当受《民法典》继承编其他相关规定的调整。

**关键词**　遗嘱信托　信托所有权　制度冲突

遗嘱信托是信托之特殊类型之一，受我国《信托法》相关规定的调整。对照《信托法》对信托的定义，“本法所称信托，是指委托人基于对受托人的信任，将其财产权委托给受托人，由受托人按委托人的意愿以自己的名义，为受益人的利益或者特定目的，进行管理或者处分的行为”，

* 陈汉，意大利罗马第二大学法学博士，中国政法大学民商经济法学院副教授，中国法学会婚姻法学研究会副秘书长，主要研究方向：婚姻家事、继承与信托。

我们可以将遗嘱信托理解为遗嘱人以遗嘱这一单方法律行为的方式，以书面的形式，将遗产转移给选定的受托人，由受托人进行管理与处分，最终分配给指定的信托受益人的制度。

从法律适用角度来看，遗嘱信托中的“遗嘱”部分，受《民法典》相关规定的调整与规范，而“信托”部分，则受《信托法》的调整与规范。因此，遗嘱信托的设立、效力认定，都存在双重法律适用的问题。

在这种双重性角度下，我们依然需要明确：遗嘱信托是广义继承方式中的一种，本质上也是一种将遗产按照意愿分配给指定受益人的方式。遗嘱信托与普通的遗嘱继承不同的是：遗嘱继承是一个瞬时将资产承继的制度，即当事人去世后，法律上将遗产瞬间都归于指定的继承人（包括受遗赠人），只是事实上还需要一定的时间完成动产的占有及不动产的转移登记等手续。而遗嘱信托，则是通过设定信托的方式，由受托人取得遗产的全部所有权，然后进一步按照信托委托人即遗嘱人的意愿，根据遗嘱人所设定的条件或者期限，或者根据受托人依遗嘱内容取得的自由裁量权，逐步将信托财产（来源于遗产）分配给受益人。

可以说，在遗嘱信托制度中，遗嘱才是其第一性，对其的认识、理解与解读，主要从继承法角度出发，辅助以信托关系的基本规则。

## 一、遗嘱信托的认定问题

### （一）遗嘱信托中的意思表示

信托法律关系，对大陆法系而言是一项舶来品。我国《信托法》实施以来所设立的信托，以商事信托为主、慈善信托为辅，单纯的民事信托并未进入普通民众的视角。因此，无论是学者论述，还是司法解释，对遗嘱信托这样的民事信托法律关系少有触及。这在一定程度上导致司法审判实践中对遗嘱信托法律关系的认定争议。例如，胡某某、尹某1不当得利纠纷[①]，是一个典型的遗嘱信托认定纠纷。

一审法院认定事实：原告的丈夫尹维某于2016年去世，在去世前几

① 参见河南省信阳市中级人民法院（2017）豫15民终4342号民事判决书。

天，尹维某让其女儿将其大哥尹某某、二哥尹某2等叫到家中，后尹维某从衣柜中拿出24万元，当场给原告胡某某4万元，剩余的20万元交给其二哥尹某2保管，说要留给女儿尹某1上学用，存起来的利息用于父母和妻女的生活费。后尹某2将20万元存到了金店，每月利息2000元，给其父母1000元，给原告胡某某1000元。原、被告双方对上述事实均予以认可。尹维某生病期间主要由其大哥尹某某、二哥尹某2照顾，原告胡某某照顾一个月后尹维某即去世。尹维某生前于2016年11月13日在罗山县人民医院写有一份《遗愿》，内容为“20万作为女儿以后上学所用，20万存款利息在父母妻儿同住所用，用作生活开支，房子妻儿共同所有，妻子有居住权，但不得处理变卖。”

该案的核心争议是对这20万元关涉的法律性质的认定，即究竟是保管合同还是信托合同。原告的代理人认为是一种保管合同关系，而被告方则认为属于信托关系。

虽然该案中遗嘱信托的形式即《遗愿》较为简陋，并未明确约定这是一个信托，更未进行信托登记。但是从文本的文义解释及真实意思而言，最终法院将其认定为遗嘱信托是非常正确的。

在委托人去世之后信托关系与保管合同的法律后果之区别，其实是显著的：如果认定为普通的保管合同，那么委托人去世之后，其继承人可以要求终止保管合同，而返还保管物（人民币20万元整）。

在该争议案件中，事实上信托的受益人与第一顺位的法定继承人是同一的。但是从遗产的阶段性管理与阶段性分配角度而言，遗嘱信托则比普通的遗嘱继承结构化程度更高：在晚辈继承人尹某1“上学”之前，遗产的管理权在被告这边，而被告是第一顺位的法定继承人之外的人员。从分配的角度而言，“上学”之前仅分配投资产生的收益（即利息），而遗产之本金未来再分配给特定的受益人尹某1。因此，分析这个法律结构之后，我们认为信托法律关系是成立的。

从功能角度而言，遗嘱信托以遗嘱的方式，采用信托的结构，实现了信任与不信任：遗嘱人信任二哥即该案被告，信任其管理的能力，信任其最终能按照遗愿予以分配。而之所以采用这样的信托结构，则体现了其不信任或者顾虑：顾虑未成年的女儿不能管理好财产。

类似的案例还有雷某某、高某某与高某5、高某6遗嘱继承纠纷一案[①]。在该案中被继承人在遗嘱中载明："剩余资产全部由立遗嘱人亲生儿子高某、高子某两人均等份额继承。继承人高某、高子某因未成年或正在读书学习，其继承资产交由姐夫张某某掌管，待高某大学毕业后一年由继承资产掌管人将其应得份额交由高某所有，待高子某大学毕业后（或年满20岁），由继承资产掌管人将其应得份额交由高子某所有。继承人高某、高子某继承财产由掌管人在继承人学习生活期间根据其实际需要以继承财产或继承财产的收益每月给予定额的费用，其标准应满足其实际生活需要为限。"在这个案件中，核心的意思表示在于：资产归两个孩子；资产在孩子们特定年龄之前通过姐夫来过渡。这里是很显著的遗嘱信托的意思表示，虽然在该遗嘱中并未出现"信托"、"受托人"或者"受益人"这样的表述，但是在发生争议的时候不应该拘泥于文字表述，而要去探究其真实的意思表示。

在上述两个案件中，如果严格从信托的角度去判断，此类非专业人士起草的遗嘱，很难完全符合一个完整的遗嘱信托的内容要求。但是从遗嘱措辞的实体来看，则应该解释为遗嘱信托。中国现阶段专业人士介入遗嘱的起草的比例是相对较低的，并且即使是普通的律师，可能对遗嘱信托也不够熟悉，因此要求他们用规范的法言法语去表述，可能过于苛刻。因此未来在司法审判实践中，应当基于实质优于形式去判断遗嘱人的意思表示。此外，遗嘱人的动机判断，也是一种辅助的判断路径。此类遗嘱，都是因为继承人年幼或者属于其他弱势群体，遗嘱人不放心将遗产一次性归属继承人，因此寻找案外的信任人士来进行阶段性的过渡财产管理。因此，在对遗嘱进行解释的时候，宜认定为遗嘱信托。

### （二）遗嘱信托的要件

遗嘱信托，当然也需要满足其形式要件与实质要件。

从形式要件来看，既要符合《信托法》关于书面形式的要求，也要符合《民法典》对遗嘱形式的要求。因此，排除了口头遗嘱与录音录像遗嘱

---

① 参见四川省德阳市中级人民法院（2015）德民再终字第21号民事判决书。

形式设立遗嘱信托的可能性，只能通过公证遗嘱、自书遗嘱、代书遗嘱、打印遗嘱来设立遗嘱信托。至于《民法典》对上述四类书面形式的遗嘱的具体要求，可以参考其具体规定。当然，也有观点认为，“应放松对遗嘱信托的形式限制，赋予委托人更多的选择自由，便于设立遗嘱信托，因此遗嘱信托不应局限于书面形式”①。

从实质要件来看，主要要满足信托法律关系的核心要素：有明确的受托人，有明确的受益人（且受托人不是唯一的受益人），以及有明确的信托财产分配规则。

### （三）遗嘱信托的生效时间

遗嘱信托的生效时间，也是一个值得探讨的问题。

首先，《信托法》对此的规定是不清晰的。按照《信托法》第 8 条第 3 款的规定，遗嘱信托自受托人承诺时成立。多数情况下，被继承人在订立遗嘱之前会先征求受托人的意见。但是也存在一些情形，因为实际状况限制受托人知情，如被继承人订立遗嘱时情况危急，联系不上想要指定为受托人之某人。这种情况下，该受托人并没有承诺的义务，遗嘱信托设立与否处于不稳定的状况。但是，从法律性质上看，遗嘱是单方、死因行为，相对人的承诺不应当成为遗嘱成立和生效的要件。如果严格按照上述《信托法》的规定，会混淆双方行为和单方行为。另外，《信托法》第 13 条规定了遗嘱指定的受托人客观不能或者主观不能履行职责时新受托人的选任，可见受托人缺位并不必然导致信托的不成立和无效。由此可以看出，遗嘱信托的设立不应以受托人承诺为要件。《信托法》第 8 条和第 13 条是相互矛盾的。②

另外，如果认为遗嘱信托的法律载体是遗嘱，而《民法典》明确了遗嘱之生效时间为被继承人（即遗嘱人）去世之时。因此，只要遗嘱信托符

---

① 张永：《遗嘱信托的规范构成与体系效应》，载《法学》2022 年第 10 期。

② 有学者提出，信托成立以受托人承诺为要件的做法也与英美信托法上的“衡平法不允许信托因缺乏受托人而无效”的法理不符。比如，按照美国法，只要存在有效的财产转移，即使受托人对此并不知情，信托也成立。参见赵廉慧：《信托法解释论》，中国法制出版社 2015 年版，第 122 页。

合形式要件与实质要件，不存在其他影响遗嘱生效的因素，遗嘱信托的生效时间，宜认定为被继承人死亡之时。

## 二、遗嘱信托所有权的争议问题

受托人的所有权性质及其取得问题，是当下遗嘱信托最为复杂的一个问题。

要对遗嘱信托中遗产的权属状况进行认定，并非易事。在信托法中，关于信托财产的所有权有着多种学说。① 限于篇幅，本部分将简化讨论。笔者认为，基于遗嘱信托背后的财产权利价值和遗嘱自由，认定受托人享有一项特殊的所有权，而受益人享有物权属性②的信托受益权更为妥当。

关于所有权的取得时间，其指向的规范只能是《民法典》第230条规定："因继承取得物权的，自继承开始时发生效力。"综观整部《民法典》，并未对遗嘱信托的所有权予以规定，而《信托法》第2条事实上对信托所有权的转让语焉不详。考虑到设立遗嘱信托是遗嘱，是一个单方法律行为，自然不适用动产交付、不动产之转移登记等需要双方协同的规范。因此，在信托财产的所有权取得方面，只能准用《民法典》第230条的规定，即认定遗嘱信托受托人在继承开始之时，即刻取得遗嘱中明确为信托财产之部分的所有权。

但现实中，所有权的问题可能更为复杂。例如，在（2016）京02民终9935号案中，被继承人在遗嘱中载明：

> （四位遗嘱执行人）每年从我在汇丰银行北京分行的账户中支取人民币陆万元作为林×1全年生活费用，直至其去国外求学为止。林×1年满20周岁后，每月可支取壹仟元美元，由林×2会同其余三名遗嘱执行人中任何一人共同签字从我账户中支取。

在该案中，根据整体的遗嘱内容，四位遗嘱执行人也可以解释为遗嘱

---

① 关于信托财产的所有权，有英美法系"双重所有权说"（主张"衡平法上的所有权"和"普通法上的所有权"之结合）；大陆法系下受益人的"债权说""代理权说""他物权说"等。

② 参见王涌：《论信托法与物权法的关系——信托法在民法法系中的问题》，载《北京大学学报（哲学社会科学版）》2008年第6期。

信托的受托人；如果我们认定银行中的资产存在所有权，那么该案汇丰银行中的资产到底什么时候实现了物权变动？这是相当复杂的问题。按照遗嘱人设想，其银行账户在其去世之后依然得以使用，且管理处分的权限归四位遗嘱执行人（即受托人）。为满足遗嘱人这一合乎情理的诉求，我们可以从法律角度，进行两个可能性的解释：

> 可能性一：附义务的遗嘱
>
> 如果解释为附义务的遗嘱，则继承人有义务将账户（或者对应的遗产）的处分权授权给四位遗嘱执行人。但如果解释为附义务的遗嘱，则可能遇到义务人不履行义务的法律后果不够清晰的问题。因此，这个解释并不能真正实现遗嘱人的诉求。
>
> 可能性二：遗嘱信托
>
> 如果解释为遗嘱信托，则由四位遗嘱执行人取得遗产的所有权，遗产本身转化为信托财产，各共同受托人按照遗嘱指示来进行分配。

对比两种解释，我们可以看出，在第一种解释中，要求继承人履行此项义务是违背其人性的：将自己的金钱交给其他人管理并且限制其使用，因此义务不履行是一个大概率的事情。并且从技术上讲，金钱一旦归继承人所有，那么其他人是很难去规制的。而如果解释为第二种路径，即信托的受托人取得所有权，那么其定期分配的权利是当然的，并不需要受益人（也即继承人）的配合。

但是，在上述案件中，即使解释了信托所有权问题，但是依然缺乏所有权变动的规则。信托所有权的变动，即从被继承人财产转化为受托人的信托财产，是遗嘱信托之功能得以实现的基本前提。但这个问题上，无论是《信托法》还是《民法典》的规定都不够细致，这也给遗嘱信托制度的发扬，带来极大的阴影与不确定性。

## 三、遗嘱信托与其他制度的融合问题

### （一）遗嘱信托与后位继承

后位继承也称替代继承，是指因遗嘱中明确规定的某项条件成就之后或约定的期限到来之时，由先继承的遗嘱继承人将所继承的财产又无偿转移给其他人。在后位继承法律关系中，被指定首先承受遗嘱人遗产的继承人叫前位继承人；其后取得遗产的继承人叫后位继承人或次位继承人。

后位继承本质上是二次继承：前位继承人取得遗产所有权，阶段性保有该项遗产；待遗嘱指定条件成就之时或期限到来之时，后位继承人从前位继承人处无偿取得遗产标的物所有权。

我国现行立法并未直接规定后位继承，但是遗产的二次转移的需求，在现实中是存在的，因此司法审判实践中并不乏后位继承的司法案例。从解释论的角度，附义务遗嘱可能是最接近能解释后位遗嘱的现行立法规范：前位继承人取得遗产之同时，附有在条件成就或者期限到来之时将财产转移给后位继承人的义务。

但后位继承在我国现行法律中依然存在诸多的障碍，主要是前位继承人取得了所有权之后，其所有权受到处分限制，这种限制似乎没有物权法上依据。并且，即使用附义务的遗嘱来解释，也不能赋予后位继承人对前位继承人的任何请求权的可能性。

随着《民法典》对遗嘱信托的正式规范，以遗嘱信托来解读，可能更有利于保护后位继承人。我们以下文的案例①来解读：

> A去世前写下遗嘱，将房产遗赠给其妹妹B，由B处理一切房屋的事及房产，同时“希望无变动下生活条件允许下妹妹18年（后）给付儿子”。
>
> 该案诉讼中，一审法院一方面认定了后位继承，另一方面则认为B“作为前位受遗赠人实际取得的是对遗产的保管权”。
>
> 二审法院纠正了一审的判决，认为B有权受遗赠该房产，并且虽然遗嘱人在遗嘱中同时表示“希望无变动下生活条件允许下妹妹18年（后）给付遗嘱人之子”，但该表述仅为“希望”，而没有明确要求B必须或应当在18年后将涉案房屋给付遗嘱人之子。因此，B在继承涉案房屋后，是否在18年后将涉案房屋给付

---

① 参见朱某与朱某、胡某、何某、朱某遗嘱继承纠纷案，广东省广州市中级人民法院（2014）穗中法少民终字第121号民事判决书。

> 给遗嘱人之子，应视B的意愿及生活条件，B 18年后不愿意将涉案房屋给付遗嘱人之子，亦没有违背A的遗嘱。

如果以遗嘱信托的方式来解释该遗嘱，可能比一、二审法院更为精准。

该案中，委托人是遗嘱人，受托人是其妹妹；受益人是其妹妹与儿子。也就是说，妹妹既是该房产的信托所有权人，也是受益人。并且受托人具有酌情权，根据未来的生活条件及意愿，来确定最终的受益人是自己还是遗嘱人之子。

按照这个法律结构的解释，妹妹作为第一阶段的受益人，是可以享有房产的使用权。同时，基于信托所有权所承载的限制，其在18年期间不得处分。

尽管存在后位继承的现实需要，但我国现行法律中对后位继承尚无明确的规定。而遗嘱信托的解释给后位继承提供了新的路径。

### （二）遗嘱信托与债权人撤销权

在非遗嘱信托的继承模式下，被继承人生前的债权人有权要求继承人或者受遗赠人在所继承的范围之内承担被继承人的债务。但是，若被继承人生前设立遗嘱信托，则遗产归入信托受托人名下，继承人与受遗赠人不能直接继承所有遗产，但享有信托的受益权，这对被继承人的债权人并不公平。

假设A因交通肇事去世，且因该肇事行为形成人民币100万元整的侵权责任，即受害人E因此享有了人民币100万元整的金钱债权。假设A留有现金20万元整，价值200万元的不动产。A的法定继承人是B与C。

假设A无遗嘱，则B、C继承了所有的遗产，并且向E承担总额100万元整的债务。此时遗产大于债务，E能获得正常清偿。

假设A立有遗嘱信托，信托受托人为D。则A去世之后，依据遗嘱B、C取得现金的继承，而D获得不动产的所有权，并且将该不动产的租金每个月都平均支付给B与C。而此时E来起诉，似乎只能在20万元的现金内取得清偿。而根据限定继承的规则，B、C不需要再进行额外的清偿，即使他们现阶段能获得该项不动产的全部收益。

这对于债权人是极其不公平的。我国《信托法》提供了救济途径。《信托法》第 12 条第 1 款规定，“委托人设立信托损害其债权人利益的，债权人有权申请人民法院撤销该信托”。

略有疑问的是，债权人撤销该信托，应当解释为撤销信托的全部，抑或在其未受清偿的范围内要求信托将部分遗产返还？从目的解释的角度而言，如果信托财产远远大于债权人未受清偿的债权，而撤销信托将导致整个信托不成立，那么解释为撤销信托的全部并不合理。虽然我国现行立法中并未有部分撤销制度，但从目的解释的角度而言，部分撤销权可能更为合适。

### （三）遗嘱信托与必留份制度

《民法典》对遗嘱自由进行了合理的限制，限制之一是必留份制度，即《民法典》第 1141 条“遗嘱应当为缺乏劳动能力又没有生活来源的继承人保留必要的遗产份额”以及第 1155 条“遗产分割时，应当保留胎儿的继承份额。胎儿娩出时是死体的，保留的份额按照法定继承办理”。因此，遗嘱信托作为遗嘱之一种，必然受上述必留份规范的约束。

遗嘱信托的设立是否违反必留份制度，则需要从形式与实质进行双重判断。如果设立了遗嘱信托，并且遗嘱中并未将拟设立信托之外的其他遗产明确保留给《民法典》所明确特定的人，那么形式上存在违反必留份制度的风险，此时则需要进一步对遗嘱信托的受益人进行审查。如果信托受益人中包括“缺乏劳动能力又没有生活来源的继承人”，包括胎儿的份额，那么遗嘱信托并未实质性违反必留份的规定，应当解释为遗嘱有效。

违反必留份的规定的法律后果，是遗嘱彻底无效，回归到法定继承模式，还是从遗嘱信托中进行扣减？现行立法并未明确规定；从尽量满足遗嘱人意愿的角度而言，扣减模式可能更为合理，其实现了法律的伦理要求与遗嘱自由之间的平衡。

考虑到遗嘱信托的特殊性，以及信托受托人应有的自由裁量权，如果信托受托人得知存在法律需要特别保护的继承人，酌情从信托财产中予以分配，也应当认定为遗嘱信托效力并不受影响。

## 四、结语

民事信托制度在我国属于“立法上”先天不足、实践中也属于小众的制度安排。随着《民法典》有关规定的宣示，遗嘱信托作为典型的民事信托成为我们继承制度中的内容之一。遗嘱信托制度，本质上是一种复杂遗嘱安排，为遗嘱人处理复杂的资产（如不动产、股权）及复杂的家庭关系提供了一项新的选择。遗嘱信托，可以解读为遗嘱人一方面希望继承人最终取得其遗产，而另一方面希望予以特定的规制，避免一次性分配遗产带来其他负面影响。

《民法典》关于遗嘱信托的规定是简陋的，遗嘱信托留给普通民众诸多问题，也给学者、法官们带来新的挑战。无论是信托所有权的变动规则，还是其与继承相关的其他制度衔接，都依然需要我们进一步研究。

# 成年监护特殊需要信托制度研究*

董思远　沈学飞**

**摘　要**　为了克服成年监护制度存在的“监护人代理风险”“替代决策”等弊病，保障心智障碍者的财产权益，实践中产生了外置管理被监护人财产的需求，而特殊需要信托制度是实现该需求最合适的法律工具。通过考察美国、新加坡及我国香港地区的立法及实践经验，建议在我国从国家层面建立特殊需要信托制度，规定特殊需要信托的类型、委托人与受益人的条件等。倡导在已有的信托机构中尽可能多地开展特殊需要信托业务，政府应在财政补贴与公信力担保方面给予该业务必要的支持。鼓励对被监护人的大额财产设立特殊需要信托，至于被监护人日常生活的小额金钱，则可以由监护人保管，以便其从事日常监护事务。

**关键词**　特殊需要信托　成年监护　监护支援信托　财产管理　《残疾人权利公约》

根据国家统计局、国务院第七次全国人口普查领导小组办公室于2021

* 本文为2023年福建省民政政策理论研究重点委托课题“中国式现代化背景下优化未成年人家庭监护评估标准研究”项目（项目号：FMZD202312）、2019年福建省社会科学规划项目青年项目“我国意定监护制度完善研究”（项目号：FJ2019C001）的阶段性成果。

** 董思远，福建理工大学法学院知识产权学院讲师、硕士研究生导师、法学博士后，研究方向：民商法学、监护制度；沈学飞，福建理工大学法学院·知识产权学院硕士研究生。

年5月11日发布的数据可知，60岁及以上人口为26402万人，占18.70%（其中，65岁及以上人口为19064万人，占13.50%）。与2010年相比，60岁及以上人口的比重上升5.44个百分点，人口老龄化程度进一步加深。2019年颁布的《国家积极应对人口老龄化中长期规划》指出，积极应对人口老龄化，需要完善实施机制，为老年人构筑高质量的服务和产品供给体系。对于心智障碍老年人，需要监护人代理其作出医疗决定、管理与处分财产，我国《民法典》于总则部分规定了成年监护制度，因监护制度本身存在“监护人代理风险”“替代决策”等弊病，实践中产生了外置管理被监护人财产的需求，而特殊需要信托制度是满足该需求最为合适的法律工具。特殊需要信托，指委托人通过签署信托合同，对其丧失行为能力或死亡后的财产进行安排，监护开始后，受托人按照委托人提前安排的规则管理、处分信托财产，为受益人生活开支提供资金来源的一类信托制度。2023年6月1日，中国银保监会2023年1号文件——《关于规范信托公司信托业务分类的通知》（银保监规〔2023〕1号）开始正式实施，特殊需要信托作为一类“财富管理服务信托”赫然在列。

## 一、特殊需要信托对成年监护制度的支援与补充

### （一）成年监护制度的掣肘

目前，被监护人的财产一般由监护人管理，我国《民法典》第34、35条赋予了监护人管理、保护以及有条件地处分被监护人财产的权利：监护人的职责是代理被监护人实施民事法律行为，保护被监护人的人身权利、财产权利以及其他合法权益等。监护人除为维护被监护人利益外，不得处分被监护人的财产。但是，由监护人管理大额财产存在以下弊端：

第一，联合国《残疾人权利公约》第12条第3款确立了心智障碍者权益保障的“协助决定范式”（supported decision - making），要求缔约国采取适当措施，便利残疾人获得他们在行使其法律权利能力时可能需要的协助。而成年监护制度中的“替代决策”继受了“法律家长制”的思想遗毒，剥夺了被监护人表达真实意愿的机会，即使在意定监护中，也不能保证意定监护人完全按照被监护人的意愿管理、处分财产，这不符合《残疾

人权利公约》“支援意思决定”的理念。监护往往有隔离残疾人的效果。一旦人失去作决定的能力，他或她就可能无法与朋友保持联系、留在学校学习、拥有一份特定的工作或住在一个特定的地方。无行为能力的司法判决和监护权的授予可能导致对个人自由利益严重的剥夺，在法律上剥夺个人对生活的自主权。[①] 有时在监护关系中发生的权利剥夺比谋杀犯被定罪更严重，因为被定罪的罪犯仍然有权利决定哪怕是最简单的生活决策，如什么时候去锻炼、睡觉、与谁交往，但被监护人连最基本的选择权都被剥夺了。

第二，《残疾人权利公约》第12条第5款规定，“缔约国应当采取一切适当、有效的措施，确保残疾人享有平等的权利拥有或继承财产……确保残疾人的财产不被任意剥夺”。相较一般的民事代理关系，被监护人无法监督监护人的行为，监护人形式上占有被监护财产，享有权利的外观，这便利了监护人侵犯被监护人的财产利益，并且法定监护实为概括性代理，如果没有预先特别授权，监护人默认代理无行为能力人几乎所有的财产性事项，被代理人在监护的语境下承受的“代理人风险”更大。由监护人代被监护人管理财产的性质几乎等同于信托，其实质是由监护人（受托人）代被监护人（委托人）管理资产，这种类似自然人信托的财产管理方式风险较大。[②]

第三，由自然人监护人管理大额财产，不仅增加了工作量，还可能给其带来舆论的负担，深陷“贪图被监护人钱财”的误解，甚至导致亲属监护人间互相猜忌。不仅如此，自然人监护人往往缺乏专业的财产管理能力，无法确保财产的保值、增值，这不利于家族财富的继受与传承，特别是当被监护人的财产涉及股权，对股权的行使可能直接影响公司股东会的决议、公司运营情况与员工的福利，这样的财产管理甚至涉及公共利益，不得不谨慎对待。

---

① See Sydney J. Sell, *A Potential Civil Death: Guardianship of Persons with Disabilities in Utah*, 1 Utah Law Review 226 (2019).

② 参见朱圆：《论信义规则在我国成年监护法中的引入》，载《政治与法律》2019年第2期。

### （二）特殊需要信托相较成年监护的优越性

信托制度应提供超越监护制度的部分功能，否则，在监护之外另设特殊需要信托制度是否有意义就成了问题[①]。对于上述监护人管理大额财产的弊端，办理特殊需要信托可以有效规避。当然，监护制度包括人身监护与财产监护两个面向，特殊需要信托与人身监护在制度设置的目的、功能与内容上并无可比性，仅就财产监护方面，特殊需要信托的优越性在于：

第一，抵御监护人的道德风险。金钱会激发人性之恶，对人心有腐蚀效应。许多人际矛盾往往源自对金钱的争夺，要抵御这种腐蚀，有待专业的机构、规范的制度、透明的监管作为背书，因此才需要监护分权，将财产管理从监护人职责中分包出来，由信托机构代管。不仅如此，信托财产的排他效力优于监护财产，在监护与信托并存的情况下，信托财产的独立性与隔离性有利于防范委托人及受托人的债权人追索。

第二，信托是使委托人的意思约束未来的有效方法之一。委托人可以根据自己的意愿设定信托财产的使用目的、方式和期限，受托人有义务按照信托合同中的约定管理、处分财产，保证委托人的意愿在其失能、失智之后也能被贯彻，从而超脱监护制度“法律家长制”的桎梏，向“尊重被监护人真实意愿”的现代理念回归。

第三，信托公司管理财产相较一般监护人来说更为专业。一方面，避免了浪费，有利于被监护人财产的保值、增值；另一方面，信托可以聚集社会中闲置的资产用于投资，为我国市场经济的运行提供资金燃料的助力。

第四，信托受托人管理财产相较监护人来说更为灵活。委托人可指定多个受托人，共同管理信托财产，或通过设立投资委员会等方式，根据财产种类、价值的不同进行多样化的管理，这些灵活的财产管理模式，在监

---

① 参见赵廉慧：《我国遗嘱继承制度背景下的遗嘱信托法律制度探析》，载《法学杂志》2016 年第 8 期。

护法律制度中是无法实现的。[①] 不仅如此，信托可以保证在委托监护与意定监护同时存在的情况下，一次性解决多个受益人的问题。例如，心智障碍者的父母，担心自己失能失智之后自己与子女的财产管理问题，可以设立一个特殊需要信托，在其丧失行为能力之后，其本人与其子女都成为信托受益人，而不必形成两套财产管理关系。

由此可见，特殊需要信托可以很好地解决成年监护制度的不足，是对成年监护制度重要的支援与补充。

## 二、境外特殊需要信托立法及实践情况的考察与评析

“他山之石，可以攻玉。”美国、新加坡以及我国香港地区在实践特殊需要信托方面已走在前沿，逐渐发展为成熟的制度体系。我们考察这些国家与地区的特殊需要信托制度，分析相关制度设立的背景、制度的架构、发挥的作用等，以期为我国从国家层面建立特殊需要信托制度提供参考与借鉴。

### （一）美国成年监护及特殊需要信托制度考察

#### 1. 成年监护制度的谦抑化改革趋势

曾经的美国家庭法中，没有联邦统一的监护制度，该制度被规定于各州的《遗产查验法典》之中。为了避免州法间的分歧，美国统一法委员会在1969年颁布了《统一遗产查验法典》（Uniform Probate Code，UPC）。UPC在目前版本的第五章前言中明确了监护的“最后手段性”：监护权和保护权的设立应在各州被视为不得已而为之事宜，只有在没有其他限制性较小的、同样可以满足被监护人需求的替代方案的情况下，才可以指定监护人或保护人，监护人或保护人应当鼓励被监护人或受保护人作出与自身相关的决策，代表自己行事。该法典5-311（a）（1）（B）亦规定：除非有明确的证据证明，被监护人的需求不能被限制性更小的方式、合适的技术辅助措施所满足，否则法院不能指定监护人。所谓限制性较小的方式，

---

① 参见赵国富：《特殊信托制度在未成年人监护中的应用——以美国特殊信托制度为例》，载《青少年犯罪问题》2015年第5期。

包括设立持续性代理、医疗预先指示或生前信托等，这些方法均是被监护人仍具有充分认知、判断能力时，依照自己意愿作出的安排或授权。相较之下，监护制度则对被监护人多项基本权利进行了限制甚至剥夺，这对其自主性的负面影响较大。[①]

2. 美国中西部特殊需要信托

美国的特殊需要信托，指在受托人管理残障者财产的同时，允许残障者掩盖信托财产以继续保持接受公共救助的资格。其实质为一种法律规避措施：美国并非典型的福利国家，医疗费用十分高昂，残障者没有医疗保险就可能因病致穷。目前，个人资产不超过 2000 美元的身体残缺者与行为能力丧失者可以申请公共救助，如医疗救助、社会安全补助金等，但是，如果残障者从人身伤害赔偿款等一次性给付资金中获得收益，使其个人资产超过 2000 美元或夫妻共同财产超过 3000 美元，那么其便丧失继续获得公共救助的资格，即使收益数额较大，可能也无法应付长期的医疗开销。因而，获得一笔收益而丧失长期的公共救助福利实在得不偿失，最好的解决方式就是设立特殊需要信托，将获得的收益转由受托人管理，那么该笔财产就不被算作该残障者的个人财产，从而不影响其继续获得公共救助，避免了其陷入是申请公共救助还是接受各种款项的两难境地。

在美国各州的特殊需要信托中，具有代表性的为中西部特殊需要信托（Midwest Special Needs Trust，MSNT）。1989 年，密苏里州家庭信托成立，随后组成非营利集合信托公司，集合信托为每一名终身受益人设立单独的信托账户，但资源的集合能够改善这些中低收入家庭的投资能力。2004 年，MSNT 开始为堪萨斯、艾奥瓦、伊利诺伊、内布拉斯加、肯塔基、阿肯色、俄克拉何马和田纳西等中西部各州的居民设立信托，因而更名为“中西部特殊需要信托”。尽管 MSNT 根据州法成立，但 MSNT 是一个独立运行、自给自足的实体，并不属于州政府，也未接受政府的任何拨款。

MSNT 开设的信托有两类：第一类为“第一方特殊需要信托”，又称

① 参见黄诗淳：《美国生前信托之启示：以信托与监护之关系为焦点》，载《台大法学论丛》2019 年第 2 期。

自益信托或医疗补助回收信托，资金来源包括直接支付给残疾人士的人身损害赔偿金、遗产、社会保障署补发的款项、欠付的款项或终身受益人的储蓄金。这种类型的信托不可撤销。在终身受益人死亡后，自益信托中25%的余额须捐赠给MSNT慈善信托，还须抵偿医疗补助的开销。第二类为“第三方特殊需要信托”，资金来源是除终身受益人以外的其他人的资产或资源。残障者的父母、祖父母或其他亲友可用自有财产设立一项第三方信托。通常在委托人去世前，第三方信托是可撤销的，除非委托人放弃撤销该信托的权利，但在委托人去世后，该信托转为不可撤销信托。终身受益人死亡后，第三方信托无须抵偿医疗补助的开销。在支付了信托费用、开销和25%的慈善信托资金捐款后，信托中的全部余额将在信托协议指定的剩余财产受益人中进行分配。[①]

办理MSNT特殊需要信托需要符合两项标准：其一：终身受益人须符合社会保障署认定的残疾情况；其二，受益人年龄在65岁以下。MSNT要求每个信托账户的最低余额为500美元。一旦信托余额接近500美元，委托人、共同受托人或终身受益人将被要求存入额外的资金，否则MSNT将终止信托。并且，在成立信托之前，必须保证政府为残障者提供的公共医疗补助已还清，并且信托财产也不存在公共救助的留置权等权利负担。委托人往往选择信托公司作为特殊需要信托的受托人，另外再指定一位亲属作为信托保护人或共同受托人，信托保护人的职能类似于监察人，其有权在信托开始后查询信托账户的财产变动记录，并且具有雇用和解雇信托公司的权利。为了避免受益人因财产变动而丧失获得公共救助的资格，受托人应随时关注联邦医疗辅助法律的修改情况。[②] 与一般信托相比，特殊需要信托除具备财富管理与传承的功能外，更配有对特殊需要家庭的服务，并受到家长协会或者政府机构的监督。

---

① 参见达娜·凯瑟琳·伯克斯：《我的身后事当如何?》，载何锦璇、李颖芝主编：《特殊需要信托：财务规划比较研究》，姚江涛、袁田译，法律出版社2021年版，第218页。

② 参见Wei Chen MBA：《The Special Needs Trust 特殊需求信托》，载微信公众号“美国保险理财”2017年3月1日，https：//mp. weixin. qq. com/s/hbV4NsgGnzdflp6F3BmfMg。

## （二）新加坡政府大力支持的 SNTC 机制

新加坡的特殊需要信托，是由新加坡政府的“社会和家庭发展署”牵头、由“国家社会服务联会”支持推出的信托计划内容之一，其指有特殊需求的被监护人的抚养人，将一笔资金放置在特殊需要信托公司（Special Needs Trust Company，SNTC），抚养人死亡后，SNTC 将该笔资金用于被监护人的日常生活照料，这种定向、私益的特殊需要信托，属于不可撤销信托。SNTC 是新加坡唯一一家非营利信托公司，其具有慈善机构与公益机构的属性，每一个案件都有项目经理负责跟进、协调，并且有来自不同行业的专家志愿者，如律师、医生以及金融会计师等提供支持。[①]

在新加坡，设立特殊需要信托的委托人须满足三个条件：满 21 岁、智力正常、非处于破产的状态。而受益人须满足 SNTC 关于有特殊需要人群的定义，即那些因身体、感觉、智力方面受到损害，参加教育、培训、雇佣与娱乐等能力显著下降的人群，这些人群一般包括：先天存在特殊需求的人群，如智力残障、孤独症、脑瘫以及唐氏综合征人群；后天出现特殊需求的人群，因为中风或意外等原因有多重身体残疾、认知障碍、精神健康问题，如精神分裂症、双相情感障碍等。另外，上述人群要成为受益人，还须是新加坡公民或永久性居民，并且居住在新加坡。

SNTC 一般只为受益人管理现金资产，但是，家长、照顾者或其他供款人可在其遗嘱中指定由 SNTC 从非现金资产中收取现金收益。设立特殊需要信托要交纳的费用包括：信托办理费 5000 新加坡元（约人民币 26539 元）作为设立门槛，信托账户开户费 150 新加坡元；在照顾者身故或丧失工作能力后账户的过户费 40 新加坡元；信托启动后收取的管理费 40 新加坡元/年，至于信托启动前每年收取的费用，则由新加坡“社会和家庭发展署”全额资助。由此可见，设立该信托的成本并不高，委托人只需准备 5190 新加坡元就可以办理特殊需要信托，但这应归功于新加坡政府高额的补贴政策。SNTC 运营成本的 90% –100% 由政府提供支持，以 2014 年至

---

① 明月说法：《未来已来：意定监护和民事信托的融合》，载微信公众号“婚姻家庭与资本市场”2019 年 11 月 30 日，https：//mp. weixin. qq. com/s/QZVAMggrsuD3LSAJOGRhEg。

2015年度为例，当时政府向SNTC支助的金额为113万新加坡元。信托账户内的资金会被投资于低风险项目以赚取收入，而委托人与受益人无须担心投资风险，因为新加坡政府保证受益人可取回信托资金的本金。

办理新加坡特殊需要信托的程序为：委托人到SNTC提出申请，SNTC对受益人的需求进行整体性评估，为委托人考虑任何可能影响信托关系的情形，考察受益人的家庭与社会支持系统，从而制订照顾计划，与委托人确认信托资金的来源，为委托人联络法律工作者拟定遗嘱，对受益人进行家访等。除此之外，SNTC还可以根据受益人的需求，承担许多保障受益人福利的工作：SNTC的一位工作人员在第四届“亚洲成年监护法”国际会议上分享了一个案件，SNTC负责为该案中的受益人招募志愿者从事家务劳动、帮助受益人寻找工作、为受益人联络医疗人员、帮助申请医疗与运输药品的补贴、教受益人如何运用电子设备进行简单的付款、邀请受益人参加不同机构开展的社交活动等。当受益人死亡、永久性离开新加坡或信托基金全部用完时，特殊需要信托结束。截至2019年3月3日，SNTC已经建立了633个特殊需要信托账户，其中25个资金账户已经被启动。①

### （三）我国香港地区政府提供信用背书的特殊需要信托

2017年，我国香港特别行政区前行政长官林郑月娥在施政报告中宣布政府牵头成立特殊需要信托；2018年12月，特殊需要信托办事处成立；2019年，该信托开放申请。有特殊需求的心智障碍人群的父母或其他亲属作为委托人申请该信托，在其离世后，可以按其生前的指示管理、处分遗产，定期向受益人的照顾者支付费用，以确保遗产用于残障亲属长远生活需要。与新加坡的情况类似，我国香港地区的特殊需要信托同样由官方牵头成立，而我国香港地区社会福利署署长更是直接作为受托人，负责管理信托户口，进行资金投资，根据意向书与照顾计划将资金分配给照顾者，指派专员定期拜访受益人、检查照顾计划的执行情况，并且有权更换不称

---

① See Esther Tan, *Special Needs Trust – Why it matters*? Paper Collection of the 4th Asia International Conference & the 3rd Chinese Seminar on Guardianship Law. 2019.

职的照顾者，政府的背景让该受托人具备强大的公信力，并且官方承担了部分社会服务的成本，如定期探望受益人的成本。①

办理我国香港地区的特殊需要信托，委托人应满足的条件包括：为特殊需要人士的家长、兄弟姐妹或其他亲属；年龄满18岁；在签订信托协议时非处于破产的状态；须为我国香港地区永久性居民。受益人的条件包括：属于心智障碍人士，包括孤独症、唐氏综合征、精神紊乱患者等；具有申请社会福利署资助康复服务资格或教育局特殊学校的招生资格；须为我国香港地区永久性居民且经常居所地为香港。

我国香港地区办理特殊需要信托的程序为：心智障碍者的父母或其他亲属作为委托人申请特殊需要信托，并且订立遗嘱，拟订照顾计划。委托人须在办理信托时进行首次注资，金额不少于受益人12个月生活开支的上限，加上第一年的信托收费，最低办理门槛约为26万元港币。在委托人离世后，社会福利署署长作为受托人启动信托专款户口，遗嘱执行人变卖委托人的遗产，并将资金汇入特殊需要信托的专款户口进行再次注资，随后受托人将来自不同委托人的资金汇聚在一起进行投资，并将损益按比例分配给各信托户口，这一过程类似于内地的集合资金信托，在受益人去世、信托户口内的资金使用完毕或者离开我国香港地区时，信托终止。由此可见，为了保障委托人去世之后心智障碍亲属的生活，须安排以下人员：遗嘱监护人（负责人身方面监护，小额财产管理、支付）、遗嘱执行人（在委托人去世后变卖遗产，并将所得的资金存入特殊需要信托账户）、信托受托人（负责大额财产管理、定期向受益人的照顾者发放照护费用等）。②

---

① 参见何锦璇、李颖芝：《中国香港特区持久授权的革新和特殊需要信托的设立》，载何锦璇、李颖芝主编：《特殊需要信托：财务规划比较研究》，姚江涛、袁田译，法律出版社2021年版，第324、328页。

② 到目前为止，在我国香港地区申请特殊需要信托的案例只有65宗，不到香港特殊需要家庭的0.1%，突破了监察、政府这一关，比例仍然少，原因可能在于香港的特殊需要信托资金门槛仍然较高，许多家庭承担不起高昂的费用。参见《设立了特需信托的孤独症家长轻松了吗?》，载微信公众号“ALSO孤独症”2023年11月23日，https://mp.weixin.qq.com/s/qkUMs4ERGxRc_ARdO1RqNg。

### （四）境外特殊需要信托立法及实践情况的比较评析

1. 对特殊需要信托设立目的的比较评析

关于特殊需要信托设立的目的，美国的立法与其他两个地域差别较大。美国设立该信托是为了让信托财产不被计算在受益人的个人财产中，从而使其继续保留接受政府福利的资格，其以保障残障者的社会福利制度存在为前提；而新加坡与我国香港地区的特殊需要信托则是为了保证委托人的遗产能够用于受益人（被抚养人）日常照料，使其生活不至于因亲人故去而遭受重大的变故，从而保持基本的生活条件。我国内地部分信托机构设立特殊需要信托的目的是支援监护制度，在监护分权的前提下，让信托机构负责管理被监护人的财产事务，代为支付生活开销，同时防止监护人侵害被监护人的财产利益。从这个意义上看，我国从国家层面设立特殊需要信托的动机与新加坡和我国香港地区类似，但这并不意味着美国的相关制度对我们没有任何借鉴价值，该类特殊需要信托的自益属性、信托法律关系的架构，以及该国特殊需要信托补充成年监护制度的先进理念，皆值得借鉴。

2. 对特殊需要信托性质的比较评析

关于特殊需要信托的性质，以上三者都属于民事信托，与主要面向高净值人群的商事信托不同，中低收入人群也可以以委托人的身份为自己或亲属设立特殊需要信托；美国的第一方特殊需要信托是残疾人为自身所设立的信托，其在生前就可受惠于该信托项下的财产，属于自益信托、生前信托；美国的第三方特殊需要信托、我国香港地区与新加坡的特殊需要信托则由残障者的亲属或抚养人订立，确保其财产（遗产）用于支付残障者的日常生活开销，属于他益信托。这两类信托各司其职，用于满足不同情形下的财产管理需求，皆可为我们明确特殊需要信托的性质提供参考。关于信托是否可以被撤销，美国的第一方特殊需要信托、委托人去世后的第三方特殊需要信托，以及新加坡的特殊需要信托都属于不可撤销信托，这是为了保障委托人的意愿在信托开始后仍能得到尊重，避免监护人为了私利擅自撤销信托，损害受益人的财产权益。

3. 对受托人、委托人与受益人的比较评析

关于受托人的范围，美国与新加坡的特殊需要信托中的受托人皆为信托公司；而我国香港地区的受托人则为社会福利署署长，其代表着官方对该制度的推动与助力。关于委托人的条件，美国的第一方特殊需要信托要求委托人应为年龄在65岁以下的残疾人，因该类信托为自益信托，要求委托人在订立信托时具备法律能力与判断能力，因此该残疾人专指身体类残疾的情形；而新加坡与我国香港地区的特殊需要信托在委托人的年龄（18岁/21岁）、与受益人的身份关系（抚养人/家长、兄弟姐妹或亲属）、财产状况（非处于破产状态）方面进行了规定。除此之外，新加坡在智力、我国香港地区还在永久性居民的身份上对委托人提出了要求。笔者认为，规定年龄与智力状况的条件，目的在于确保签订信托合同这一民事法律行为的效力；而要求其处于非破产状态，是为了让委托人有充分的资金支付受益人的日常开销，保证其生活来源的稳定性，并且防止委托人通过设置信托逃避偿还债务，损害其债权人利益。关于受益人的条件，因特殊需要信托往往与社会保障政策相关，因此只有符合身体或智力残疾条件的弱势群体才可享受政府的福利项目，而新加坡与我国香港地区的经验也印证了这一点。至于美国中西部特殊需要信托MSNT，虽然并未接受政府的支助，但其设立是为了避免残障者失去政府救助的资格，因此受众群体仍主要为残疾人。除了残障者的身份外，新加坡与我国香港地区还增加了对受益人国籍、永久性居民身份以及经常居所地的规定，而一般的信托产品并未对受益人的国籍、居民身份和居所地作出限制，这也反映了特殊需要信托的官方福利性质，只有一国公民或居民身份才可以享受居住国（地区）提供的官方福利。

4. 官方对特殊需要信托支持情况的比较评析

关于官方对特殊需要信托的支持情况，新加坡与我国香港地区都对特殊需要信托提供了不同方式与程度的支持，前者包括：直接牵头主导（由社会和家庭发展署牵头、由国家社会服务联会支持推出）、提供财政支持（信托公司运营成本、信托启动前的年费）、公信力担保（保证受益人可取回本金）；后者包括：牵头主导、提供财政支持（承担社会服务的成本），公信力担保（社会福利署署长直接担任受托人）。与新加坡的经验相比，

我国香港地区政府提供的支持更为直接，由社会福利署署长担任信托受托人，用公权力担保信托财产的安全性。

5. 受托人办理特殊需要信托流程与职责的比较评析

关于办理特殊需要信托的流程，美国的该信托在成立之前，必须保证委托人还清残障者享受国家财政支付的公共医疗补助，信托财产也不存在权利负担。新加坡与我国香港地区的特殊需要信托皆属于遗嘱类信托，因此在办理该信托时除了签订信托合同外，一般还同时订立遗嘱、拟订照顾计划，这就意味着还须任命遗产管理人或遗嘱执行人。因特殊需要信托承担了保障弱势群体日常生活正常化之任务，老年人、残疾人、精神耗弱者不仅存在财产管理方面的需求，还可能遭遇人身照顾、日常事务代理及法律咨询方面的困境，为此，我国香港地区的社会福利署介入受益人的人身照顾事项中，定期拜访受益人、检查照顾计划的执行情况，并且有权更换不称职的照顾者；而新加坡的 SNTC 还为委托人聘请法律工作者、招募护工志愿者、联络医疗人员，甚至亲自帮助受益人寻找工作，申请医疗及运输药品补贴、教受益人日常生活技能，处处体现着维持受益人体面生活之目的，其人身照管性显然超出了信托公司的一般业务范围，当然这需要新加坡强大的社会福利体系作为后盾，否则作为私主体的信托公司缺乏激励开拓如此“不赚钱”的业务。在信托终止的情形方面，新加坡与我国香港地区都规定了受益人死亡、信托财产耗尽与永久性离开地域这三个事由。

## 三、构建我国特殊需要信托制度的建议

目前，我国《信托法》中并未规定特殊需要信托制度，而现有的信托种类也并未发挥域外特殊需要信托之社会保障功能。原因在于，从信托公司传统的角色与职能上看，信托公司从来都不属于社会福利体系的内容，自然缺乏激励开展此类高福利、低盈利的业务。但是，如果特殊需要信托在养老助残方面的作用能获得国家的认可，国家通过政府购买服务的方式与信托公司合作，或者对其进行税收减免、财政补贴等资金支持，该类信托在内地落地并非不可能。不仅如此，我国目前相关的法律也为构建该信托奠定了基础。一方面，《信托法》第 52 条规定，信托不因委托人丧失民事行为能力而终止，这说明行为能力仅在委托人与受托人订立信托合同时

被要求，之后丧失行为能力并不导致信托终止，这为自益型、生前型特殊需要信托留出了空间。另一方面，《信托法》第 13 条规定，设立遗嘱信托，应当遵守继承法关于遗嘱的规定，这为设立他益型、遗嘱型特殊需要信托提供了制度前提。不仅如此，深圳市残疾人联合会、深圳市地方金融监督管理局联合印发的《关于促进身心障碍者信托发展的指导意见》于 2020 年 10 月 1 日起实施，这是我国内地首个根据身心障碍者的需求出台的地方性政策文件。在这份指导意见中，分列了委托人、受托人、受益人、监察人、第三方中介组织、专业服务机构共六种角色，还明确了身心障碍者信托的申请流程及监督管理方案，为特殊需要信托入法提供了参考与借鉴。

实务界人士的创造，有时会倒逼规则的形成，中外信托业的发展都证明了这一点。[①] 我国《信托法》中虽未规定特殊需要信托制度，但是实践中已经开始了对该制度的民间探索。近年来，北京、上海、广州、深圳、杭州、无锡等地陆续落地“特殊需要信托服务”业务，已经办理过特殊需要信托业务的信托公司包括光大信托、中信信托、华润信托、万向信托、平安信托等，特殊需要信托逐步形成了“信托服务 + 遗嘱 + 意定监护 + 信托财产监察人”的复合运行机制，以实现资产管理、指令下达与监督监察等目标。[②] 万向信托机构借鉴日本监护支援信托，将“特殊需要信托”与“意定监护”结合，创设性地建立了“监护支援信托”（从信托弥补监护制度“监护人代理风险”“替代决策”等弊端而言，表述为“信托支援监护”更符合二者的关系，但为了和我国实践中根据日本的经验创设的信托名称保持一致，下文仍表述为“监护支援信托”）。我国意定监护公证的先行者、上海普陀区公证处的李辰阳公证员表示，信托本身只能管钱不涉及人身照护，特别是医疗救治方面，所以在实际操作中，父母都是以遗嘱信

① 参见赵廉慧：《“后〈慈善法〉时代”慈善信托制度的理论与实践》，载王名主编：《中国非营利评论》（第 19 卷），社会科学文献出版社 2017 年版。

② 参见潘静波、何肖龙、宋颂：《意定监护助推特殊需要信托服务落地的实践探索》，载《残疾人研究》2023 年第 2 期。

托结合遗嘱监护的方式设立，学术上一般称为信托支援监护模式。[①] 该模式是监护分权的结果，意定监护的安排解决了人身监护、代理的问题，而特殊需要信托则解决了财产管理、处分的问题，从而实现对“人、事、物”监护的分离，这为信托行业与监护、照护行业的合作开了先河。监护支援信托可以对信托财产的使用设置得更具体，如固定生活费、紧急医疗费，还可以约定监护人在既设费用档次的范围内将被监护人送至养老院，在材料齐全的情况下，信托资金可以不经过监护人而直接交付给养老院。受益人去世后，如果信托财产仍有剩余，此时信托公司就承担了类似遗嘱执行人的职责，将剩余信托财产按照信托契约的规则处理与分配。当然，很多细节都需要信托经理前期就参与到整个方案的设计中。

关于境外特殊需要信托经验的借鉴意义，目前部分学者抱有消极的观点。例如，学者赵国富认为，从信托利益分配的不可计量性，以及给身心障碍者提供更好的生活条件之特殊目的看，就美国的特殊需要信托而言，现行社会救助政策能否认可其不丧失救助资格是个问题，并且，就我国现行社会救助政策看，尚缺少类似美国的制度安排，故而在现行法律框架下难以实现美国特殊需要信托的法律效果。[②] 也有学者认为，我国香港地区社会福利署署长担任特殊需要信托的受托人，犹如让某一地的民政局长担任信托的受托人，这显然是行不通的。在我国现行《信托法》和《慈善法》的制度背景下，此类信托似乎也只能由信托公司参照普通民事信托的模式来推进，但因为门槛低、资金量低、事务工作量大，信托公司无法盈利，股东势必不乐意，将这样的业务完全交给市场是无法长久的。笔者认为，虽然境外的制度背景和文化土壤与我们确实存在差异，但并不意味着被实践证明的境外经验完全不能为我所用。虽然根据我国目前的情况，官方可能无法做到新加坡以及我国香港地区那种程度的支持，但是为我们展示了制度改革与官方努力的方向。因此，本文试图对境外特殊需要信托进行本土化改造，结合我国的制度土壤，实现境外有益经验的“软着陆”。

---

① 参见樊融杰：《记者观察：遗嘱信托离我们并不远》，载中国银行保险报网2020年5月12日，http：//xw. sinoins. com/2020－05/12/content_ 343122. htm？ from = timeline&isappinstalled = 0。

② 参见赵国富：《特殊信托制度在未成年人监护中的应用——以美国特殊信托制度为例》，载《青少年犯罪问题》2015年第5期。

（一）进一步明确特殊需要信托的性质

根据2023年6月1日开始正式实施的《中国银保监会关于规范信托公司信托业务分类的通知》，特殊需要信托属于“财富管理服务信托”，其既可以是自益信托。也可以是他益信托，前者是委托人在其尚有完全民事行为能力时签订信托协议，在监护开始后，以其本人作为受益人而设立的信托，受托人根据委托人先前订立的信托合同管理、处分其财产；而后者指委托人为他人所订立的信托，在委托人去世或丧失民事行为能力后，信托公司根据委托人先前订立的信托合同管理、处分信托财产，用以支付受益人日常生活事务的费用。除了兼具自益与他益的双重属性外，建议明确我国的特殊需要信托既可以是生前信托也可以是遗嘱信托。前者是指委托人在自己丧失行为能力前，以需要监护的他人或可能丧失行为能力后的本人作为受益人，在信托生效后，以信托财产供养受益人；后者指委托人在去世前通过订立信托协议，以需要监护的他人作为受益人，在信托生效后，委托人财产不归入遗产进行分配，而是作为信托财产，为受益人的日常生活提供资金的来源。

（二）倡导官方支持信托公司办理特殊需要信托业务

通过前文考察新加坡的SNTC模式可以看出，设立专门办理特殊需要信托的机构当然是最为完备的解决方案，但在该信托获得更广泛的认可前，相较建立专门的特殊需要信托机构，更为现实的做法是在已有的信托公司中推广特殊需要信托业务。不过，与意定监护、遗嘱公证等一样，这项业务“不赚钱、琐事多且责任大”，而信托公司是逐利的商业主体，不能强求其承担公共责任，特殊需要信托的社会福利性质与信托公司股东逐利的天性间存在现实的张力，如果没有官方的支持，该信托最终可能沦为“高净值客户”的专属私人业务，而对大客户趋之若鹜，对小客户置之不理，无法实现福利保障的普惠性。特殊需要信托是养老助残服务的重要一环，因此，建议政府大力支持信托机构开展特殊需要信托业务。虽然不必苛责由民政部门直接担任信托受托人，但可以参照新加坡政府的做法，在财政补贴与公信力担保方面给予该业务以必要的支持：一方面，通过财政拨款，分担开展特殊需要信托业务公司的运营成本；另一方面，补贴委托人办理特殊需要信托的费用，并提升国家金融监管职能，承诺政府保障信托资金的安全，消解委托人的不安全感。不仅如此，若信托资金使用完毕，受益人没有其他生活来源，民政部门或残联应当托底为其提供最基本的生活保障。

### （三）明确信托委托人、受托人与受益人的条件及办理程序

1. 信托委托人、受托人与受益人的条件

结合前文考察的境外经验，应规定信托委托人的条件为：第一，18岁以上；第二，拥有完全民事行为能力；第三，为受益人本人、近亲属、抚养人或希望供养受益人的其他人；第四，拥有一定数额财产且能够支付首次信托管理的费用。受托人条件为：具备信托资质的法人。因特殊需要信托与社会保障制度息息相关，若要保证政府的财政支持用于帮扶弱势群体，结合前文考察的境外法与我国实践的经验，建议受益人的条件为：第一，心智障碍者、行为能力受限的老年人、未成年人等非完全民事行为能力人或身体残障者；第二，身份为中国公民。

2. 办理特殊需要信托的程序

结合前文考察的境外法与我国实践经验，总结办理特殊需要信托的流程应为：

第一，信托准备阶段，委托人以不完全民事行为能力、身体残障的他人或自己作为受益人，向信托公司申请办理特殊需要信托，委托人与受托人签立信托合同。根据受益人的需求，拟定长远照顾计划，明确将来照顾受益人的个人或机构，计算每年执行照顾计划需要的费用与开支。在自益型特殊需要信托中，委托人可同时办理意定监护公证，以解决本人丧失行为能力之后之代理问题；在他益、遗嘱型特殊需要信托中，委托人可同时订立遗嘱，确定遗嘱执行人或遗产管理人，约定其在委托人身故后变卖其遗产，并将所获得的资金转移至特殊需要信托账户。受托人与委托人确认信托资金的来源，拟定开支预算。委托人开设特殊需要信托专项账户，根据受托人的指示进行首次注资。受托人应当为委托人与受益人保留信托合同、长远照顾计划、意定监护协议以及遗嘱等重要材料的副本。完成以上

程序后，受托人应当将本单特殊需要信托业务报当地残联备案，接受残联的监督。

第二，信托启动阶段，当委托人失能、失智或离世后，信托生效，遗嘱执行人、监护人或家属整理、变卖委托人的财产（遗产），将变卖、处理委托人财产获得的资金按照信托合同中的约定进行第二次注资，一方面，对于特殊需要信托项下的财产，受托人应当进行最为稳健、安全的投资与管理，以维持受益人基本生活所需资金为先；另一方面，受托人定期向委托人指定的照顾者（个人或机构）指定账户发放用于照料受益人日常生活的款项，由照顾者负责执行照顾计划。如果有临时性的财产购买需要，受益人的监护人应反馈给信托机构，由信托机构根据信托协议判断是否批准该笔支出。受托人定期考察受益人的资金需求，关注受益人健康状况的变化、生活需求的转变、物价波动情况以及通货膨胀等因素，以调整每月发放的款项。

第三，信托终止阶段，在受益人去世、信托账户内的资金耗尽、受益人丧失我国国籍时，特殊需要信托终止。当信托账户内资金耗尽，受益人没有其他资金来源，信托机构应当及时通知当地民政部门或残联，对接官方兜底与社会救助事宜。

针对有特殊需求的人群，建议委托人尽早设立特殊需要信托，让其有充分的时间筛选适合受益人的各类服务机构，并让履行支付义务的信托机构尽早与其对接。在我国目前的实践中，对于有孤独症孩子的家庭，许多家长在自己健在时就已经为子女设立了特殊需要信托，将一部分资金（目前万向信托提供的特殊需要信托起步资金已低至5万元）投入该信托账户，提前将这部分资金运作起来，如果有哪些服务组织（如孤独症儿童托管机构、社会监护人组织、个案管理机构、监察人等）不适合子女，家长就可以寻找新的服务提供商与信托机构对接，受托人也可以根据家长的建议不断改善服务，培养长期信赖关系，这样慢慢就形成了稳定的服务供给与资金支付体系。当家长辞世后，这些机构还可以继续服务于孤独症子女，并且特殊需要信托账户将源源不断地提供资金支持，让孤独症子女不至于因为父母离世而导致生活发生重大变故，特殊需要信托为这些子女提供了即便父母不在也可以正常生活的机会。

### （四）强调特殊需要信托对监护的支援与补充作用

特殊需要信托至少可以在以下几个方面支援、补充成年监护制度：其一，制约监护的启动。美国 1969 年颁布的《统一遗产查验法典》认为监护权和保护权的设立应在各州被视为不得已而为之事宜，只有在没有其他可以满足被监护人需求的、限制性较低的替代方案的情况下，才可以任命监护人或保护人。强调信托对成年监护制度的替代与补充作用，在监护人管理被监护人财产前应考虑所有可行的方案。[①] 其二，限制监护人变更信托关系。日本的“监护支援信托”开启后，当监护人要求返还信托财产或者解除信托合同时，必须出示由家庭裁判所发出的指示书，否则监护人不能擅自取回信托财产。由此可见，在国外，特殊需要信托通常以“限制”的方式辅助成年监护制度，限制启动的条件、限制监护人的权限，名为“限制”，实为消解监护给被监护人带来的被动处境，谓之“支援”更为恰当。

笔者认为，相较监护制度，虽然信托在财产管理方面存在优越性，但其无法解决人身监护的问题，因此不能取代监护制度。建议对我国《民法典》中的监护制度进行法律解释时，强调监护适用的“最后手段性”，如果存在“生前预嘱”“特殊需要信托”等替代性措施时，应限制监护人的相关权利。信托不应当是阻碍监护启动的限制性条件，以至于“让监护根本不用开启”，特殊需要信托对于被监护人应是一种财产管理的选择：对于大额财产，倡导设立特殊需要信托，避免监护人滥用、侵占被监护人的财产；而用于被监护人日常生活的小额金钱，则可以由监护人保管，这也便利了监护人执行日常监护事务。

---

① Laura Upchurch, *Using Management Trusts in Lieu of or with a Guardianship of the Estate*, 11 Estate Planning and Community Property Law Journal, 330（2019）.

# 解释论视角下的遗嘱信托设立规则探析

魏小军*

**摘　要**　遗嘱信托的设立，是指为实现对遗产的计划，以预先在遗嘱中设立信托条款的方式，在遗嘱及相关信托文件中明确遗产的管理规划，包括遗产的管理、分配、运用及给付等。遗嘱信托设立，不宜以受托人同意为条件。受托人不同意导致的缺位问题应由受托人补选机制来解决。遗嘱意思表示的内容，应可将其与遗嘱继承、遗嘱、设立居住权区分开来。在当前的社会生活条件下，设立信托的遗嘱应为书面形式。遗嘱信托于遗嘱生效时生效，不以相应的遗产权利转移至受托人名下为必需。

**关键词**　遗嘱信托　设立　成立　生效　非书面形式　受托人同意　信托财产

遗嘱信托在财富传承过程中可以发挥定向传承、防止传承对象挥霍、帮助传承对象守住财产、跨代传承、避免后人纷争等多方面的作用，是当代社会非常实用的财富传承手段。在民间财富规模庞大、“创一代”纷纷面临“交班”的今天，如何设立遗嘱信托以及司法实务中如何判断遗嘱信

---

* 魏小军，民商法学博士，杭州师范大学沈钧儒法学院副教授、大成律师事务所高级顾问、中国法学会婚姻家庭法学研究会理事。

托是否有效设立问题成为难题，[①] 对我国法律中的遗嘱信托设立规则展开讨论也因此具有其相当的现实价值。现有研究就此进行的探索，已有一定的成果，但仍有不到之处。

## 一、遗嘱信托及其设立规则之概述

根据我国《信托法》第 8 条[②]的规定，遗嘱信托，是以设立方式为标准对信托进行划分后，与协议信托、其他书面信托相并列的类型。[③] 所以，遗嘱信托仍属于信托。我国法律、法规尚无关于遗嘱信托的定义，原中国银保监会[④]在 2023 年 3 月发布的规范性文件中对作为金融业务的遗嘱信托进行了定义性说明：单一委托人（遗嘱人）为实现对遗产的计划，以预先在遗嘱中设立信托条款的方式，在遗嘱及相关信托文件中明确遗产的管理规划，包括遗产的管理、分配、运用及给付等，并于遗嘱生效后，由信托公司依据遗嘱中信托条款的内容，管理处分信托财产。[⑤] 将这个说明中的信托公司替换为受托人，可得一般的遗嘱信托定义。由此，遗嘱信托实际上是经由遗嘱方式设立、于遗嘱生效后开始运行的信托。遗嘱信托的设立，必然要符合一定的要求。遗嘱信托的设立规则，便指遗嘱信托得以成立及发生效力所须遵守的规则。

我国《民法典》虽然只概括性地规定自然人可以设定遗嘱信托，[⑥] 没有直接针对遗嘱信托设立规则的规定；但作为民事基本法律，《民法典》

---

① 迄今为止，我国法律实务中的遗嘱信托案例数量非常少，作为营业受托人的信托公司实际开展的遗嘱信托业务也非常少，便与此有关。在号称国内“遗嘱信托第一案”的（2020）沪0106 民初 30894 号民事判决书中，上海市静安区人民法院径直表示，遗嘱信托在我国缺少先例。

② 该条中规定，“设立信托，应当采取书面形式。书面形式包括信托合同、遗嘱或者法律、行政法规规定的其他书面文件等”。

③ 中国银保监会《关于规范信托公司信托业务分类的通知》（银保监规〔2023〕1 号）文中，对信托公司的信托业务进行了具体分类。其中，遗嘱信托与家族信托、家庭服务信托、保险金信托、特殊需要信托、其他个人财富管理信托、法人及非法人组织财富管理信托并列，都属于财富管理服务信托的子类。这里面的分类，并非基于民法意义上的某个标准，故本文不作进一步展开。

④ 现为国家金融监督管理总局。

⑤ 参见《中国银保监会关于规范信托公司信托业务分类的通知》（银保监规〔2023〕1 号）。

⑥ 《民法典》关于遗嘱信托的直接表述仅见第 1133 条第 4 款。相关内容为，“自然人可以依法设立遗嘱信托”。

中其他相关的规定当然也适用于遗嘱信托及其设立。《信托法》第 2 章是关于“信托的设立”的专门规定，共 8 条，分别针对信托目的、信托财产、设立形式、信托文件记载事项、信托登记、无效信托、可撤销信托以及遗嘱信托特有事项。综合起来，现行法中的遗嘱信托设立规则，主要包括三个方面：人、财产和意思表示。

## 二、遗嘱信托设立中的当事人及其限制

根据我国《信托法》，信托有三类基本当事人：委托人、受托人及受益人。[①] 遗嘱信托设立中，这三类当事人也需符合一定的要求。

### （一）关于遗嘱信托的设定人

遗嘱信托的设定人，也即信托委托人，同时为遗嘱人。根据我国现行法，首先，遗嘱人须为自然人，法人或其他组织不得为遗嘱人，故遗嘱信托只能由自然人设定。实务中，有企业主拟通过自己 100% 控制的公司来设定遗嘱信托，其愿望在法律上无法直接实现；只能由其本人，以公司股权作为信托财产，设定遗嘱信托。其次，遗嘱人应当具备完全民事行为能力。无民事行为能力人或者限制民事行为能力人所立的遗嘱无效。[②] 故遗嘱信托的设定人，必须为完全民事行为能力人。最后，遗嘱信托设立人可否为两人或多人，当前法律并未明确规定，《中国银保监会关于规范信托公司信托业务分类的通知》对此持否定立场。当前背景下，遗嘱信托限由单一自然人设定。遗嘱信托设定人一旦死亡，遗嘱开始生效，遗嘱信托随之生效。[③] 此时，遗嘱信托设定人不复存在，遗嘱设定真正完成，在此之前遗嘱设定可因设定人的行为随时撤回、变更。

---

① 《信托法》第 2 条规定：“本法所称信托，是指委托人基于对受托人的信任，将其财产权委托给受托人，由受托人按委托人的意愿以自己的名义，为受益人的利益或者特定目的，进行管理或者处分的行为。”

② 参见《民法典》第 1143 条第 1 款。

③ 如遗嘱信托的设定人在遗嘱中附加了其他的信托生效条件，则该条件也成就时方可使遗嘱信托生效。

### （二）关于遗嘱信托的受托人

信托受托人作为信托三大基本当事人之一，于信托运行而言不可或缺。我国《信托法》第9条规定，信托文件中应当载明受托人的姓名或者名称、住所。至于受托人是否必须具备相应的民事行为能力，应不影响遗嘱信托的成立及生效。遗嘱生效前，受托人尚未真正履职，其行为能力问题可暂且搁置。遗嘱生效后，信托进入运行阶段，受托人须具备相应的民事行为能力——自然人应具有完全民事行为能力，营利性机构应当获得相应的资质；如受托人不具备相应的民事行为能力或资源，将影响信托的运行，但不影响信托的效力，该受托人应被新受托人替代。新受托人根据遗嘱或相关文件中确定的机制产生，或由受益人（包括无民事行为能力或限制民事行为能力的受益人的监护人）选任。[①]

### （三）关于遗嘱信托的受益人

根据我国《信托法》第9条、第11条的规定，信托受益人或者受益人范围必须确定，否则信托无效。受益人确定，是指列明了具体的受益人名单；受益人范围确定，是指未列明具体的受益人但划定了其明确可辨的特征。遗嘱信托当然也须遵守。受益人必须有受益能力，也即受益人未丧失受益权，否则按未指定受益人处理。首先，受托人可以是受益人，但不得是同一信托的唯一受益人。[②] 其次，参照继承权丧失的规定，[③] 有下列情形之一的不得为遗嘱信托受益人：其一，故意杀害遗嘱信托设立人；其二，为争夺遗产或遗嘱信托利益而杀害其他信托受益人；其三，遗弃遗嘱信托设立人，或者虐待遗嘱信托设立人情节严重；其四，伪造、篡改、隐匿或者销毁遗嘱信托，情节严重；其五，以欺诈、胁迫手段迫使或者妨碍遗嘱信托设立人设立、变更或者撤回遗嘱信托，情节严重。实施前述其三、其四、其五中所列行为之后，确有悔改表现的，仍可作为遗嘱信托受

---

① 参见《信托法》第39条、第40条。
② 参见《信托法》第43条。
③ 参见《民法典》第1125条。

益人。最后，关于受益人的指定，不得违反法律、行政法规的强制性规定以及公序良俗，否则相应内容无效。[①] 实践中最为常见的有两点：其一，遗嘱信托受益人的指定，不得违反必留份的规定。所谓必留份，即应当为缺乏劳动能力又没有生活来源的继承人保留必要的遗产份额。[②] 此必要的遗产份额的保留可由下列任一方式实现：因为遗嘱未予处分（按法定继承）而使必留份权利人得到必要的遗产，因为遗嘱指定继承使必留份权利人得到必要的遗产，因为遗嘱信托通过指定受益的方式而使必留份权利人得到必要的遗产。其二，遗嘱信托受益人的指定，不得违反善良风俗。比如，遗嘱信托设定人，为维持其与婚外情人的不正当关系，以将婚外情人指定为遗嘱信托受益人作为交换条件，便明显违反了善良风俗，相应内容无效，视同未指定受益人。[③] 但遗嘱信托设定人将因婚外情生育的子女指定为受益人，因子女无辜，该指定原则上不构成对公序良俗的违反。[④]

## 三、遗嘱信托设立中的意思表示及相应要求

遗嘱信托由行为人通过遗嘱设立。根据我国《民法典》第 1143 条的规定，遗嘱意思表示必须真实，受欺诈、胁迫所立的遗嘱无效。伪造的遗嘱无效；遗嘱被篡改的，篡改的内容无效。此外，下列三个问题非常值得关注。

### （一）遗嘱信托设立中必备意思表示内容

根据我国《民法典》，遗嘱作为民事法律行为的一种，其可处分的事项包括遗产、特定情形下对子女的监护，其中，遗产处分又有遗嘱继承、遗赠、设立遗嘱信托、设立居住权四类。设立遗嘱信托的意思表示，需要

---

① 参见《民法典》第 153 条规定："违反法律、行政法规的强制性规定的民事法律行为无效。但是，该强制性规定不导致该民事法律行为无效的除外。违背公序良俗的民事法律行为无效。"

② 参见《民法典》第 1141 条。

③ 关于指定婚外情人为受益人，是否需要考量其目的，理论界和实务界均有争议。笔者认为，应予以考量。一律排除婚外情人，在某些情形下显失公平，并不符合善良风俗。比如，遗嘱设定人长期得到没有经济来源的婚外情人照顾，通过遗嘱信托为其设定金额并不大的养老年金。

④ 至于是否涉及对配偶财产权的侵害，情况较为复杂，此处暂不展开。

区别于协议、遗嘱指定监护人以及遗嘱继承、遗赠、遗嘱设立居住权。由此，行为人设立遗嘱信托所作的意思表示应包含以下内容：第一，不以其他人的同意为必需——单方民事法律行为；第二，行为人死亡时生效——死因行为；第三，系对遗产的处分——财产处分行为；第四，遗产相关权益并不直接给予受益人，而是首先移交给受托人，再由受托人以自己的名义按遗嘱人的意愿，为受益人的利益或者特定目的，对标的财产进行管理、处分并最终按遗嘱人意愿将利益分配给受益人——信托性处分。以上内容应当在遗嘱中予以明确，或经由意思表示解释可以确定，否则不能成立遗嘱信托。

### （二）受托人同意非为必要

如前文所述，设立遗嘱信托属于遗嘱处分的一种，系单方民事法律行为。所以，遗嘱信托的成立，仅需遗嘱人（也是信托的委托人）一方作出意思表示便可成立，不以其他方参与为必需。[①] 至于我国《信托法》关于非合同形式设立信托于受托人承诺信托时成立的规定，[②] 应认为已不适用于遗嘱信托。主要理由为：如适用于遗嘱信托，将导致该规定与《民法典》第 1133 条关于遗嘱自由原则及遗嘱信托属于遗嘱处分法定类型的规定冲突，根据新法优于旧法的原则，应优先适用《民法典》的规定。[③] 并且从我国《信托法》自身的体系出发，受托人缺位与信托能否正常存续也无必然联系，[④] 受托人不同意导致的缺位问题应由受托人补选机制来解决，无须作为信托成立的否定性条件。[⑤] 将受托人同意作为遗嘱信托的成立条

---

① 参见韩良：《〈民法典〉与民事信托的发展》，载《中国政法大学学报》2022 年第 3 期。

② 《信托法》第 8 条第 3 款规定："采取信托合同形式设立信托的，信托合同签订时，信托成立。采取其他书面形式设立信托的，受托人承诺信托时，信托成立。"

③ 事实上，信托立法较为成熟的区域，都没有将受托人的同意作为遗嘱信托成立的条件。

④ 《信托法》第 40 条规定："受托人职责终止的，依照信托文件规定选任新受托人；信托文件未规定的，由委托人选任；委托人不指定或者无能力指定的，由受益人选任；受益人为无民事行为能力人或者限制民事行为能力人的，依法由其监护人代行选任。原受托人处理信托事务的权利和义务，由新受托人承继。"

⑤ 就信托当事人及信托服务机构的业务操作而言，为降低业务风险，在未有相应的司法解释出台之前，还需尽可能遵从《信托法》第 8 条第 3 款的字面意思。毕竟，决定业务操作风险的是法律适用的实然状态，而非应然状态。

件，事实上也不符合信托法保护信托当事人合法权益的立法目的。[①]

### （三）遗嘱形式应限于书面

《信托法》规定，设立信托，应当采取包括遗嘱在内的书面形式；设立遗嘱信托，应当遵守继承法关于遗嘱的规定。[②] 由此，仅自书、代书、公证和打印方式订立的遗嘱方可设立遗嘱信托。[③] 有学者提出，“应放松对遗嘱信托的形式限制，赋予委托人更多的选择自由，便于设立遗嘱信托，因此遗嘱信托不应局限于书面形式”。[④] 笔者对此持保留意见：仅书面遗嘱方可设立信托确有其不合理的地方，但比较适合当下的情况。首先，我国民众尚不太习惯用遗嘱处分遗产，身后财富传承仍以法定继承为主流模式。而遗嘱信托属于遗嘱处分的各类型中最复杂的一类，当事人未选择相对熟悉的遗嘱继承、遗赠，而选择遗嘱信托，通常有些特殊的考虑，故一般愿意接受比其他类型遗嘱处分更正式的形式。其次，当前民间整体风气仍略显浮躁，法律实务中为获取某种利益说谎甚至伪证并非罕见。如认可非书面形式，尤其是口头遗嘱设立信托，后续更容易产生纷争。[⑤] 事实上，非书面形式的遗嘱，在比较法上没有得到普遍认可，根本原因在于其对行为人内心真实意思的体现存在较大的不确定性。总之，当前的情况，仅允许用书面遗嘱设立信托应该是更合适的安排。不以书面形式设立信托，信托不成立。[⑥]

## 四、遗嘱信托设立中的财产及其规范

信托的对象是财产。可以说，整个信托都是围绕信托财产展开的。这

---

① 我国《信托法》第 1 条规定：“为了调整信托关系，规范信托行为，保护信托当事人的合法权益，促进信托事业的健康发展，制定本法。”

② 参见《信托法》第 8 条第 1 款、第 13 条第 1 款。

③ 参见《民法典》第 1134 条、第 1135 条、第 1136 条、第 1139 条。

④ 张永：《遗嘱信托的规范构成与体系效应》，载《法学》2022 年第 10 期。

⑤ 相比遗嘱继承、遗赠，遗产从被继承人死亡到全部分配给受益人存在较大的时间间隔。其间可能发生的争端也会更多。

⑥ 参见姜雪莲：《解释论下遗嘱信托规则的展开》，载《中国政法大学学报》2023 年第 6 期。

从我国《信托法》关于信托的定义也可以看出。[①] 信托文件应当载明信托财产的范围、种类及状况。信托财产若不能确定，委托人以非法财产或者《信托法》规定不得设立信托的财产设立信托，将导致信托无效。[②] 实践中，以下两个问题需要特别关注。

### （一）信托财产与债权人利益保护

《信托法》第 12 条第 1 款规定，委托人设立信托损害其债权人利益的，债权人有权申请人民法院撤销该信托。此外，《民法典》第 538 条、第 539 条规定：债务人以放弃其债权、放弃债权担保、无偿转让财产等方式无偿处分财产权益，或者恶意延长其到期债权的履行期限，影响债权人的债权实现的，债权人可以请求人民法院撤销债务人的行为；债务人以明显不合理的低价转让财产、以明显不合理的高价受让他人财产或者为他人的债务提供担保，影响债权人的债权实现，债务人的相对人知道或者应当知道该情形的，债权人可以请求人民法院撤销债务人的行为。因此，遗嘱信托的设定，应以设定人自身债务足以得到清偿为前提。当事人如已不能保证清偿全部债务，比如已经资不抵债，原则上不得设立遗嘱信托。当然，如其预料死亡时经济条件将明显好转，就偿债后的剩余遗产设立遗嘱信托，应认为有效。

### （二）信托财产权利转移与信托生效

根据《信托法》第 10 条[③]的规定，用不动产设立信托的，该不动产被

---

① 《信托法》第 2 条规定：“本法所称信托，是指委托人基于对受托人的信任，将其财产权委托给受托人，由受托人按委托人的意愿以自己的名义，为受益人的利益或者特定目的，进行管理或者处分的行为。”

② 参见《信托法》第 9 条、第 11 条。

③ 《信托法》第 10 条规定：“设立信托，对于信托财产，有关法律、行政法规规定应当办理登记手续的，应当依法办理信托登记。未依照前款规定办理信托登记的，应当补办登记手续；不补办的，该信托不产生效力。”

变更登记至受托人名下时信托方生效。[①] 据此可以认为，我国法律规定的信托，于信托财产的权利移转至受托人名下时生效。对通过协议方式设立的信托而言，这一规定有其合理性。因为根据我国《信托法》，委托人和受托人系委托关系。在法律未对信托合同作出明确规定的情况下，应可类推适用《民法典》关于委托合同的规定。而就委托合同而言，即便已经发生法律效力，委托人或者受托人仍可随时解除委托合同。[②] 故在信托财产转移至受托人名下之前，因委托人或受托人均可以随时"反悔"，认可信托的效力没有太大的现实意义、反而会增加一方"反悔"时的"善后"工作难度。

遗嘱信托与依合同设立的信托最大的不同之处在于，作为信托基础文件的遗嘱生效时，委托人已经死亡，不存在委托人"反悔"的问题。此时如不认可信托已经发生法律效力，受托人便缺乏要求向自己转移相关遗产并予以管理、分配的依据。[③] 如未能得到继承人、遗产管理人的有效配合，遗嘱人的相应安排便会落空，从而背离信托立法的目的。所以，对《信托法》第 10 条应予以限缩解释，[④] 不适用于遗嘱信托。遗嘱信托于遗嘱生效时生效，不以相应的遗产权利转移至受托人名下为前提。只要信托财产确定，[⑤] 信托便可随遗嘱生效而生效。信托的受托人，有权要求继承人或遗产管理人向自己转移相关遗产并予以管理、分配。

## 五、结语

我国现行法中的遗嘱信托设立规则整体上较为粗略，已不能完全适应

---

① 《信托登记管理办法》（银监发〔2017〕47 号）中的信托登记，与《信托法》第 10 条中的信托登记并非同一回事。笔者曾撰写评论文章进行讨论：《新不动产登记细则发布，不动产信托登记条款尚待完善》（2019 - 08 - 30）、《家族信托登记十问十答》（2017 - 08 - 30）、《建立信托产品统一登记制度对家族信托是利好吗?》（2016 - 01 - 22）。

② 参见《民法典》第 933 条。

③ 根据《民法典》第 934 条的规定，单纯的委托关系，在委托人死亡或者受托人死亡、丧失民事行为能力时原则上同步终止。

④ 将来《信托法》修订或者出台相关司法解释（比如，"最高人民法院关于适用《中华人民共和国民法典》继承编的解释（二）"）时，应对此予以明确。

⑤ 《信托法》第 7 条规定的信托必须有确定的信托财产，属于成立条件还是一般生效（有效）条件，尚存争议。笔者认为，应属前者。

现实需要。实务中，应结合《民法典》《信托法》等法律中的相关规定，综合采用文义解释、目的解释、体系解释等多种解释方法，以解决实际问题，并在后续修订或制定法律法规、司法解释时予以明确。

# 我国遗嘱信托受益权保护研究

李　欣　孙文杰*

**摘　要**　让受益人取得遗嘱信托受益权是委托人设立遗嘱信托的目的所在，遗嘱信托受益权受侵害后的救济路径完善更是遗嘱信托受益权保护的重要环节。遗嘱信托受益权包含于信托受益权之中，遗嘱信托受益权的性质决定了应当以何种方式和路径对其进行保护和救济，但是我国学界目前对于信托受益权的性质争论较大，众多学说纷纭，对遗嘱信托受益权的保护救济模式究竟以债权模式还是以物权模式或其他保护模式也无统一观点。遗嘱信托属于民事信托，具有相当高的灵活性、隐秘性和自由度，但正是由于遗嘱信托的灵活性和隐秘性让遗嘱信托的监督管理难度较大，加之我国遗嘱信托本身的法律规定不健全，相应配套制度未建立，保护受益人的遗嘱信托受益权的难度较大。本文从界定遗嘱信托受益权的性质出发，根据其性质采取相应的保护模式，并在借鉴其他国家、地区相关制度的基础上结合我国的本土实际，提出遗嘱信托受益权属于一种复合型新权利，并在此基础上提出相应的权利保护机制。

**关键词**　信托受益权性质　遗嘱信托受益权保护　新权利

* 李欣，江南大学副教授、硕士生导师，法学博士；孙文杰，法律硕士，四川开山律师事务所专职律师，专研民商法实务研究。

## 一、遗嘱信托受益权概述

### （一）遗嘱信托受益权概念重塑

信托从概念转化为实在的法律制度，并得到普遍运用，学界主流观点认为最早是从英国开始的。“信托诞生于欺诈，衡平法是对信托的救护”，其缘由在于信托源于当时英国人规避英国政府出台的限制土地转移的法律和严苛的赋税，其本身一定程度上包含有欺诈的本意，但这种欺诈并非完全出于恶意，而更像是为对抗恶法而产生的良善制度，是善意的谎言。[①]

在英美法系中，信托受益权的概念并不存在，遗嘱信托中受益权的概念是在信托制度移植于大陆法系后，大陆法系学者为了使之适用于本土法系，特别将受益人因合同取得信托财产权益的权利进行总结概括，从而形成广义的受益权。对比英美法系关于所有权的“双重所有权说”，信托受益权或类似于“衡平法上的所有权”。

有学者认为，应当将信托受益权界定为一种单一的财产权利，即为受益人享有的因对信托财产运用所产生的收益权，这样定义即将受益权的内涵缩小到两项，即信托财产的收益（孳息）利益请求权和信托终止后的本金请求权。[②] 但笔者认为，该种说法至少在我国《信托法》条文中不能得到支持。如《信托法》第43、44、46条，从条文叙述来看，很难将“受益权”解释成一种等同于财产权的静态权利，而更应当将其解释为包含有请求权、处分权等的动态权利。而且，从保护受益人的“遗嘱信托受益权”而言，信托受益权宜作为一种动态请求权、处分权和收益权，如此才能使更多的保护方式介入其间，更好保护遗嘱信托受益权。

故关于遗嘱信托“受益权”的概念，笔者认为其应当被界定为遗嘱信托受益人所有权益的集合，属于一种广义上的集合权，有别于信托财产收益的获取权（狭义受益权）。依托于《信托法》的规定，在内涵上，遗嘱

---

① 参见高凌云：《被误读的信托——信托法原论》（第2版），复旦大学出版社2021年版，第11－13页。

② 参见陈鼎庄、朱炎生：《信托受益权概念的再认识》，载《哈尔滨师范大学社会科学学报》2018年第5期。

信托受益权应该包含以下权利：（1）信托财产的收益权；（2）信托事项的知情权；（3）信托管理的有限调整权；（4）撤销权；（5）解任权；（6）请求权以及其他权利。①

### （二）遗嘱信托受益权的特征

我国《信托法》并没有明确给出信托受益权的定义和特征，但回归《信托法》条文本身，遗嘱信托受益权具有以下特征：

（1）遗嘱信托受益权既包含“对物性”，也包含“对人性”。受益权含有对物的性质，美国理论和实务界认为其依据在于：遗嘱信托财产在被受托人进行了违背信托本旨的不恰当处分时，遗嘱信托受益权能够对抗受让人因该行为获得的利益，也就是说，信托受益权人可根据遗嘱信托受益权追及于信托财产，该种权利类似于大陆法系下所有人的所有权，具有对物的属性；遗嘱信托受托人具有向遗嘱信托受益人交付信托财产利益的义务（积极义务），也即受益人有要求受托人向自己交付财产性利益的权利，具有对人的属性。

（2）遗嘱信托受益权属于集合权。在英美法系中，遗嘱信托受益权属于衡平法上的权利，其诞生之初就不仅仅是一种单纯的财产权利。在根源上，遗嘱信托受益权是包含“信托财产受益权”“解任权”“请求权”等一系列权利的集合，故应当将其界定为一种复合型的集合权利。

## 二、遗嘱信托受益权的性质辨析

### （一）“对人权”与“对物权”之争

美国法律根据设立信托的财产种类对信托受益权性质进行分类和界定：当设立信托的财产种类属于动产时，信托受益权具有对人的追及效力；若设立信托的财产种类是土地、房产之类不动产，则信托受益权具有追及于物的性质。② 故遗嘱信托受益权在英美法系双重所有权的权利构架下，并没有物权和债权之分，而是承认信托财产为受托人和受益人两者所

① 《信托法》第21条。

② See G. L. Gretton, *Constructive Trusts*, Edinburgh Law Review 287 (1997).

有。英美法系这种所有权的内涵不同于大陆法系，英美法系下，受托人享有在法律上的所有权，受益人享有在衡平法上的所有权。在这种划分下，美国学者 Scott 揭开了英美法系中信托受益权的性质划分的争论大战——信托受益权究竟属于对人权还是对物权？

Scott 认为信托受益权属于对物权，其依据是：衡平法下的受益人权利，不具有合同性权利的性质，而是所有权的性质。他认为“信托受益人享有在受托人名下的信托财产的实质性权利”。此外，与 Scott 持相同观点的学者为论证信托受益权属于对物权，提出了以下论点：（1）当信托受托人不当处分信托财产时，信托受益人得依据其受益权追及于受让人，这是典型的对物权的表现；（2）在遗嘱信托中，受益权可以成为可继承的遗产，从法理性质上看，只有对物权才能被继承。[①] 与之类似的还有，信托受益权可以被收归国有和用于清偿债务，这些都是对物权才具有的属性。

Maitland 认为信托受益权属于对人权。正是 Maitland 在 Scott 提出信托受益权属于对物权后率先反对，他认为“信托起源于合同，委托人在普通法上的权利主要为财产的占有权，强调遵循合同承诺，并且允许被强制执行，而强制执行是一种针对人的权利”[②]。赞同信托受益权属于对人权的美国学者主要提出以下论点支撑：（1）信托法保护善意且无过失的买受人，根据这一规则，受益人的信托财产追及权不能对抗善意且支付对价（无过失）的买受人。这体现了信托受益权并非对物权，而是对人权。（2）同一份信托财产不可能由两个以上主体同时掌控，在受托人取得信托财产的普通法上的所有权的情形下（对物权，主要是掌控信托财产的权利），受益人仅能享有对物的权利。（3）受益人在衡平法上享有信托受益权，其属于对人权，故信托受益权也应当属于对人权。

当然，持有“信托受益权属于对人权”观点的学者也并不是否认信托受益权包含对物的成分；持有“信托受益权属于对物权”观点的学者也不是完全否认信托受益权包含对人的成分，而是对其中关于“信托利益收益

---

① 参见张淳：《关于信托受益权的性质——对有关国家法学界的有关研究的审视与检讨》，载《湖南大学学报（社会科学版）》2010 年第 5 期。

② John H . Langbein, *The Contract arian Basis of the Law Trusts*, The Yale Law Jowrnal, Vol. 105：3, p. 644 - 645（1995）.

权”和对“信托财产追及权”的重视程度不一。持“对人权”观点的学者更重视“信托利益收益权”，而持“对物权”观点的学者更重视“信托财产追及权”。故在前述争论之中，还出现了第三种观点——折中说，其同时承认信托受益权具有对人和对物的性质，且两者同等重要。

### （二）“物权说”与“债权说”之争

大陆法系的信托法移植于英美法系，英美法系中对“信托受益权”性质的争论亦延续到大陆法系。因为受益权兼具对物的因素和对人的因素，故而对于受益权的法律性质究竟为何，同样引起大陆法系学界的争论。

“债权说”认为，当信托关系成立并生效时，受托人对信托财产的权利即应当确认并被保护，受托人应当恪尽职守，保护信托受益人的利益，同时受信托文件约定条款的限制；但是信托的受益人并不对受托财产享有所有权，而仅仅可向受托人主张对信托受益的债权。故而可以认为“债权说”主张信托的构造分为两部分：一是受托人对信托财产享有法律上的表面的所有权，主要是管理财产的权利；二是受益人对受托人享有请求信托财产带来的孳息的权利，其属于债权。

“物权说”对“债权说”持反对观点，物权说认为：信托受益人直接对信托财产享有“对物的所有权”，是对世权、绝对权，而不是仅对受托人享有请求支付信托收益的债权。① 其主要依据是：受托人并不对信托财产享有收益的权利，而仅在信托文本的规定范围内享有部分处分和管理权，而受益人权利是超越了单纯债权性质（包含物权性质）的权利。举例而言，当今大部分国家、地区的信托法皆包含有关于信托财产独立的规则和受托人对于管理、处分信托财产方法的限制规则，其目的在于保障信托财产的独立性和相对安全性，以保障受益人的信托受益权。换句话说，在“物权说”之下，本质上受益人并非对受托人享有债权，而是基于信托财产享有实质上的所有权，故而产生了对受托人的权利，这些权利在物权理论中当然包含对物的追及权和对不当处分物的撤销权，故而认为信托受益权包含物权体系下的撤销权和原物返还请求权；因此，受益人的撤销权能

① 参见［日］新井诚：《信托法》，刘华译，中国政法大学出版社2017年版，第30－38页。

对抗善意第三人之外的人以及受益人作为信托财产的所有人被征税，都有了相对合理的解释。[①]

### （三）遗嘱信托受益权——一种新权利

近年来，除了前述两种观点外，还出现“特殊权利说”，又称“新权利说”。“特殊权利说”（“新权利说”）认为：遗嘱信托难以完全被纳入大陆法系的物债二分体系中的根源在于信托受益权的权利范围与性质界定不清，因此主张把信托受益权创设为一种全新的权利类型，以独立于传统的债权和物权，使之成为民法体系中的一种新权利或特殊权利。故对于遗嘱信托受益权的定性、内涵和运用都需要遵循《信托法》的规定，而不仅是民法。依据特殊法优于一般法的法律适用原则，这可避免直接将信托受益权认定为一种债权，导致信托受益权难以得到有效的保护，也可避免将信托受益权界定为一种物权，导致对信托受益权的保护过当，损害善意第三人的合法权益。[②] 支持“新权利说”的学者还认为，信托受益权不仅容纳债权性与物权性于一体，还涵盖有监督遗嘱信托运行的监督性权利等。[③]

笔者认为，应当将遗嘱信托受益权视为一种新型的独立民事权利。在关于遗嘱信托受益权的性质争论上，引起“物权”与“债权”争论的原因很大程度在于不同种类信托财产的性质不同，因此部分学者认为受益人因对不同种类的信托财产享有的请求权也具有对应性的区别。但若论及信托财产的性质，因当前社会的财产种类层出不穷，可作信托财产的既可以是具体的物，也可以是债权或者其他权利。故笔者认为，不应当根据信托财产的性质决定受益权的性质，而应当剖析出，遗嘱信托受益人的受益权本身就是一种请求权，这种请求权可及于信托财产，而不论信托财产本身是何种性质的财产，仅此而已！故可以说，遗嘱信托受益权本身即包含债权的因素、物权的因素、监督权的因素以及其他权利因素，其属于一种新型

① 参见王涌：《论信托法与物权法的关系——信托法在民法法系中的问题》，载《北京大学学报（哲学社会科学版）》2008 年第 6 期。

② 参见赵廉慧：《信托受益权法律性质新解——“剩余索取权理论”的引入》，载《中国政法大学学报》2015 年第 5 期。

③ 参见陈向聪：《信托受益权法律问题论析》，载《北京政法职业学院学报》2006 年第 2 期。

集合权。

在理论层面，遗嘱信托受益权属于信托受益权的一种，兼具对人和对物的性质。当前不管英美法系还是大陆法系对于该点并无争议，其争议的基本点在于将信托受益权定性为一种侧重于债权（对人）抑或物权（对物）的权利。将该带有主观论断的判定刨除之后，本质上，现今时代下的信托受益权并不能简单地定义为某一种单一的权利，因为不论是物权还是债权，任何一种定性都将会使其另一性质被掩盖，这与其本质并不相符。在司法实践中，该种学界的倾向性认定不论是认定（侧重）任何一种，总会导致持另一种观点的当事人承担巨大的风险和损失，而采用“新权利说”，可有效避免此种争议。因为不论是侧重于信托受益权的债权属性，还是物权属性，信托受益权包含这两种性质权利的事实都无可否认，该权利本身即应当是一种特殊的权利，是一种新型权利。在认定信托受益权属于一种新权利的大前提之下，根据不同的信托类型，以及不同的现实情况，进行针对性的立法保护或进行相应解释，都不存在根本上的分歧，而仅仅在于技术层面的讨论。

在实务层面，遗嘱信托作为民事信托的一种，具有其自身的特殊性，遗嘱信托生效后，在普通信托关系中具有强监督作用甚至主导作用的委托人一方已不存在，而遗嘱信托的受益人通常系失能老人、欠缺民事行为能力的小孩或者其他弱势群体。在这样的情况下，笔者认为，为了更好地保护遗嘱信托受益人，应当将遗嘱信托受益权认定为一种强权利和复合权利。

在立法层面，我国《信托法》第 49 条赋予受益人与委托人同等的知情权、调整管理方法权、救济权和解任权，这些权利都应当认为包含于广义的受益权之中。对于遗嘱信托而言，这具有重大意义，是对遗嘱信托受益人的受益权的保护与增强。

## 三、我国遗嘱信托受益权保护缺陷

### （一）遗嘱信托受益权的追及效力弱

遗嘱信托受益权对信托财产的追及效力较弱，源于我国《信托法》对信托受益权的定性。对于受托人违背信义义务使得受益人的遗嘱信托受益权受损时，受益人基于其遗嘱信托受益权可要求受托人赔偿。[①] 由此可以看出，我国当前《信托法》倾向于对受益权的追及效力定性为一种债权请求权，并通过债权保护模式对信托受益权进行保护。

从《信托法》第22条规定结合遗嘱信托制度来看，因对信托财产进行管理和使用而产生的孳息获取权是受益人可向受托人主张的仅有权益。信托生效后，在受托人掌控下的信托财产被受托人与他人串通恶意转让或作其他处分损害受益人的利益时，受益人仍无法主张对被转让的信托财产的追及权，也无法对落入第三人或者被执行的财产进行追及或撤销。[②] 笔者认为，这是一种消极被动的信托受益权，仅当信托财产受到不当处分，已经造成无法挽回的损失，受益人方可向法院请求行使撤销权，但也不得追及于物（信托财产）之本身。在遗嘱信托中，委托人的缺位导致委托人一方对受托人的监管空白，对受益人遗嘱信托受益权的保护可谓十分不利。

### （二）受益权不当执行的救济路径不明

信托财产具有独立性是信托的一个极其重要的功能，也是信托得以在英美国家广泛运用的制度基础。信托财产独立性旨在强调信托财产具有的破产财产隔离性[③]、禁止法院强制执行、禁止与受托人财产混同等，在遗嘱信托中，信托财产独立性要求将已经纳入遗嘱信托的财产与委托人的财产区分开来。[④] 在大部分类型的信托处置中，作为设置信托的财产与委托人或受托人的固有财产都是隔离的，以此保障信托财产的独立性，从而发挥信托的功能，且信托财产必须与受托人本人的固有财产区别管理、设立

---

① 参见《信托法》第22条。

② 参见文杰：《信托财产不当处分的撤销权质疑》，载《武汉大学学报（哲学社会科学版）》2018年第2期。

③ See Patrick Parkinson, *Reconceptualising the Express Trust*, 61 The Cambridge Law Journal 657 – 683 (2002).

④ See Henry Hansmann Ugo Mattei, *The Functions of Trust Law: A Comparative Legal and Economic Analysis*, New York University Law Review 434 – 479 (1998).

独立账户。[1] 信托财产独立性还表现为除非债权人在遗嘱信托设立前即对该部分财产享有合法债权，或者是受托人因处置信托事务而产生的债务，否则原则上，遗嘱信托财产都不得被强制执行。

独立的信托财产不可执行，但不涉及独立性的部分财产应当是可以被强制执行的，此部分财产当然包含“遗嘱信托受益权”[2]（如孳息）。根据通常法理，信托受益权既然可被用于清偿，具有财产性质，则应当属于可被执行的部分财产。根据以上推论，涉及可被执行的遗嘱信托受益权的情形较多，但对不可被执行的信托受益权以及被不当执行的信托受益权的救济方式无较为明确的规定。在司法实践中，商事信托领域里，信托受益权被强制执行的案例大量存在，如在信托受益权上设立抵押或质押权以作为借贷的担保，债权人为收回债权而申请对信托受益权的强制执行亦为合理。但是在遗嘱信托领域，为保护受益人的遗嘱信托受益权，使其不被强制执行是设立遗嘱信托的主要目的之一，故有必要对遗嘱信托受益权的不当执行的规避和救济进行探讨。

### （三）遗嘱信托公示制度不完善

我国遗嘱信托公示制度尚未建立，公示制度的缺失将间接损害受益人的遗嘱信托受益权，遗嘱信托财产公示是遗嘱信托运行不可或缺的重要环节。严格来讲，我国并未建立起信托财产公示制度，虽然我国设立信托需要将信托财产按相关规定进行登记以便保护信托财产的独立性，但是对于不同种类的信托财产采取何种登记或者公示制度并未完全规定。且在我国遗嘱信托中，信托财产的转移不是遗嘱信托生效要件。如果缺乏信托公示制度，则无从区分信托财产与受托人财产；对受托人对信托财产的处分，第三人无从知晓该份财产是否属于可交易的非信托财产。而且事后，受益人根据善意第三人制度追及信托财产时，也很难对第三人的善意或恶意进行举证，最终遗嘱信托受益人要承担举证不能的不利后果。

遗嘱信托财产公示制度是区分信托财产和非信托财产的重要制度。在

---

① 参见我国《信托法》第29条。

② 赵廉慧：《信托法解释论》，中国法制出版社2015年版，第226页。

遗嘱信托中，委托人一旦缺位，受托人即处于强势地位，若不将受托人自身财产与信托财产进行区分和公示，一旦出现受托人私自挪用信托财产或者信托财产被认定为受托人私人财产而被强制执行的情形，受益人的合法受益权就难以得到保障。虽然我国《信托法》立法要求对不同种类的信托财产进行分别登记，但是缺乏与信托财产登记相匹配的相关立法和管理制度的完整体系，零星的立法并未对《信托法》进行过多关注，导致民事信托的登记体系并未构建，与其他制度无法衔接。笔者认为，当下遗嘱信托公示制度存在以下问题：（1）登记机关缺失；（2）法定可纳入登记公示范围的信托财产种类较少；（3）信托财产权属不清导致信托财产登记主体难以确定；（4）公示生效主义的阻碍。

### （四）遗嘱信托受托人的监管制度和遗嘱信托司法救济机制缺乏

遗嘱信托受托人的监管制度缺乏。现代信托法中，受托人是信托法律关系的核心，[①] 负有对信托财产的管理和处分义务。[②] 遗嘱信托生效后，在普通信托中对于受托人有最大监督力度的委托人已经缺位，受托人享有财产的处分权，受益人群体通常处于弱势，如老弱幼群体以及失能人士，虽然法律授予了这些受益人监督权，但是这种监督力度通常是不足的。为了避免受托人对受托财产的侵害或者不当处分，应当增设新的监督制度或者新的监督人对遗嘱信托受托人的权利行使进行监督。

遗嘱信托受益权被侵害的司法救济机制缺乏。司法救济是现代权利救济体系中最权威、公正和托底的救济方式，在遗嘱信托中，司法救济也应当介入。但是我国遗嘱信托中，目前没有规定司法救济的具体路径或方式，对于遗嘱信托受益人是否能够成为司法救济中提起诉讼的权利主体，以及遗嘱信托受益人应当有何种诉权也未规定。

## 四、“新权利说”视角下遗嘱信托受益权保护路径

笔者认为，应当将遗嘱信托受益权视为一种新的独立民事权利，其具

---

① 在信托中，信托目的的实现、受益人利益的兑现等都依赖于受托人的管理，受托人是信托的关键因素，选择正确的受托人对于有效的信托管理和信托目的的实现都是至关重要的。

② 参见徐卫：《遗嘱信托受托人选任规则的反思与重构》，载《交大法学》2014年第3期。

有债权的因素、物权的因素、监督权的因素以及其他权利因素，属于一种新型集合权。在这种权利视角下，就遗嘱信托受益权的保护而言，可强化受益人在遗嘱信托运行过程中的监督权、知情权，在遗嘱信托受到侵害后的救济路径选择可包含债权模式、物权模式的路径选择，如此才能够更好地对遗嘱信托受益权进行保护。

### （一）强化遗嘱信托受益权的追及效力

其一，强化遗嘱信托受益权的追踪权。[①] 我国《信托法》规定，受益人的受益权受到受托人侵害时，其有权请求受托人进行赔偿，这是源于债权模式的赔偿请求权。但是，当面临受托人与第三人合谋侵害受益人的遗嘱信托受益权时，该赔偿请求权无法追踪已转移至第三人处的信托财产。故笔者认为，遗嘱信托受益权的追及效力应当及于第三人，若第三人无法证明其取得信托财产或收益出于善意且无过失，受益人得行使返还原物请求权要求第三人返还信托财产。此外，对于信托财产已再次被处分的，受益人有权要求留置信托财产的物上代位物。

其二，强化遗嘱信托受益权的撤销权。对于遗嘱信托受托人违背合同本旨，因自身的管理行为出现重大过失或故意致使遗嘱信托受益人的受益权受到损害的，遗嘱信托受益人有权请求人民法院撤销受托人的不适当行为。虽然我国《信托法》赋予受益人以撤销权，但是该权利仅及于受托人，应当赋予受益人撤销权具有物权的追及效力，[②] 即不论信托财产流转于何方，受益人皆可基于其遗嘱信托受益权追及物之所在，撤销对该信托财产的不当处分行为。

### （二）完善遗嘱信托受益权的不当执行救济路径

笔者认为，判断被强制执行的遗嘱信托受益权是否属于执行不当，首先要区分遗嘱信托受益权的性质是否属于不应当执行的受益权，其次再看

---

① 参见何宝玉：《英国信托法原理与判例》，法律出版社 2001 年版，第 508 页。

② 参见徐卫：《信托受益权：物权？债权？抑或新权利?》，载《安徽大学学报》2006 年第 5 期。

遗嘱信托约定的内容是否不适合强制执行，从而进行综合判定。关于遗嘱信托受益权的性质区分，大陆法系传统理论认为，禁止转让的财产无法被强制执行，因为其不具备执行变价的可能。尽管学者们对于受益权的属性有不同的见解，但是在受益权的转让上存在以下共识：第一，一般的受益权具有财产权性质，具有可转让性[①]；第二，具有人身属性的受益权基于其特殊性质不能转让，例如，以抚养特定受益人为目的的信托（特别是抚养残疾人、失能老人等的信托）是为了保护特定的人而授予的受益权，原则上具有人身属性，不能转让，也不能继承；[②] 第三，特定类型和约定特定内容的信托受益权不得转让，如在英美法中，保护信托和浪费者信托中的遗嘱信托受益权的转让是不被允许的。

我国民法理论和法律规定通常认为以下财产或权利不可被强制执行：(1) 债务人的人身伤害赔偿请求权，抚养费、赡养费请求权，以及养老金、抚恤金等专属于执行债务人自身的、性质上不得转让的债权；[③] (2) 具有人身属性的财产无法被强制执行，如人身伤残、死亡的赔偿金（补助金）、抚恤金；(3) 维护生存必需的财产、房产不得被执行。[④] 故上述财产设立的遗嘱信托，其遗嘱信托受益权不宜被执行。

对于遗嘱信托文本存在约定禁止转让事项的，由于私人间的约定并不能当然对抗公权力的执行，首先，应考察遗嘱信托设立的目的，若对遗嘱信托受益权的执行将导致遗嘱信托终止或者存在除特定受益人外均无法获得受益权的，可以被认定为不得被强制执行的受益权；其次，若信托文本设定有受益人有权对信托财产进行管理处分和随时撤销信托的类似于所有权的权限条款，则不可阻碍执行；最后，可被执行的遗嘱信托受益权应当是已经确定可得的收益，对于预期可得利益不应当获得执行，即在受益人未获得当期的信托收益时，不可依据信托受益权执行受托人管理的信托财

① 参见葛俏：《我国继承法遗嘱信托制度构建》，法律出版社2015年版，第47页。

② 参见［日］能见善久：《现代信托法》，赵廉慧译，中国法制出版社2011年版，第201页。

③ 参见江必新、贺荣主编，最高人民法院执行局编：《强制执行法的起草与论证》（三），中国法制出版社2014年版，第580－621页。

④ 参见《最高人民法院关于人民法院民事执行中查封、扣押、冻结财产的规定》（2020年修正）第3、4条。

产，否则将违背信托的财产独立性。

综上，违背以上禁止执行内容强制执行遗嘱信托受益权的，被执行人（受益人）可以向法院请求解除查封、保全、提出执行异议或提起执行异议之诉。

### （三）完善遗嘱信托财产公示制度

1. 确立遗嘱信托财产登记对抗效力

在英美法系国家中，由于具有普通法与衡平法的区分，所以对遗嘱信托类似作出了“双重所有权”的制度安排，即将受托人作为名义所有权人，将受益人作为实质所有权人。导致这种安排的因素是多方面的，包括其立法传统、司法实践、信托制度的发展历史以及其重实质而轻形式的法律思维等。但在大陆法系，信托制度源于法律移植，在物权权属上遵循“一物一权”原则，物权人对所有物具有完全的支配权；若移植此“双重所有权”的安排，推行一物二权，不仅于整个法律物权体系有碍，更会在实践运用中产生更多的纠纷，因而不宜作此更改。

我国对于信托财产采取登记生效主义，但是随着时代的发展，新类型的权利不断涌现。如前文所述，对于信托的生效要件采取登记生效主义已经不合时宜，笔者认为应当采取登记对抗主义。其理由有三：第一，相比以往，现今我国各新型的财产类型层出不穷，现今的财产表现方式也发生极大变化，需要进行登记的财产类型更是繁多，若在设定遗嘱信托中，需将所有这些类型财产进行登记和纳税，否则将导致整个信托无效，这将无法发挥遗嘱信托本身的灵活性优势，使遗嘱信托制度如同鸡肋，违背当初立法本意。第二，随着近20年来，整个民法学界孜孜不倦的探索，我国对于“登记对抗主义”理论的研究已经相当深入，在我国《民法典》中，对于船舶、航空器和机动车等特殊动产物权、土地承包经营权、地役权等物权都采取登记对抗主义，对于信托中需登记的财产采取登记对抗主义在法理和司法适用条件上已相当成熟。第三，从比较法上看，在众多采用信托制度的国家和地区之中，仅仅我国采取登记生效主义，日本、韩国等国家、地区皆采用登记对抗主义。实践证明，登记对抗制度既明确了登记的公示性，亦于遗嘱信托的私法属性无碍。[1]

2. 确立信托财产的登记管理机关

我国当下新型财产种类不断涌现，可作为信托财产的财产种类不断增加，但并未建立适合的信托财产登记制度，导致受益人的遗嘱信托受益权无法更好地受到保护。以不动产登记为例，现今遗嘱信托在实务中出现适用困难的很大一部分原因在于我国《信托法》与税法没有建立良好的衔接机制。我国首例可公开查询的遗嘱信托司法案例“2019 年上海市第二中级人民法院审理判决的李某 1、钦某某等遗嘱继承纠纷案”中，二审法院法官考虑到房产产权转移产生的高额税费是对受益人的遗嘱信托受益权的极大损害，故未将其纳入遗嘱信托财产范围。出现该情况的根源在于我国物权体系下不动产所有权登记转移制度：在执行遗嘱信托的过程中，不动产的产权需由委托人转移给受托人，房屋的产权转移由相关部门登记生效，且一经登记转移产权，则相应征收税费。但实际上，在遗嘱信托运行过程中，为满足信托财产的独立性要求，防范执行或破产风险等，委托人需将设立遗嘱信托的不动产作为信托财产转移给受托人在名义上所有，但实质上双方并无真实的买卖房屋的意图，不应当在这个非买卖房屋的产权转移过程中征税。

从上例可以看出，税法未将信托财产与普通财产进行区分，而是进行统一监管、统一征税。根据我国当下国情，房产应当属于我国普通民众自身财产的最大组成部分，若遗嘱人欲设立遗嘱信托管理信托财产，房产是不可忽视的一部分。在这种国情下，为更好满足当下财富传承多样性的需要，发展遗嘱信托，需要税法与《信托法》有更灵活的调整和衔接。笔者认为，完善信托财产登记制度并非独立于我国现有的财产登记制度，而是应结合当下各类型的财产监管机构和管理制度，增设信托财产的特殊标记和备案制度，相应信托财产管理机构应当对本机构受理的信托财产进行专门的管理、公示、标记和备案，使利害关系人能够明确识别已纳入信托的财产。如此方能更加合理有效地推动信托财产登记制度真正适用，以更好

---

① 参见余能斌、文杰：《我国〈信托法〉内容缺陷管窥与补正思考》，载《法学》2002 年第 9 期。

地保护受益人的信托受益权。具体而言，第一，对于不动产类型财产，在现有不动产登记制度上，可针对信托财产设立专门的产权转移和监督制度。不动产登记部门在对待需登记的信托财产时做好区分和监管，在转移需登记的不动产时，对于办理遗嘱信托手续齐全的不动产信托财产可专门登记，将作为信托财产的不动产转移至受托人名下，但对该房产标注为“信托财产”进行备案，税务机关则无须对其进行征税。而且，不动产登记行政部门，需要对该类不动产建立专门的监管渠道，确保该类不动产的产权相对稳定。若在除受托人变更之外有其他产权转移或变动的，或信托终止，该不动产作为信托财产的剩余财产转移至受益人名下，应当予以征税，保证该遗嘱信托财产真正为受益人的利益而处分。第二，针对无法进行登记的银行存款或者资金类财产作为信托财产的，银行等受理机构应当要求受托人为其办理专门的信托账户，将该账户进行特殊标记，与受托人自有账户进行区分，即使受托人财产受到法院执行，该信托账户仍不受影响。第三，针对股权、基金等需要备案的其他种类财产。由于该类财产需要进行登记备案，故相应的金融登记机构受理这些类型财产作为信托财产的，应当进行专户或分户管理，进行特殊标记，以区别于受托人的个人财产。

### （四）建立受益权被侵害的司法救济机制

笔者认为，应当建立受益人的诉讼制度作为遗嘱信托受益权司法救济的重要内容。建立遗嘱信托受益人诉讼制度应当从以下三方面进行考虑：第一，赋予遗嘱信托受益人诉讼主体资格。赋予遗嘱信托受益人诉讼主体资格就是让受益人有直接提起诉讼的权利，不论是受托人还是第三人对受益人享有的遗嘱信托受益权进行侵害时，受益人能基于其遗嘱信托受益权对侵害者提起诉讼。第二，赋予受益人提起代位诉讼的权利。遗嘱信托中，受托人系遗嘱信托的实际管理者、名义上的信托财产所有人，当第三人侵害信托财产时，受托人应当具有提起诉讼的权利。但当受托人不提起诉讼或者怠于提起诉讼时，遗嘱信托受益人作为受益权的实际享有人应当向受托人告知提起诉讼，在规定时间内受托人仍不提起诉讼的，受益人有权代位提起诉讼。若遗嘱信托受益人为限制民事行为能力人或无民事行为能力人，其法定代理人有权代受益人提起诉讼。第三，赋予受益人有提起执行异议和执行异议之诉的权利。当受益人的遗嘱信托受益权受到侵害而被不当执行时，受益人有权向执行法院提起执行异议或者执行异议之诉，以防止自身的权利被不当执行。

# 第四专题

# 婚姻家庭法学教育与人才培养

# “婚姻家庭法学”课程思政教学模式探索*

张　融**

**摘　要**　当前，“婚姻家庭法学”课程思政教学研究主要着眼于教师课程思政教学能力的提升，对学生主动开展课程思政学习能力的关注相对较少，这直接影响课程思政的育人成效。为此，应通过“以学生为中心”的教学理念，充分发挥学生的主体地位，构建新的课程思政教学模式。针对现阶段有的学生深受互联网影响和不敢课堂表达两大特点，文章提出全过程课程思政教学模式，即从课前、课中、课后三个不同的阶段，围绕思政育人的核心目标，充分利用超星学习通平台，通过课前话题交流、课中 BOPPPS 教学、课后思政题目巩固等教学策略，实现思政元素全过程的融入，改变思政元素被动摄入的局面，最大化地实现“婚姻家庭法学”课程思政教学的育人成效。

**关键词**　婚姻家庭法学　课程思政　育人成效

## 一、“婚姻家庭法学”课程思政建设现状

“婚姻家庭法学”课程是法学专业的重要课程，其内容主要包括婚姻

* 本文为 2021 年广西师范大学教育教学改革项目“民法类课程融入思政元素的探索与实践”（项目号：2021SZJG06）。

** 张融，法学博士，广西师范大学法学院副教授、硕士生导师，广西地方法治与地方治理研究中心研究员，主要研究方向为婚姻家庭法。

家庭的法律制度、法律关系和与此相关的法律现象。[①] 在不少高校，“婚姻家庭法学”被视为专业必修课程或限选课程。从课程的发展历史来看，为了更好地讲授“婚姻家庭法学”，学界积极开展课程教学改革，提出了不少课程教学的新方法。例如，陈苇教授结合“婚姻家庭法学”课程的特点，提出了“翻转式”教学的新方法，即针对“翻转式”教学在“婚姻家庭法学”课程应用中的不足，提出教学内容应为“引导案例 + 基础理论”，教学方法以教师课堂讲授为主，辅以学生课后自学网络资源，学生平时成绩统一采取“观看教学录像 + 讨论 + 书面作业”的综合评分制度等改进方案。[②] 又如，刘琳老师在“婚姻家庭法学”开放教育课程讲授中，提出“四步质疑法”教学模式，即课程教学需经过老师向学生质疑、学生向老师质疑、学生相互质疑、学生自我质疑等四个步骤。[③]

2016 年 12 月，习近平总书记在全国高校思想政治工作会议上指出，要用好课堂教学这个主渠道，思想政治理论课要坚持在改进中加强，提升思想政治教育亲和力和针对性，满足学生成长发展需求和期待，其他各门课都要守好一段渠、种好责任田，使各类课程与思想政治理论课同向同行，形成协同效应。[④] 自此，课程思政在全国高校推广。为了更好地指导高校教师开展课程思政建设，2020 年 5 月，教育部印发了《高等学校课程思政建设指导纲要》，对各专业课程思政建设提出了明确要求。2023 年 2 月，中共中央办公厅和国务院办公厅印发了《关于加强新时代法学教育和法学理论研究的意见》，明确提出要把思想政治工作贯穿法学教育教学全过程，加强理想信念教育和社会主义核心价值观教育，强化爱国主义、集体主义、社会主义教育，深入推进法学专业课程思政建设。

在婚姻家庭法学领域，围绕“婚姻家庭法学”课程思政建设，学界亦进行积极的探索，形成了一批研究成果。在不少高校，“婚姻家庭法学”

---

① 参见杨大文、龙翼飞主编：《婚姻家庭法》，中国人民大学出版社 2020 年版，第 2 页。

② 参见陈苇、曹贤余：《婚姻家庭法学课“翻转式”教学方法探索——以利用“课程中心”网络教学资源为例》，载《辽宁公安司法管理干部学院学报》2017 年第 3 期。

③ 参见刘琳：《“四步质疑法”激发学习兴趣，强化学习效果——开放教育婚姻家庭法学课程教学反思》，载《当代教育论坛（教学研究）》2011 年第 9 期。

④ 参见习近平：《习近平谈治国理政》（第 2 卷），外文出版社 2017 年版，第 378 页。

被列为课程思政示范课程。虽然如此，"婚姻家庭法学"课程思政建设仍存在领域偏差现象，即重实践应用轻理论研究。具言之，虽然在不少高校，"婚姻家庭法学"被列为课程思政示范课程，但是对其课程思政建设的研究成果较少，从相关数据库来看，截至2024年7月，仅有1本著作、7篇论文提及"婚姻家庭法学"的课程思政建设。而从现有的研究成果来看，"婚姻家庭法学"课程思政建设研究存在同质化的现象，具体来说，主要体现在两个方面：一是主要限于课堂教学研究。即在课堂教学的场景下，围绕如何更好地将思政元素融入课程内容展开研究，对课前、课后等场景关注相对较少。二是课堂教学研究主要体现为"教师主动型"。即主要关注教师课堂开展课程思政教学能力的提升，对于学生自主学习能力的提升关注相对较少，特别是对于学生如何在课堂之外自主汲取思政元素的关注较少。

由此进一步导致课程思政难以最大化实现育人成效。例如，学生对行为的思想认识存在差异，如果没有课前思政环节，那么教师将很难发现不同学生的思想认识差异，这进一步造成教师无法在课前对学生进行精准式的课程思政课前辅导，导致学生在课堂接受课程思政教学时，即处于不同的"思想认识起跑线"。此种情形将导致教师难以把握思政元素融入的度，造成课程思政教学"一刀切"的局面，这可能导致课程思政教学无法在思想认识水平较低的学生中发挥效用。又如，对课堂教学以外场景关注的欠缺，将导致课堂思政教学的效果难以得到检验与巩固，即学生通过课堂讲授以后，思想认识水平是否得以质的提升？对此并没有形成系统的检验标准。此外，在知识只有不断地运用才能得到巩固的语境下，虽然学生在课堂中受到了思想上的教育，但是如果没有课后育人练习的持续性巩固，那么不仅学生在课堂中所学的专业知识容易"流失"，而且其在课堂专业知识中所汲取的"思政元素"亦容易"消散"。

有鉴于此，笔者对"婚姻家庭法学"课程思政建设展开创新性的探索，目的是解决如何最大化地实现"婚姻家庭法学"课程思政育人成效的问题。对此，形成了"婚姻家庭法学"课程思政教学开展的创新性做法，即在课前、课中、课后三个不同的阶段，围绕思政育人的核心目标，根据实际的具体情况，结合不同的教学方法，全过程地融入思政元素，实现

“婚姻家庭法学”课程思政教育的全覆盖，最大化地提升专业课程的育人成效。

## 二、“以学生为中心”教学理念的提出

教育部《高等学校课程思政建设指导纲要》明确指出，落实立德树人根本任务，必须将价值塑造、知识传授和能力培养三者融为一体、不可割裂。全面推进课程思政建设，就是要寓价值观引导于知识传授和能力培养之中，帮助学生塑造正确的世界观、人生观、价值观。从某种程度上说，课程思政是“价值塑造+知识传授+能力培养”，目的是培养出德智体美劳全面发展的社会主义建设者和接班人。

从当前“婚姻家庭法学”课程思政建设研究来看，学界主要围绕“价值塑造+知识传授”展开研究，对于能力培养关注相对较少，即主要关注“如何挖掘思政元素”以及“如何将思政元素有机融入专业知识讲授”两大问题，对于学生如何主动挖掘思政元素并将其应用于实践问题解决的关注相对较少。换言之，当前学生主要通过“被动”的方式接受融合了思政元素的专业知识。如果把思政元素比喻为盐，专业知识比喻为食物，那么在“被动式”的教学模式下，学生所吃到的美食是授课教师精心做好的，但是自己可能并不会做这道美食，这将使课程思政的教学效果大打则扣。

有研究表明，相比于被动式的学习，在学生主动学习型的课堂中，学生的学习成绩明显高于传统被动式学习的课堂学生。[①] 从被动学习转为主动学习的关键在于，提起学生的学习兴趣。具体来说，主动学习是知学—好学—乐学的过程，它的核心是乐学，也就是怀着浓厚的兴趣而主动促成知识的获得，这是学习积极性最现实、最活跃的表现。[②] 正是基于此，笔者认为，“婚姻家庭法学”课程思政教学革新的关键在于，提升学生的主体地位，形成“以学生为中心”的教学理念。

“以学生为中心”的教学理念由联合国教科文组织于1998年明确提

① 参见甘宜涛：《主动学习课堂视角下教育者角色的重新认识》，载《扬州大学学报（高教研究版）》2020年第4期。

② 参见黄进进、王晓璐：《促使学生主动学习的策略研究》，载《当代教育实践与教学研究》2017年第1期。

出，该理念强调以学生的学习和发展为中心，实现从以"教"为中心向以"学"为中心的转变、从"传授模式"向"学习模式"的转变，同时从原本的"教师、教材、课堂"向"学生、收获、体验"递进。其强调并重视学生的学习兴趣、学习能力和学习目标，针对学生的兴趣特点合理安排课堂形式、课堂内容，提升教学的针对性，学生应主动地去理解、消化所获得的知识，并自主地构建知识体系。① 在婚姻家庭法学领域，学界亦有学者结合"以学生为中心"的教学理念，围绕"婚姻家庭法学"课程教学改革进行探索，如有学者提出"主体·主导"双向教学模式，突出学生的主体地位，具体可采取导师制读书会、案例讨论法等措施。②

学界"以学生为中心"教学理念贯彻的教学探索，主要集中在"婚姻家庭法学"非课程思政教学之中，对于课程思政教学的关注相对较少。课程思政教学与非课程思政教学所不同的是，非课程思政教学对思政元素的关注较少，但课程思政教学要求必须融入思政元素，同时要求思政元素的融入必须隐性。这对专业课教师提出了新的挑战，主要体现为"挖掘思政元素的挑战"和"将思政元素有机融入专业知识的挑战"。对此，学界展开研究。在"婚姻家庭法学"课程教学中，有学者指出，对于哪些思政元素可以挖掘，事实上《高等学校课程思政建设指导纲要》已经给予了明确的参考，具体包括了习近平新时代中国特色社会主义思想、社会主义核心价值观、中华优秀传统文化、宪法法治、职业理想和职业道德等五个方面的内容。③ 有学者以课程教学实践为例，探讨思政元素有机融入专业内容的方法，如在学习婚姻家庭法基本原则时，可以讲授在中国共产党的领导下，我国妇女解放事业所取得的巨大成就，帮助学生建立政治认同。④

从某种程度来说，应对"挖掘思政元素的挑战"和"将思政元素有机

---

① 参见李琼、杨格丹、李敏辉：《"以学生为中心"的融合交互教学模式研究——以清华大学深圳国际研究生院为例》，载《现代教育技术》2021 年第 10 期。

② 参见魏庆爽：《"主体·主导"双向教学模式的探索——以〈婚姻家庭法学〉教学为例》，载《南方论刊》2011 年第 1 期。

③ 参见张融：《课程思政视域下"婚姻家庭法"的教学改革探析》，载《牡丹江大学学报》2022 年第 5 期。

④ 参见石雷主编：《婚姻家庭继承法课程思政 思与行》，中国人民公安大学出版社 2022 年版，第 18 页。

融入专业知识的挑战”是“婚姻家庭法学”课程思政教学研究的第一阶段，其主要着眼于教师授课，目的是提升教师课程思政的教学能力，但是对于学生主动性的关注较少，这会影响思政育人的成效。在此语境下，唯有解决学生主动性的问题，才能使思政育人的成效得以最大限度发挥。

那么，如何将“以学生为中心”教学理念贯彻于“婚姻家庭法学”课程思政教学之中？对此，笔者认为，“以学生为中心”教学理念，必须正视现阶段学生的特点，特别是学生的兴趣所在，唯有将学生的兴趣引入课程思政教学中，才能提升他们学习的主动性。

## 三、“以学生为中心”教学理念贯彻的关键

### （一）正视互联网对学生的影响

当前，在校大学生均为“互联网原住民”，其对互联网的使用有着较大的兴趣。有调查研究表明，91.6%的大学生认为互联网必不可少，是自己生活的一部分，45.7%的人认为自己绝对离不开互联网。[①] 对此，有学者指出，当下的大学生群体是“数字原住民”，触网起点大多可回溯到中小学阶段，他们对互联网的认知、与互联网关系的构建并非一蹴而就，而是在互联网使用历程中逐渐形成的。[②] 互联网的使用给大学生学习带来了一定的积极影响，如学生可以通过互联网资源，扩展自己的视野。在“婚姻家庭法学”课程教学中，有学者即引入互联网资源，助力课程教学。如陈苇教授所提出的“翻转式”教学方法，即是应用互联网技术的一种模式，通过建设“课程中心”的网络教学资源，为学生自学提供学习资源。[③]

诚然，互联网是一把“双刃剑”，其给学生带来积极影响的同时，亦会带来消极影响。课堂教学中学生“玩手机”现象即是互联网所衍生的负面影响。一份针对某985大学学生的随机调查表明，该校在课堂中用一半

---

① 参见杨秋月：《“互联网+”时代高校理想信念教育创新研究》，载《知识经济》2020年第16期。

② 参见汪黎黎、姚劲松：《网络育人视角下大学生自我管理的现状、问题与对策研究——基于大学生互联网使用历史的考察》，载《新闻研究导刊》2023年第10期。

③ 参见陈苇、曹贤余：《婚姻家庭法学课“翻转式”教学方法探索——以利用“课程中心”网络教学资源为例》，载《辽宁公安司法管理干部学院学报》2017年第3期。

以上的时间看手机的学生有31.65%人，超过50%大学生只因无事可干习惯性地查看手机，学生上课看手机已成常态，这将会对学生的学习成绩造成影响。[①] 在此语境下，唯有充分发挥互联网的积极要素，克服其消极要素，才能充分激发学生主动学习的积极性，贯彻"以学生为中心"教学理念。对此，笔者认为，可引入超星学习通App。

超星学习通是一款互联网学习产品，其在不少高校被推广。针对课堂教学中学生"玩手机"现象，有研究表明，学生之所以上课玩手机，很大程度是因为其在日常生活中对手机形成了依赖，不少学生是"毫无原因的、习惯性的"拿起手机看看。[②] 换句话说，学生之所以不时拿起手机，实质上是对手机形成习惯性依赖的心理，这种心理体现为每隔一段时间，学生就需要拿起手机看一下，否则会导致心里不安。[③] 而超星学习通的引入，正解决了此方面的问题。

具体来说，任课教师可以通过超星学习通线上互动功能，根据不同的教学阶段，发布不同的问题供学生回答。由于超星学习通具有在线统计的功能，能够实时更新已完成作答和未完成作答的数据，未完成作答的同学会出现在屏幕中。在"众目睽睽"的压力之下，此时鲜有学生"偷懒不答"。在课堂频繁通过手机使用超星学习通的过程中，不仅可以提升学生学习的兴趣，而且能解决因依赖手机所引起的心里不安问题，提升学生的听课效率。除此之外，超星学习通还具有话题发布的功能。其与新浪微博、抖音、小红书等热门互联网产品的功能相似，任课教师可在话题中发布文字、图片或视频供学生讨论，这些都能引起学生的兴趣，提升学生学习的主动性。

### （二）正视学生不敢课堂表达的特点

当前，高校课堂沉默是较为普遍的现象。有研究表明，各类高校课堂

---

① 参见焦玉玲、徐彬杰、袁泽莹、李泽、李国一、凌嘉铭：《以大学生创新项目为导向的物流工程专业实践教学能力培养探究》，载《教育现代化》2020年第14期。

② 参见喻春英：《关于大学生上课使用手机情况的调查及研究》，载《传播力研究》2019年第32期。

③ 参见王迎春：《新时代视角下对大学生上课玩手机乱象的思考》，载《科技创新与生产力》2021年第7期。

沉默者所占比例都在56%以上，而教学研究型大学的课堂沉默现象最为严重。[①] 对此，有学者无奈指出，面对教师的课堂提问，课堂上经常会出现令人窒息的学生沉默现象，最后教师不得不指定某位学生来回答问题。[②] 即便是在与生活息息相关的“婚姻家庭法学”课堂中亦是如此，从笔者的教学实践来看，此前课堂问题基本上需要通过点名的方式抽取学生来回答。

高校课堂沉默现象的成因，多数由学生此前的学习经历所致。具体来说，在多数中小学校中，教师单向化、“自上而下”地传递知识仍是当前教学实践的主要形式，学生群体不愿发言、不敢发言、不会发言以致沉默的现象在学校中广泛存在，甚至随着年龄和学段的提升有愈演愈烈之势。[③] 对此，有学者将课堂沉默总结为：一是“不会说”，即学生由于授课内容不懂和思维能力不足而说不出来，只能保持沉默；二是“不敢说”，即学生因对当众发言感到焦虑、害怕而不敢表达，只好保持沉默；三是“不愿说”，即学生虽然有表达的能力和意愿，却因为顾虑太多而不想发言，宁愿保持沉默。其中“不会说”表明有意愿发言但能力不足，“不敢说”和“不愿说”则是有能力发言但意愿不足。[④]

相比而言，“不敢说”和“不愿说”的占比相对较多，这实际上是受到中庸文化的影响。具言之，中庸又可以被称为折中主义，在课堂上“中庸是一种常态，学生害怕自己成为他人眼中的另类，所以选择隐藏起自己的锋芒，不愿将自己的内心表达出来”。[⑤] 相对而言，回答问题的学生已属少数，答错或答对的学生更为少数中的少数，少数往往被认为是“另类”。传统文化影响下的中国学生更认可低调、内敛，更习惯于听教师讲授，通

① 参见张林、温涛、张玲：《大学生课堂沉默的阻力与动力机制研究——基于560份调查问卷的实证》，载《西南师范大学学报（自然科学版）》2019年第3期。

② 参见吴国军、张莹、李文涛、郭燕花：《浅析大学课堂提问中的“集体沉默”——基于“责任分散效应”的视角》，载《山西师大学报（社会科学版）》2011年第4期。

③ 参见陈南：《静悄悄的课堂：学生沉默及其教育应对》，载《教育研究与实验》2023年第6期。

④ 参见吴江渝、王玮：《消极课堂沉默的成因及教师对策》，载《大学》2023年第10期。

⑤ 王文华：《课堂沉默现象的文化学分析》，载《林区教学》2021年第7期。

过观察、思考和练习完成课程的学习。[①]

在现有语境下，超星学习通的引入，正好可以解决学生担心成为“另类”的问题。超星学习通的在线统计功能，可以让学生全员参与课堂问题，其不必担心因为作答而成为少数的“另类”。而对于另一种少数，即答错或答对的“另类”负担，笔者认为，可以引入疑难案例作为问题。具体来说，由于此类案例的解决方式，法律未有明确的规定，而将自由裁量权交由法院，这意味着在案例的解决中，有可能出现不同观点。没有固定答案的案例，实质上为学生的回答提供了一种容错机制，无论他们回答的结果如何，理论和实务界均有观点出现，其均不会成为少数的“另类”，这就使学生的学习积极性被充分调动起来。

当然，在课程思政的语境下，笔者会对学生的回答进行正确引导，此种引导主要从法律效果与社会效果方面展开。例如，在讨论可撤销婚姻重大疾病的认定标准时，有学生提出，基于可撤销婚姻制度的目的，重大疾病的认定标准应以意思表示瑕疵方个人意愿为根本遵循，只要意思表示瑕疵方认为疾病对其而言是不可接受的，那么法院就应当撤销婚姻。此种回答显然是极端强调个人自由的体现，忽视了重大疾病中“重大”的意义。对此，笔者会让学生进行换位思考，同时对其不断发问。即如果他的方案被法院广泛采纳，会产生什么样的后果？会不会让民众认为婚姻法律仅强调个人进而对婚姻失望？会不会在社会中形成自私自利的现象？在此基础上，从法律效果层面追问学生，如果单纯强调个人意愿，为什么还要加“重大疾病”的事由？疾病前面为什么还要加“重大”？单纯追求个人自由是否符合我国传统文化？通过不断的追问反思，让学生清晰认识到其回答的局限，同时深化学生对专业知识的理解与兴趣，这有助于增强课程思政教学的活力。

## 四、“婚姻家庭法学”课程思政教学的创新实践

在“以学生为中心”教学理念下，笔者引入超星学习通产品和疑难案

---

① 参见刘志学、裴颖、周传胜：《大学生课堂沉默现象归因及其对策》，载《牡丹江师范学院学报（社会科学版）》2021 年第 5 期。

例讨论，进一步提升了学生学习的兴趣。为了提升课程思政的育人成效，笔者不仅在课程教学中充分发挥学生的主体地位，而且将其贯穿于课前、课中、课后的全过程。

（一）课前交流提升思想认识

在“婚姻家庭法学”课程教学中，笔者在课前会充分利用超星学习通平台，仿照微博话题的形式，发布与授课内容相关的热门话题供学生跟帖讨论，要求学生必须评论作答。通过此种方式，不仅可以提升学生预习的积极性，而且也可以评估学生的思想认识情况。对于思想认识水平较低的学生，笔者将以课前深入交流、课中重点关注的方式，有针对性地提升该部分学生的思想认识水平。

如在讲授“婚姻自由原则”内容之前，笔者在课前会在超星学习通发布“谈谈你对彩礼现象的看法”话题，让学生跟帖评论。从评论的内容来看，部分学生的价值立场比较正向，如有学生评论道：“如果婚姻是出于爱与幸福，有没有彩礼都不重要。钱是永远都不够花的，但是家庭的幸福是可以经营的。”但是部分学生的思想认识出现了一定的偏差，如有学生评论道：“彩礼作为我国流传至今的礼节和民俗，为了双方家庭的和睦，可以予以保留。”有学生则评论道：“女方父母花了几十年的时间和精力辛辛苦苦养育的女儿嫁给男方，一定数额的彩礼表示了男方对女方家的尊重。”类似的偏差回答实质上反映出，部分学生的思想认识受到封建残余的影响，导致其在回答上出现认识偏差。此时，笔者会找相关学生进行线上或线下的交流，针对其认识上的偏差，指出其中的原因，通过“国家对零彩礼的倡导”“彩礼对婚姻家庭和谐的危害”等时事热点新闻，让其认识到其回答的局限，纠正其思想认识偏差，同时说出彩礼是违反婚姻自由原则的，至于为什么是违反的，则涉及将要学习的专业知识内容。当然，部分学生的思想认识是不可能通过课前交流发生转变的，此时笔者将会在课堂中对其进行重点关注，通过抽取回答问题、讨论等方式，进一步转变其思想认识。

从整体来看，通过常态化的课前交流，不仅可以对学生进行正确的价值引领，让学生对某些问题的思想认识处在相似的水平，而且还可以让学生提前了解本堂课涉及的专业知识，有助于提升学生听课的积极性。

### （二）融入思政元素的BOPPPS课堂教学模式

在课堂教学中，笔者试图以“润物无声”的方式，将课堂内容所蕴含的思政元素逐一呈现出来。对此，笔者采用的是课程思政化后的BOPPPS教学模式。BOPPPS教学模式是教师进行课程设计和讲授的一种新型模式。它最初起源于加拿大、美国等北美地区的高校，之后在欧洲的大学中得到推广，近年来在我国逐渐兴起。[①] 一般而言，BOPPPS教学模式由导入（B）、目标（O）、前测（P）、参与式学习（P）、后测（P）和小结（S）等六个环节构成。与传统BOPPPS教学模式所不同的是，课程思政化后的BOPPPS教学模式在每个环节，均有不同程度的思政元素呈现。

第一，在导入环节（B），笔者会引入与本节课讲授内容相关的案例或话题。如为案例，所选的是各级人民法院发布的社会主义核心价值观指导案例。如为话题，所选的是社会争议较大的热点话题。笔者在引入时提取争议焦点，让学生进行思考，分析不同的观点立场，引出本节课所要讲授的内容。以“婚姻自由原则”章节为例，笔者引入了某地法院发布的“社会主义核心价值观案例”之彩礼返还。该案的争议焦点为，在未结婚的情况下，彩礼是否可以返还？对此，存在返还说和不可返还说两种观点，不可返还说是基于赠与合同原理得出的结论，但最终法院却支持了返还说，其中的法律理念是什么？其背后又体现出哪些我们的核心价值观？由此引出本节课所要讲授的内容——婚姻自由原则。

第二，在目标环节（O），除了按照传统方式设置知识目标、能力目标、重点和难点内容以外，尚会专门增加育人目标的表述，即通过本课程的学习，学生将会成为一个什么样的法律人？

第三，在前测环节（P），笔者将选取三则不同的事例，供学生讨论，进一步摸清学生的课前预习情况以及价值立场。如在“婚姻自由原则”内容的讲授中，笔者首先提出三个事例，询问学生在这三个事例中，哪个事

---

① 参见殷旭辉：《BOPPPS在思政课教学中的应用与反思——以“原理”课的一个知识点为例》，载《黑龙江教育（高教研究与评估）》2015年第9期。

例是合法合理的？这三个事例与婚姻自由原则的理解密切相关，包括了“结婚给彩礼”、“父母之命媒妁之言”以及“裸婚”。前测一般采取超星学习通投票的方式进行，由此可以实现全员参与。此种方式不仅可以检验课前交流的成效，而且也可以再次厘清学生的认知以及价值立场，这有助于精准教学的开展。

第四，在参与式学习环节（P），以学生为中心，结合课程内容，不断提出问题向学生发问：为什么法条这样设置？为什么案例这样裁判？其背后的原理是什么？会出现哪些后果？以此不断讲授专业知识，提升学生的道德素养。如在“婚姻自由原则”内容的讲授中，笔者讲到禁止包办婚姻的规定时，会阐明立法为何会作出如此规定？在此融入法条设置的缘起，即中国共产党从半殖民地半封建社会中解放中国人民所作出的努力，阐明今日的幸福生活来之不易。为了增强育人效果，课件中引入民国时期包办婚姻与根据地自由婚姻的结婚照、结婚证文字等历史图片与故事，让学生直观了解旧中国包办婚姻的惨象，坚定学生拥护中国共产党领导的信念。在此基础上，通过超星学习通平台，发布“彩礼是借婚姻索取财物吗?”等问题，供学生在线作答讨论，深化学生专业认识和思想认识。

第五，在后测环节（P），主要通过疑难案例讨论的方式，检验学生专业知识的掌握程度和思想认识水平。这要求在后测案例的设置中，有机融入思政元素的分析。如在“婚姻自由原则”内容的后测中，笔者引入了彩礼纠纷案例，该案例案情可简要概括为：甲男带着欺骗的目的，与乙女谈恋爱，为了让乙女安心，甲男给了乙女十万元彩礼，但未登记结婚，甲男与乙女生活了一段时间。某日，甲男提出分手，要乙女返还十万元彩礼，请问彩礼应否返还？此类案例既可以检验学生的专业知识掌握程度，又可以检验学生的思想认知水平。按照我国相关立法规定，此类情形是可以返还的，但是到底是全额返还还是部分返还，此前立法无明确的规定。① 此时，若学生回答应全额返还，那么不仅说明其对法条的理解止于表面，而

① 2024年2月1日起实施的《最高人民法院关于审理涉彩礼纠纷案件适用法律若干问题的规定》对该问题作出了明确的规定，但是在笔者此前授课中，此规定尚未出台，司法实践存在较大分歧，被认为是“法无明文规定”的疑难案例。

且也说明其思想认知仍有待提升。笔者会通过现场不断发问的形式使其认清回答的局限，同时课后会对其加强辅导。若学生回答可以返还，但不能全额返还，否则有违诚信原则以及保护妇女合法权益的原则，则说明了学生对专业知识有较深入的理解，同时其思想认知亦处在较高的水平。

第六，在小结环节（S），笔者让学生回顾本节课的授课内容。在回顾时，学生不仅需要回顾课堂讲授的法律制度基本内容，而且要同时回顾法律制度设置背后的原理以及价值理念，由此最大化增强课堂教学的育人效果。

### （三）课后作业强化育人成效

除了课前与课中，笔者在课后作业的设置上，亦有意融入思政育人元素，实现学生正确的价值引领，强化课堂育人成效。如在学习"结婚制度"专业知识之后，笔者在课后作业设置了如下的客观选择题。问题如下：

甲男和乙女未婚同居，同居期间，甲男感到寂寞，遂和多名女性发生性行为。乙女发现后痛苦不已，遂向甲男提出分手。关于本案，下列说法正确的是？

A. 法院应当受理乙女提出解除同居关系的诉讼请求

B. 分手时，乙女可请求甲男赔偿其精神损失

C. 甲男构成了重婚罪

D. 同居期间，乙女为交房租而向第三人丙借的2000元，为甲乙共同债务

按照我国法律的规定，本题的正确答案是选择D，考察专业知识点为非婚同居的法律后果。在专业知识点背后，亦蕴含着隐性的思政元素。该题思政元素的核心为"守法"，目的是让学生树立正确的婚姻观，否则自己的权益将难以得到法律的保护。有研究表明，大学生的年龄阶段是非婚同居的高发群体，当前大学生中有同居行为的学生比例约为6.8%。[①] 由于

① 参见张跃飞：《当代大学生同居行为特点探析》，载《湖州师范学院学报》2019年第6期。

法律意识的淡薄，非婚同居者并不知道婚姻的意义，导致其无法享有婚姻法律所规定的权利，造成其利益受损。本题通过精心的设置，间接提升大学生群体的守法意识，进而树立起正确的婚姻家庭观。

在“婚姻家庭法学”课程中，课后作业为常态化布置，所有的课后作业都经过精心设计，有机融入思政育人元素。通过课后作业，不仅可以检验学生对专业知识的掌握程度，而且可以检验思政育人的效果。具体来说，学生通过完成课后作业，不仅可以巩固课堂所学知识，而且可以在潜移默化中树立正确的价值观。教师通过批改课后作业，则可以及时发现专业与思想仍然存在偏差的学生，由教师及时进行精准辅导，可以让此类学生在补缺专业知识的同时，提升自身的思想认识水平。

## 五、结语

通过实践发现，“婚姻家庭法学”创新教学方式极大地激发了学生学习的主动性和积极性。由于“婚姻家庭法学”与生活息息相关，同时引入了互联网教学模式和疑难案例讨论，有效提升了学生学习的积极性。全员参与的方式，让学生意识到自己的主体地位，知道不可能“浑水摸鱼”，每个人都可能被老师从超星学习通的回答中提问。为避免提问时“无言以对”的尴尬，学生会在课间主动预习，在预习的过程中，不少学生会产生一些想法亟待分享。在此过程中，学生逐步放下学习的心理负担，从开学之初的被动点名回答，转为到期末快结课时的主动争先回答。有学生表示，“婚姻家庭法学”课程宛如唠家常一样有趣。

除此之外，随着授课进程的不断推进，学生越来越重视对裁判社会效果的把握，他们逐步认识到其答案将会引导社会的不同导向，这让他们深感责任重大，这就促使其在课后主动加强学习研究，挖掘法条背后的“正能量”，寻求正确适用法律的方法。在此过程中，学生对于“婚姻家庭法学”课程的兴趣得到不断提升，不少学生表示，他们未来将从事婚姻家庭法学的理论与实务工作，希望能通过自己的力量，构建平等、和睦、文明的婚姻家庭关系。此时，课程思政教学也逐步从学生的被动灌输转为学生的主动学习。

从整体来看，“婚姻家庭法学”全过程课程思政教学取得了一定的成效。学生在接受专业知识的同时，亦在潜移默化中树立起正确的价值观。不少学生在结课之余纷纷表示，以后自己要做一个有温度的法律人，让法律适用在人文关怀中实现公平正义。有的学生甚至在结课以后，利用寒暑假时间，针对婚姻家庭关系中的弱势群体，开展普法宣传或提供法律帮助，如反家庭暴力法律咨询、抚养费给付帮助等。而笔者的教学模式亦获得学校教师教学创新比赛（课程思政组）一等奖，希冀上述经验也能为学界同行开展课程思政教学，提供有益的参考。

# 人工智能时代婚姻家事法律诊所教育质量评估机制研究

李秀华*

**摘　要**　人工智能时代，法律诊所师生要实现诊所教育质量不断优化目标，可有效运用新的评估技术与方法，及时发现自身或运行机制的局限，不断提高法律诊所学生的法律综合治理能力和职业素养并成为卓越法治人才。有效评估技术与方法适用是法律诊所教学质量提升的重要保障，其涉及的主体具有多元性，适用条件具有多维度与规范性。有效启动评估机制，不仅有助于理论和实践相互促进，全面而有效地激活诊所法律教育理念，改革诊所教师的教学方法与态度，而且有助于全面提升法律诊所学生的法律技能、公益意识，培养学生成为有效服务弱势群体、治理社会的复合型人才。

**关键词**　人工智能　婚姻家事法律诊所　教育质量评估机制

* 李秀华，扬州大学、云南大学滇池学院婚姻家事法学三级教授，心理学博士，婚姻家事律师，中国法学会婚姻家庭法学研究会常务理事，中国法学会民法典婚姻家庭编立法专家，联合国性别与法律专家，全国律协婚姻家庭法专业委员会民法典婚姻家庭编宣讲成员，华东政法大学婚姻家事与妇女法研究中心特聘研究员，江苏泰和律师事务所婚姻家事与财富传承管理业务委员会主任。研究方向：婚姻家事与继承法学、法律诊所教育。

## 一、人工智能时代婚姻家事法律诊所教育质量评估的价值

人工智能时代已经到来。人工智能技术发展与实践导向中呈现的问题令我们反思：婚姻家事法律诊所教育质量是否需要被评估？是否需要改革评估机制？应否用人工智能技术进一步满足法律诊所师生对法律能力建设的需求？人工智能时代对婚姻家事法律诊所学生的要求在很多层面与过往已有巨大不同。马乔里·舒尔茨和谢尔登·泽德克的研究表明，法律人工智能时代，传统法学教育缺少包括逻辑推理和法学理论在内的法学方法教授，以及包括决策能力和情感控制在内的非认知能力的培养，法律诊所教育应对此挑战作出应对。人工智能时代如果认为人工智能对法律诊所教育影响具有整体性，此应对应具有实质意义。之所以选择人工智能方法介入婚姻家事法律诊所教育质量评估体系，是因为人工智能带来的评估理念、方法和整体评估能力的建设将深刻影响婚姻家事法律诊所教育的未来与发展。所谓评估，即是以现代法学教育发展观为指引，以评估对象为主体，运用适当评估理念、原则、方法与技术实现婚姻家事法律诊所教育质量评估目标的过程。所谓质量评估，强调关注婚姻家事诊所教师与学生个体的具体微观处境与实际需要，推进个体价值充分实现并有效激发法律诊所师生的主体精神。婚姻家事法律诊所教育质量评估，是指通过先进手段（包括人工智能方法）设计评估指标，全方位评估受评者的理念、实践模式、实施方案与效果的过程。毫无疑问，经过二十多年法律诊所教育中国本土化的实践探索，诊所法律教育已取得累累硕果，但认真反思与审视诊所法律教育质量评估机制仍十分重要。通过不同维度质量的评估，肯定法律诊所教育的优势，发现诊所教育的不足，从而不断改革与完善法律诊所教育的实施方案与机制，不断优化法律诊所老师的教育理念、技术与方法，从而将法律诊所学生培育成为具有高端法律技能、具有充分公益意识与社会责任感，全面把握与灵活运用理论知识与法律规定，有效服务社会的复合型人才。重视评估功能，在一定程度上对法律诊所教育管理、教师与学生专业技能与发展会起到积极促进作用。早在 20 世纪 80 年代末，英国建立了学生与教师发展性与创新性评估制度，并受到广泛肯定。20 世纪 90 年代初，美国根据教育发展的需要，在反思传统评估体系弊端的基础上，提

出了新的评估理念：把法学教育、教师专业发展和学生综合素质提高整合起来的发展性评估理念，并逐渐被许多国家法学院接受和采纳，推动了许多国家实践教育的深化与改革。人工智能时代利用人工智能可以更好地管理课堂、更好地识别法律诊所学生的需求与风格，更好地检验学生的进度与效果。新的形势下，一种深化法律诊所教育、优化法律诊所教育的方法在不断变革中：如何构建人工智能时代多维、科学与公正的评估体系？如何将传统与新型评估机制进行有效整合，将发展性、技术性与有效性评估基本理念贯穿法律诊所评估机制？重构与优化适合各校本土的法律诊所教育质量评估制度势在必行。因此，评估不仅是形式的完美展现，更是法律诊所教育精髓的品质深化。目前，法律诊所教育质量评估体系在一定程度上成为法学教育外观的华美摆设，难以与当前法学教育发展规律和法律诊所教育的科学发展与要求相适应。人工智能时代的评估不仅会引导我们有效实现并修正法律诊所教育应实现的目标，更有助于重视法律诊所教育目标设定的有效性、规范性、技术性与科学性。如在评估内容设计上，应关注学生解决问题的实践能力、创新与发展能力、有效的沟通能力、良好的心理素质与科学精神、公益意识与社会责任感养成、学习的主动性与积极性、文献和案件梳理与大数据检索能力、证据发现与梳理能力、案件处理能力等综合素质评定。引入评估的基本理念：必须以人为本，促进个体和谐发展、促进个体价值的实现和激发法律诊所师生的主体精神。目前，法律诊所教育质量评估体系在一定程度上不能适应法学教育发展规律和科学发展的要求。因此，法律诊所教育质量评估体系改革势在必行。

## 二、人工智能维度婚姻家事法律诊所教育质量评估目标优化

### （一）评估是检视法律诊所教育效果、提升诊所教育质量的重要工具之一

法律诊所要求诊所学生像律师一样思考问题，也要像律师一样行动。如果将“律师能力”看作法律诊所学生核心能力元素，这些能力元素应包括以下内容：（1）法律条文精准释义与实务中法律适用；（2）解决疑难案件时方案设计、证据梳理与法律精准应用；（3）对可能或必须适用的法律

条文、司法解释及类案等作出全方位检索并释义，检索法律与案件的能力。人工智能时代婚姻家事法律诊所教育评估需要更优质的理论学习、更丰富的经验与更高超的应用技术合一，更注重法律技能训练和个性化学习方式，进行情感智识等软实力能力训练，以更好、更全面系统提高法律诊所学生的能力。在诊所教育实践中，需要根据具体法律诊所教育技术、法律诊所课堂设置、法律师生意愿进行法律诊所教育质量评估体系调整。① 人工智能时代对上述评估方法又进一步提出要求。首先，这种评估方法应当以课堂教授、实践案例、实践模式及实践效果作为评估基础。法律人工智能评估技术建构基础往往是法律诊所各种实践案例构成的数据库。其次，法律知识的掌握不应当是法律诊所教学方法评估的重点。有学生认为，法学院提供的知识"基础性不足、覆盖面不广"②。这同样是法律诊所教育中应注意避开的雷区。最后，充分发掘实践案例中超越基础法学知识的内容，如真实复杂的案件处理模式与经验、庭前准备与代理、调查取证、证据梳理与提炼、质证与效果、法庭辩论、判决书的逻辑局限等，均要进行全方位评估，进而提升"律师能力"。在人工智能发展过程中，质量管控是人工智能参与法律诊所教育评估的重要环节，也是人工智能改变法律诊所教育质量评估体系的重要方面。训练人工智能行业人才与法律精英的文字功底与检索能力很重要。在法律诊所教育的理论与实践教学中，

---

① 德国《联邦法官法》第5a条第2款规定，法学院应当教授"法学方法"（Rechtswissenschaftlichen' Methoden）；法学院可以自由选择以单独课程和教材教授法学方法。面对人工智能时代，部分德国学者提议应当更新法学方法课程的教学，利用实践认知、实践理性将过去的法学理论统一起来；一线教学和研究人员应对上述提议，已经编写出一些研究性质的综述类教材，并在努力地简化此类教材的篇幅。美国法学院的案例教学法被认为是法学院传输"像法律人那样思考"的基本方法，但是任课教师可以充分自主地调整教授的具体内容。不妨碍上述教学方法作为法学教育的重要组成。

② 知乎问题：《如果让您改变中国的法学教育，您想怎么改?》，有学者建议下列几点：（1）掌握实体法足够知识；（2）就法律问题构建有效和中肯切题的论证能力；（3）智慧运用一切资料进行研究的能力；（4）明白任何法律的基础政策及社会环境的能力；（5）分析和阐明抽象概念的能力；（6）识别简单的逻辑上和统计上错误的能力；（7）书写和讲述清楚简明汉语的能力；（8）积极学习的能力；（9）认定和核实任何与法律问题相关事实的能力；（10）分析事实和就被争议的事实构建或批评某论证的能力；（11）对法律实务和程序有足够知识；（12）具有有效适用法律的能力，即解决问题的能力。参见《如果让您改变中国的法学教育，您想怎么改?》，载知乎网，https：//www. zhihu. com/question/22662245/answer/1344661698，访问日期：2023 年 12 月 1 日。

评估成为检验教学效果并改善教学的有力工具。及时高效的评估模式会促使师生在理论与实践的互动中很快发现不足，并较有针对性地进行调整，以实现最佳教学与实践效果。如扬州大学法律诊所因分为课堂教学与校外法律诊所，使评估模式相对较客观与多样化，评估机制具有动态、多维、实践性强及复杂性的特点。如对法律诊所课程评估可以分为课堂与实践运行效果的评估、实践部门与当事人评估。不可否认，当事人评估是衡量法律诊所教育质量与效果的重要指标之一。法律诊所教育评估方法是其他传统法学教育无法完全复制的。它突破了传统静态、死板、缺少弹性的评估机制，从而使评估机制更具有效性与公正性。因此，笔者强调诊所教育的评估主体具有多元性、评估内容更加丰富、评估手段更具多元性，评估目标的设定更具挑战性。

### （二）评估有助于婚姻家事法律诊所教育质量与评估过程的有机统一

在婚姻家事法律诊所教育评估过程中，应注意将诊所教育与评估过程有机统一起来，充分发挥评估所具有的诊断和改良功能，最终实现以评估促进教师专业发展、学生能力提升发展乃至未来教育发展的目标。建立系统科学的评估系统，旨在更有效地培育诊所学生与教师创新、质疑、反思等综合能力。在继承原有评估检查、改进并推动诊所教育发展功能的基础上，诊所教育评估体系更突出其评估整体调节的积极功能，促进评估对象的全面发展。婚姻家事法律诊所教育评估机制的特点与作用，体现了法学教育发展与改革的需要，也是法学教育自身发展规律的体现。但推进婚姻家事法律诊所教育质量评估机制的开展可能会受到不同层面的障碍，只有解决问题才能有效实施评估。如通过操作细节和整个实施过程中的不断沟通，诊所师生、其他人员建立起对评估的信任，从而对评估保持开放接受的态度，克服对评估的抵触情绪。有学者认为，法学教育者应认真考虑我们谋虑评估什么和如何进行评估。① 只有正确认识评估的价值并谨慎确定评估内容、正确处理好实施过程中的关键环节，评估才会对提升婚姻家事

---

① 参见［美］罗伊·斯塔基等：《完善法学教育——发展方向与实现途径》，许身健等译，知识产权出版社2010年版，第224页。

法律诊所教育质量具有重要作用。

### （三）符合新时代呼唤，完善评估机制

笔者认为，在人工智能时代，婚姻家事法律诊所学生的能力建设应具多维性。法律条文与类案检索能力、逻辑推理能力均可以培养。法律适用过程中包括逻辑推理、阅读理解等能力，均在人工智能与法律语境下同步展开。因此，这一过程应在评估中得到体现。法律诊所学生可明确逻辑推理抽象过程，期待他们将此类逻辑推理方式与人工智能结合，进一步改变法律适用方面及其评估机制。评估内容将极大推进婚姻家事法律诊所教育进入更规范、更科学与更前沿的维度。在人工智能时代，建立并完善评估体系有利于加强教师与学生的职业道德建设，有利于促进教师业务水平提高和专业成长，并有助于培养学生责任感与综合素质，有利于建立新型师生关系，并强化婚姻家事法律诊所教育质量。通过评估，受评者可获得较多个人素质能力、工作绩效等评估意见，较全面、客观地了解有关自己优缺点的信息。教师是否有效完成教学任务，学生是否有效实现其教学目标，是否达到了预期教学目的。因评估结果来自不同维度，更容易得到受评者认可。通过评估，可以让受评者较容易与准确认识到差距所在。评估方式有助于促进学生间、师生间、师生与实践部门人员间及与当事人间彼此沟通与互动，提高实践法学教育团队凝聚力和学习效率。

## 三、婚姻家事法律诊所教育质量评估原则设计与实施路径

### （一）法律诊所教育质量评估原则设计

1. 创新原则

人工智能时代评估创新原则，要求多维度评估婚姻家事法律诊所教育全过程。例如，在婚姻家事法律诊所的实践教学中，评估与被评估主体结构的多维性特别重要。除师生外，实践部门的相关人员、案件当事人、承办案件的法官、律师等均可以作为评估者与反馈者。因此，要用动态、发展的眼光对教师与学生实践的全过程、各环节进行系统、长期、客观的评估；创新原则还包括对教师与学生职业道德、责任感、专业技能、教与学

的水平、分析与处理案件等实践综合能力等进行全方位评估。

2. 发展原则

发展原则强调评估目的不是在形式上规范师生行为，不是简单奖惩学生与教师，而是将评估机制当作促进引导学生与教师共同成长与发展的动力系统。评估的逻辑起点放在教师、学生未来共同发展方面。评估不仅要关注诊所师生在法律诊所教育中的表现，更重视教师与学生的未来成长与发展。应重视法律诊所学生综合能力、知识技能与责任感的培养，推进法律诊所教育课程长远规划，将学生、教师个体发展需求与学校宏观发展规划和社会服务等需要紧密结合，使法律诊所师生个体发展目标与学校发展和社会和谐的目标高度吻合。

3. 激励原则

激励原则，是指在评估过程中，以发展目标为动力，激励评估对象不断进取，不断完善自我、发展自我，防止、避免“贬损性”评估。应善于发现受评者的优势与特色，通过评估及时地加以肯定，激励评估对象不断取得进步。对评估结果不太理想的评估对象，应及时沟通，指出不足，并提出改进的建议与对策，帮助其及时调整，以有效地进行诊所教育。

4. 有效原则

有效原则强调，评估与反馈要以改善婚姻家事法律诊所教育质量问题和解决学生成长中存在的问题为出发点；切合教师、学校及实践部门未来发展的实际需要，避免形式主义，注重实效。

5. 品牌原则

随着法律诊所的发展，越来越多的法律诊所建构品牌，制定了有助于法律诊所发展的本土化与特色化策略。法律诊所品牌实行本土化与特色化策略，能更好地适应法律诊所发展的需求。

6. 入主流原则①

通过尊重并适应法学教育的规律，创新实践教育模型，法律诊所教育已呈现欣欣向荣的态势，诸多学校的法律诊所或相关课程进入国家一流课

---

① 强调法律诊所要有特色、入主流是中国法学教育研究会诊所教育专业委员会主任龙翼飞教授多年来倡导并推进法律诊所发展的核心价值目标。

程建设体系中。在此基础上，很多学校总结出一些可以解释法律诊所教育何以成为法学教育的亮点与发现。婚姻家事法律诊所教育正是适应了法学教育培养复合型、治理型人才的趋势，并努力设计更具有远见的发展目标与创新法律诊所教育的模型，才进入主流。婚姻家事法律诊所自身呈现的质感化、特色化与本土化是法律诊所教育成功的关键。如何入主流？婚姻家事法律诊所运行坚持上述原则，在具体为当事人提供法律援助时，还要坚持系统服务、学以致用、主动积极、理念为先、彼此尊重、评估、反馈、兼容等原则。（见图1）

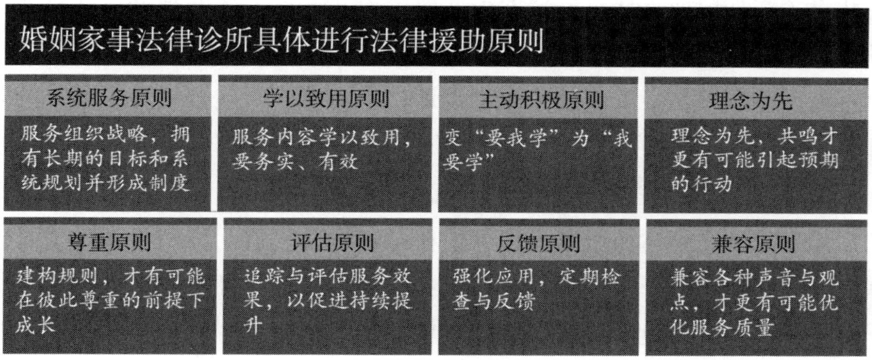


**图1　法律援助原则**

（二）立体化评估实施路径

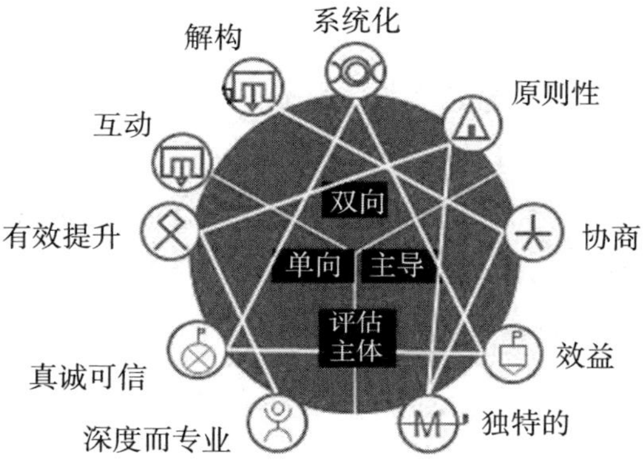


**图2　立法化评估实施路径**

1. 评估主体结构多样化

谁是评估主体？谁是被评估对象？如何使婚姻家事法律诊所师生在双向评估环节中进行角色转型成为评估活动的参与者、组织者？在人工智能时代，在婚姻家事法律诊所教育实践中，评估始终是即时动态检验学生对所学知识应用与掌握的良好工具。婚姻家事诊所课程评估既有对诊所课堂教学或案件代理的微观评估，也有对实践教育宏观性与系统性的评估。是多项还是单项评估？如何评估婚姻家事法律诊所的教育手段与态度、效果？强调评估进行中主体间的双向评估、沟通和协商，关注评估结果的效益化，关注如何使评估对象最大程度地接受并进行有效的提升，在有效反馈的基础上实现自身高效发展。在评估机制中，对教师评估，学生自评、互评及对教师评估，实践单位对学生评估，当事人对代理案件学生、老师评估十分重要。

2. 诊所教师与学生的自我评估

婚姻家事法律诊所教师自我评估在某种程度上成为诊所教育的成长记录，不仅客观评估了法律诊所教师的经历和付出，也评估了教师和学生教学活动的频率、感觉及经验。教师自我评估包括对指导学生工作、学生代理案件的梳理与总结、学生在模拟教学与实习中的评定及参与各项实践活动的评估、课堂结构优化等。该评估有助于更好地调整法律诊所教育的目标和内容，提高实践法学教育的质量，让自己与学生在实践法律诊所教育中获益更多。学生自我评估内容主要包括对学生之间、师生之间、学生与他人的交流与沟通质量的评估，对公益意识的评估对参与具体实践活动主动性与积极性的评估，对代理案件、接待当事人等方面的评估与反馈等。

3. 教师与学生之间的双向评估

教师与学生双向评估制度的建立和不断完善，是保证婚姻家事法律诊所教育质量的重要环节之一。双向评估有助于透视婚姻家事法律诊所教育及实践法学教育运行规则存在的不足，不断提升婚姻家事法律诊所教育质量。[①]

---

① 扬州大学婚姻家事部分法律诊所学生的收获与评估摘要如下："法律诊所不仅为社会弱势群体提供免费的法律援助，还对法学生起到实务教学作用。诊所教育可以拓宽学习视野，让我们得以在更为广阔的天地学习和发展。我从李老师身上学到了乐于奉献的精神。"——赵超；"我们在诊所课堂上见过心理专家、法官、检察官和律师。我们学会从不同角度分析与思考问题。李老

4. 建立科学、开放、多元、有效的评估维度

法律诊所教育的评估不只是“概念”或“认识”等认知层面的评估，

---

师说老师和学生是共同主体，要将课堂当社会，将社会当课堂。一名优秀的法律人光有专业技能不够，还要有关爱社会的人文情怀。”——王馨珏；“实务过程中的法律知识、沟通技巧的运用使我们意识到：应更为注重全面发展，要有一个法律人应当有的情怀。”——陈辰；“法律诊所教会了我们很多，让我们觉得理论不是摆设，而是能够具体地应用到生活当中，让我们更加懂生活爱生活。永远秉着一颗善良的心、扎实地学习法律知识、乐于奉献是我们要做的也是必须做到的。”——陈玥蓉；“我学法律的意义和价值在哪里？法律诊所给了我答案，我要成为一个内心柔软有原则，身披铠甲有温度的法律人。每次接待完当事人，我内心有极大满足感和归属感，原来我也可以为别人带去一点点帮助。”——段雅琪；“欲穷千里目，更上一层楼，通过在法律诊所的实践，让我们对课本知识有了更深层次的了解与运用。”——耿耀宇；“法律诊所给我印象最深刻的是诊所老师说的一句话：在做一个好律师之前，首先要做一个良心上没有亏欠的人，找到自己应当承担和坚持的东西。”——张齐宇；“法律诊所课程的学习让我知道了实践中的很多案例都涉及多方主体、多重法律关系等，这要求我们具有过硬的专业素养，团队合作能力、提取案情能力、交流沟通能力、共情能力等。法律诊所课程学习作为我法律实践的起点对我的职业发展乃至人格塑造有着深远影响。”——徐梦欣；“在法律诊所接触活生生的案例，不是教科书式的经典案件，而是多种多样，更具挑战性的真实案件，这更能锻炼一个人的实际操作能力。我会进一步运用在诊所获得的知识和技能，努力做到知行合一，实现从量变到质变的跨越。”——翟海锐；“在法律诊所进行实践的日子仍记忆深刻，它作为我们走向社会的第一步，承载了即将面对现实和挑战的诸多回忆，在走出象牙塔后这些难忘的经历必将使我终生获益。”——赵吾月；“法学教育之路主要在于经验和历练。法律诊所教育的初衷恰恰与此吻合，它使得学生在思考、沟通、辩论、说服与文书写作、策略选择与取舍等方面的多项能力在学习和案件代理中得到锻炼。”——陈爱娜；“大法官本杰明·内森·卡多佐曾在法学院的毕业典礼上说‘你们所获得的，不仅仅是一些纯粹与原则、规则与先例有关的东西，你们学到的更为重要的，就是以法律方式思考问题的能力’。对法律人来说，能够运用法律思维方式分析问题、解决问题的能力尤为重要，正是法律思维使得法律人具有非法律人所不具备的独特性。因此法诊这门课程弥补了传统教学的不足，为之后学生面对纷繁复杂的案件，打了基础。”——程小燕；“与传统灌输式教学不同，法律诊所这门课程秉持‘让学生成为课堂主人’的理念，教师只是课堂的引导者，不再是课堂仅有的主角。同时，作为一门带有实务性质的课程，它本身具有很高的实用性，对我们以后的学习、工作都有极大的帮助。”——方依；“诊所使学生以准律师身份参与真实案件、讨论及处理，这就使课堂气氛活跃起来，将我们所学知识最大化地应用，同时带动了我们学习的自主性和主动性。”——顾佳宁；“对于我来说，每次与老师的互动都是一个难得的机会，因为我不是很善于言辞，而与法律诊所老师在课堂上的交流能够让我有更多机会尝试走出舒适圈，锻炼自身的口头表达能力。”——梁朋；“经过这次法律诊所课程的学习，我获益良多，这是一种建立在平常学习之上并且可以取得平常学习所无法企及成就的卓越学习方式。”——陆旻恩；“法律诊所的学习弥补了理论和实践上的脱节，使我们在校期间就能够通过接触和处理真实案件而进一步掌握所学的法律专业知识，锻炼我们协同工作的能力和基本执业技能，加强对律师职业责任和职业道德的理解和学习，为培养合格的法律人才奠定基础。”——南楠；“法律诊所这门课程不仅从理论层面为我们带来了别开生面的教学活动，同时兼顾理论与实践的统一，通过网络服务项目、法律文书代写等实操练习，帮助学生近距离感受、了解进而懂得相关知识，获得法律经验、培养实务能力。这是我们在平时的课程中无法触碰到的部分，通过这些实践练习，我收获颇丰。”——宋子辰；“在学习法律诊所课程以及真正帮当事人解决问题的过程中，需要很强的应变能力以及快速查阅资料的能力，在有限的时间里，最全面准确地将可能的处理方法在最短时间内呈现给当事人。通过帮助当事人解决问题，我感受到了成为法律人的成就感和责任感。”——王珊

更注重法律诊所教师与学生综合素质的考量，因此，法律诊所教育的评估手段更多元化，更强调有效性，但现实是法律诊所教育仍带有传统法学教学的评估痕迹。例如，简单通过论文或考试的方式量化法律诊所教育成果，成为诊所教育质量提升的误区之一。如果不能将学生成绩与能力进行适度评估，会挫伤学生参与诊所教育的积极性。在建立这一评估系统时，必须考虑已有教学评估系统经验，又要不断完善与突破。目前，尚未有统一指标体系测量诊所法律教育质量，各校可基于自身实际确定评估指标。美国律师协会法学教育与律师资格部下设的关于法学院与法律职业特别工作组的报告，即《麦考利特报告》，最终确立了法律职业需要具备的十项基本技能。① 法律诊所教育的特点要求评估不能采取简单与单一的方式。在实践法学教育中，应采综合性评估与专项评估结合、客观评估与自我评估相结合、学校评估与社会评估相结合等方式。用何种方式与方法进行评估，直接影响评估的质量与走向。新的评估方式应更为动态化；给予多次评估机会，重在促进评估对象的转变与发展；鼓励将评估贯穿于日常的法学实践教育行为中，使评估实施简单化、通俗化与科学化。

## 四、人工智能时代科学设计与优化评估指标

人工智能时代的到来，已向婚姻家事法律诊所评估工作的科学、效率、规范与精准性提出挑战。评估准备工作与评估使用的工具会直接影响评估结果的有效性。首先是评估指标的设定。准备阶段的主要目的是使所有相关人员，包括所有评估者与受评者，以及所有可能接触或利用评估结果的实践部门的管理人员，正确理解评估的目的和作用，进而建立起对该评估方法的信任。美国的评估体系建构十分独特。美国现有200所经过美国律师协会法学教育和职业准入委员会认证的法学院类型众多，既有强烈关注理论研究的精英法学院，也有以实践为导向的法学院。来自美国律师

---

① 十项技能包括：问题的解决；法律分析和推理；法律检索；事实调查；交流；咨询；谈判；起诉和其他纠纷解决；法律事务的组织与管理；确认并解决道德困境。通过上述十项技能的学习，达到法律职业的基本价值目标：提供合格的代理服务；努力促进正义、公正与道德；努力提高职业水准；作为职业人，完善自我。参见［美］罗伊·斯塔基等：《完善法学教育——发展方向与实现途径》，许身健等译，知识产权出版社2010年版。

行业的职业导向、美国法学院协会的内部自律、新闻媒体的排行评估，构成了确保法学院有效发展的三股力量。[①] 评估指标在一定程度上反映了评估者和法学教育自治组织的价值取向；指标体系的设计决定了法学教育产品的规格。例如，对法律博士教育状况评估指标包括四项：声誉评估、录取竞争程度、就业状况、学生与教师的比例和教学资源占有状况。其中，有些指标对我们基于本土状况设立评估指标也具有一定的借鉴意义。

1. 学生综合能力的评估体系指标设定

对学生综合能力评估的具体指标应包括以下方面：

（1）课堂表现评估。到课情况、课堂表现、课堂纪律、作业完成情况、互动与反馈能力、网络线上技术表现力、人工智能应用能力。（2）实践表现评估。案件分析与判断能力、准确适用法律的能力、法律文书写作能力、调解与谈判等能力、当事人评估；庭前沟通情况、出庭材料准备、代理方案设计；出庭时表现，对案件处理方略的把握、庭审中的应对和处理、诉讼目的的实现程度；庭后与当事人的沟通、对案件处理结果的建议与反馈；投入办案的时间与质量。（3）合作部门评估。实践规则的遵守、实践参与的主动性、分析及处理问题的能力、法律知识表现。（4）综合素养评估。合作、协同的能力；责任担当的能力；社会责任感。随着近年来不断提出的关于法学院学生综合素质培养目标的明晰化，结合法学实践，实践法学教育改革的成败在很大程度上取决于实践法学教育评估改革。改革、创新与勇于探索的精神作为相对弹性空间较大的指标很容易被忽视。强调学生改革与探索精神的评估，有助于推进实践法学教育的改革方向更具有效性。

2. 教师全面发展的评估体系指标设定

（1）教学评估。教学态度与敬业，教学目标，教学内容，教学方式，

---

① 美国有关机构2009年对184所美国律师协会认可的法学院法律博士教育状况的评估指标包括四项：声誉评估、录取竞争程度、就业状况、学生与教师的比例和教学资源占有状况。学术声誉评估占40%的比重，主要是通过向法学界和法律职业界发放问卷调查，通过“公道自在人心”的主观回答来进行评估。而其他三项则是具体的客观指标，其中录取竞争程度占25%，就业状况占20%，学生与教师的比例和教学资源占有状况占15%的比重。这种评估指标与比例与中国高校国情不同，所以设计评估内容与比例，各校可以基于本校法律诊所的特色与情况进行设计。

教学重点、难点是否明确；教学效果；启发学生的能力，培养学生运用法律、分析解决问题的能力情况；作业是否有助于学生理解和掌握实践教学内容。（2）实践评估。甄选案件、指导办案的技能；与学生沟通的质量；处理案件模式。（3）综合素养评估。包括对学生社会使命感、公益意识、法律执业道德观念、人文关怀精神等的关注程度；根据实践教学的要求，及时调整实践教学策略的能力、注重理论与实践结合的经验与效果，以及对当地政策的推进作用等。对法律诊所教师的评估同样要体现“以人为本”的思想，即在关注教师个人的身心健康与发展、教学质量的提升的同时，还应关注教师队伍的整体发展。在评估中重视教师专业化素质与学科专业素质目标的实现。（4）反思能力。所谓反思，是对自己行动、目标、思想、心理感受十分微观的思考，是对自己的行为体验和经历进行的理解或描述。作为一种思维形式，反思是个体对某些问题与现象或观点进行反复、严肃、执着的思考与复盘，可以被理解为对目标或理想，按其所依据进一步推导出一定的结果并对此进行主动积极严谨的思考。教师反思有助于对法律诊所教学经验与实践教学体系进行重新建构。反思更是教师理解、评估法律诊所教学的一种具体手段，是对法律诊所教育经验的重新建构，并由此达到反思性教学与理性评估的有机统一，达到不断改革与完善诊所教育机制并推进评估目标完善。（5）其他方面。对教师评估还应在下列方面有所突破。合作意识和专业操作技能评估；改革和创新意识与精神的评估；开放理念与健康心态的评估；社会责任感与公益意识的评估；教育管理能力评估；评估学生发展能力评估；掌握多元教学方法，包括对先进的人工智能工具的掌握的评估。如果缺少科学合理先进的评估机制，将无法使诊所师生付出的努力得到应有回报与尊重，从而直接影响法律诊所教育发展质量，法律诊所教育可持续性与品质发展将受到质疑。多元化、有效评估机制在法律诊所教育这一有效的载体中能更充分地实现诊所教育的理念与功能。

3. 建立促进婚姻家事法律诊所课程建设与实践模式不断完善的评估体系

课程评估应当由教育管理部门主导进行。在实施评估的过程中，要充分征求和听取授课教师、参加课程的学生的意见和建议。而且，将评估结论有效运用于婚姻家事法律诊所教学改革，促进课程建设，是课程评估的主要目的。评估体系的完善重点在于以下几个方面内容：

（1）婚姻家事法律诊所教育课程设计与实践模式方法应具有多元性与科学性。这要求教学与实践目标明确、教学与实践内容具体适当、教学与实践方法切实可行，教学与实践效果具有可预测性。（2）婚姻家事法律诊所教育合作基地重构。新冠疫情在一定程度上改变了婚姻家事法律诊所实践基地的合作方式。因此，应特别关注建立与课堂教学活动相对称的婚姻家事法律诊所教育实践活动基地。如在律师事务所、法律援助中心、妇联、劳动部门、社区、民政部门等建立有效的实践基地与实践教学平台。各校法学院可根据自身的优势与资源，选择合适的方式，逐步建立和完善实践教育的基地。（3）婚姻家事法律诊所制度完善。应建立一定婚姻家事法律诊所教育保障制度，如受理案件登记与管理制度、结案制度；案件管理制度；归档制度等健全的工作制度和流程。这是强化诊所法律教育质量的重要方式。上述指标评估旨在保证处理案件质量，这是诊所教育评估最重要的环节之一，有助于提升诊所教育的质量。（4）强化社会性别视角在评估中的重要作用。在婚姻家事法律诊所与法律援助的结合机制探索中，社会性别评估指标引入是实践法学教育的评估不可忽视的因素之一。在救助弱势群体的过程中，尽管我们经常强调这一视角的重要性，但这一评估视角很容易被忽视。基于不同社会性别定位，男女两性有着不同的社会性别需求，这些需求可分为“实用性社会性别需求”和“战略性社会性别利益”。其中，实用性社会性别需求是妇女基于其社会性别角色而产生的需求，它们在本质上是实用的；战略性社会性别利益，是基于妇女改变从属地位，争取平等的要求。因不改变原有的社会性别结构，一些评估未必真正触及社会性别认知的误区，进而发现并改善因社会性别引发的不平等现象。随着法律诊所教育发展进入主流并与国际法学教育理念融合，法学教育开始向以人为本、可持续发展的方向战略转变。在国际社会领域，人们越来越关注社会性别评估指标建构。但至今法律诊所教育评估指标设计与植入仍表明在法律诊所领域社会性别评估指标是缺失的。引入社会性别评估指标，有助于推动法学教育领域中的社会性别主流化。通过社会性别主流化，将有效改善不利于两性平等发展的政策、优化法律诊所教育与实践教育环境。

## 五、结语

婚姻家事法律诊所师生在实践法学教育过程中，在实现社会公正、为弱者提供法律援助方面负有重要责任。应使用各种有效评估方法，切实行动；制订并实施方案，以实现实践法学教育的目标。树立教师与学生崇高的使命感与责任感、为弱势群体提供法律支持与救助等服务，尤其是增强弱势群体的权利和能力，同样是实践法学教育的重要目标。法学的知识不仅仅存在于厚厚的教科书上，更体现在实践之中。在每一节法律诊所课堂上，在每一个案件的代理过程中，学生们能够更加直观地了解到当事人的真实想法，也能看出自己在与当事人沟通交流时暴露的缺陷，从而思考未来如何做一个法律人。婚姻家事法律诊所教育能够为学生们指出在与当事人沟通交流过程中的问题，并提出改进方法，让学生们在学习理论知识的同时，不忘成为一名法律工作者的意义。应充分理解实践法学教育的目标与价值，反思实现实践法学教育目标需要什么样的评估机制；检验评估视角的科学性与价值性，检验评估机制是否具有不公平、性别歧视等倾向；在启动婚姻家事法律诊所的评估机制过程中注重听取目标群体的建议和需求，考虑不同个体利益需求，确保相对公平与公正。应反省法学实践教育得失，总结经验、寻找差距，提出思考与对策建议。韦格纳认为，影响改良评估体系的设计过程有五个关键原则：学习是重点；学习是为了被评估；学习应是多层面的；评估应反映特定目的；评估应在相应背景中进行。对此，我们尚有很大的探讨空间。婚姻家事法律诊所教育是否能走上可持续发展道路，评估将成为助力婚姻家事法律诊所走出困境的措施之一。从评估入手研究，希望婚姻家事法律诊所教育尽快步出发展尴尬的困境。将评估贯穿于促进可持续发展的婚姻家事法律诊所教育，会使师生、实践部门、受助者都受益。只有将评估纳入婚姻家事法律诊所教育领域，才有可能在有限的空间激活婚姻家事诊所教育内在的生命力，使其进入良性发展轨道，有助于推进婚姻家事法律诊所教育步出困局。